¡Es la guerra!

¡Es la guerra!

Las mejores anécdotas
de la historia militar

Jesús Hernández

Rocaeditorial

© Jesús Hernández, 2016

Primera edición: febrero de 2016

© de esta edición: Roca Editorial de Libros, S. L.
Av. Marquès de l'Argentera 17, pral.
08003 Barcelona
info@rocaeditorial.com
www.rocaeditorial.com

Impreso por LIBERDÚPLEX, s.l.u.
Crta. BV-2249, km 7,4, Pol. Ind. Torrentfondo
Sant Llorenç d'Hortons (Barcelona)

ISBN: 978-84-16306-80-0
Depósito legal: B-28.620-2015
Código IBIC: HBWQ

Todos los derechos reservados. Quedan rigurosamente prohibidas,
sin la autorización escrita de los titulares del copyright, bajo
las sanciones establecidas en las leyes, la reproducción total o parcial
de esta obra por cualquier medio o procedimiento, comprendidos
la reprografía y el tratamiento informático, y la distribución
de ejemplares de ella mediante alquiler o préstamos públicos.

RE06800

A mi hijo Marcel

Índice

Introducción 17

Capítulo 1. **Grecia y el arte de la guerra**

El Caballo de Troya 25
Los «Inmortales» no hacen honor a su nombre 26
El mar, castigado 27
«Pega, pero escucha» 28
Eclipse lunar en Siracusa 29
Una respuesta lacónica 30
Un duro entrenamiento 31
Un banquete accidentado 32
Cómo desatar un nudo 33
La copa de Alejandro 34
La diferencia entre un pirata y un conquistador 34
Una victoria pírrica 35

Capítulo 2. **Las legiones romanas imponen su ley**

La humillación de las Horcas Caudinas 39
Las delicias de Capua 40
Delenda est Carthago! 41
El ejército fantasma de Aníbal 41
Los espejos de Arquímedes 43
Traición sin recompensa 46

La primera batalla en el Atlántico 47
Demostración de fuerza 47
«La suerte está echada» 48
«¡Devuélveme mis legiones!» 50
El primer objetor de conciencia 56
Los soldados no pueden casarse 58
Roma, víctima de otro «caballo de Troya» 59

Capítulo 3. **Mil años de oscuridad**

Un río de sangre 65
Mito y realidad de los vikingos 65
El cardo, símbolo de Escocia 67
Espadas de madera 68
Un ejército cegado 68
El guerrero solitario 69
La batalla medieval menos sangrienta 72
Un rey no puede ser capturado 73
La Iglesia, contra la ballesta 73
Insólito tributo para Gengis Khan 74
Un sádico botín 76
Masacre en Béziers 77
Un ejército infantil 77
El origen de la bandera danesa 78
Un honor poco envidiable 79
Piedras contra los austriacos 80
Los caballeros de la Orden de la Liebre 82
Flechas contra armaduras 84
«¡Mi reino por un caballo!» 86
La batalla medieval más sangrienta 88

Capítulo 4. **La Europa de los reyes**

La *guerra biológica* de Vlad Dracul 91
Hernán Cortés no quemó las naves 93
«La cuentas del Gran Capitán» 94
La victoria más fácil 95

El honor de Francisco I 96
Codicia desmedida 97
Cómo librarse de unos huéspedes indeseables 99
Sin dinero no hay asedio 100
Batalla de cítricos en Lepanto 100
Noticias que vuelan 104
La Batalla de las Galletas 104
«Poner una pica en Flandes» 105
Un asedio demasiado largo 106
La última razón de los reyes 106
Enemigos en la playa 106
«Veni, vidi…» 108
La creación del *croissant* 109

Capítulo 5. La guerra en el Siglo de las Luces

Cartas envenenadas 112
Enemigos hasta la muerte 113
Un recuerdo de Mahón 114
Se necesita general 114
Audacia premiada 115
Un sombrero muy valioso 115
«¡Vete a la porra!» 115
«Mambrú se fue a la guerra…» 116
Batalla matrimonial 116
Marlborough, el avaro 117
Pensamientos tras la batalla 117
Invitación al rey de Francia 119
La guerra de la Oreja de Jenkins 119
Demasiado cerebro 120
Duelo original 121
«Estas moscas pican» 122
Planes muy secretos 122
¿Orgullo o arrogancia? 123
Rencor olvidado 124
Cuestionario imprevisto 124
Trágica posdata 126

Guardianes de campos de patatas 127
Un general marca distancias 128
Asalto en solitario 128
Disciplina prusiana 129
Conversación con un desertor 130
La primera ambulancia militar 131
Mejor en Infantería 131
Batalla naval ganada por la caballería 132

Capítulo 6. **Napoleón: El genio de la estrategia**

A pedradas en Alejandría 135
Cómo mirar por un catalejo 136
La guerra de las Naranjas 138
Pronóstico acertado en Trafalgar 138
Bombardeo sobre el hielo en Austerlitz 140
Un mapa inútil 141
Arenga amenazante 142
Wellington, defensor de los azotes 143
Valor en su justa medida 143
Invitación al saqueo 144
Origen del consomé 144
Una herida providencial 145
Examen superado 145
Censura expeditiva 146
Plantas para Josefina 147
Duelo con una mujer 147
Siempre hay un lado positivo 149
Retirada en trineo 150
El principio del fin 150
Conjura descubierta 151
Asegurado por un mes 151
Le mot de Cambronne 151
Hemorroides fatales 154
Un anillo muy importante 155
Taxi a Waterloo 156
Los impacientes soldados rusos 156

Las espaldas de los franceses 157

Capítulo 7. **La última cruzada: Crimea (1853-56)**

Equipaje extraviado 161
Intendencia desastrosa 163
Al frente en calcetines 165
Una tonelada de clavos 166
Deseo satisfecho 166
Ejemplo de determinación 167
A punto de perder la cabeza 168
«Ce n´est pas la guerre» 169
Una paz incompleta 171

Capítulo 8. **Norte contra Sur (1861-65)**

Calzado poco variado 177
Burnside, el peor general 178
Guerra de bolas de nieve 181
Cómo obtener información fiable 182
Venganza personal 184
Error burocrático 185
Cacería en mitad de la batalla 186
Hijo de un disparo 187

Capítulo 9. **Flechas contra cañones**

«Yo, indio bueno» 190
Custer no era general 191
¿Vencidos por el alcohol? 194
Un caballo, único superviviente 195
Caja de municiones con sorpresa 196
¿Dónde hay un destornillador? 197
Nadie se queda atrás 198
Franceses contra amazonas 198
La guerra más breve 199
El valor de la literatura 200

Bobbie, héroe de Afganistán 203
El hermano chino de Jesucristo 204
¡Abajo la Muralla China! 206

Capítulo 10. **Los bóers retan al león inglés (1899-1902)**

Sorprendente carga de caballería 211
Rápida retirada 213
Problemas de orientación 214
Un retraso fatal 216
La preocupación de un herido 217
Inusitada cobardía 219

Capítulo 11. **Duelo en Oriente (1904-05)**

Un campo de batalla muy caluroso 225
Un viaje demasiado accidentado 225
Brindis con agua 229

Capítulo 12. **Muerte en las trincheras (1914-18)**

Salvadores en retirada 233
Un ángel se aparece a los británicos 233
Taxi, ¡al frente! 234
¿Quién ha de abrir el telegrama? 236
El plan de un general incompetente 237
Pies demasiado grandes 238
Cómo ablandar unas botas 238
Adiós a los calcetines 238
En defensa de la civilización 239
Partido de fútbol en tierra de nadie 240
Improvisada barbería 241
Ruido de cañones 242
La aparición tardía del tanque 242
El fuego se queda corto 245
Aviso de bomba 245
Reciclaje de cadáveres 247

Las Biblias, agotadas 247
Nombres patrióticos 248
Una solución poco sofisticada 249
Prohibidas las sirenas 250
Un jamón en paracaídas 251
El último vuelo del Barón Rojo 252
Objetivo: raptar al káiser 255
Abundancia de balas 255
Los alemanes no leen el periódico 256
Un clamor recorre Europa 257
Unas condiciones inaceptables 258
Llama eterna 259

Capítulo 13. **La última gran guerra (1939-45)**

Los ingleses no renuncian a sus tradiciones 263
Inesperado homenaje a Churchill 263
Cazadoras de conejos 264
Las impertinencias de un loro francés 265
Un almirante enfurecido 267
Confianza nipona 267
MacArthur no mira al pasado 269
El secreto de los gatos birmanos 270
Un sultán al volante 271
Borrachera letal 271
Nixon, en la Marina 272
Carreras de cucarachas 272
Los tanques no flotan 274
Un perro llamado «Día D» 275
Un oficial británico demasiado sincero 277
La flota norteamericana, en retirada 277
Aburrida sesión de cine 278
Piojos contra los japoneses 279
Un poeta y un mafioso en la misma celda 281
Patton, imparable 282
Cena con Hirohito 282

Capítulo 14. **Guerras en la paz**

Acuerdo entre cristianos 286
Apuros en Corea 287
Prostitutas condecoradas 287
Atención: ¡Berlín va a ser invadido! 287
Minifaldas en Checoslovaquia 289
Un plácido desembarco 290
Una ofensiva previsible 291
Razones para una derrota 292
Una retaguardia desmesurada 293
El «Olfateador de Personas» 293
Lógica absurda en Vietnam 295
«La guerra del fútbol» 296
Las dificultades de la música militar 300
«Fuego amigo» en las Malvinas 300
Bombas inofensivas 302
Unas mochilas muy pesadas 303
Disputa naval en Canadá 305
Camuflaje para todos 306
Pulgares hacia arriba 307
Maniobras en tiempos de crisis 307
Sorpresa en el control de radar 307

Epílogo 309
Bibliografía 311

Introducción

En septiembre de 1991, un matrimonio de alpinistas alemanes que caminaba por el valle de Ötz, en la zona fronteriza entre Italia y Austria, descubrió los restos de un hombre momificado. El cuerpo había quedado al descubierto debido al retroceso de un glaciar, que lo había preservado durante miles de años.

Los estudios posteriores revelaron que aquel hombre, al que se le «bautizó» con el nombre de Ötzi, vivió aproximadamente en el año 5300 a.C. Medía 1,59 metros de estatura y podía tener alrededor de cuarenta y cinco años. Iba cubierto con una piel de oveja y cerca de él se encontró un hacha de bronce y un canasto con flechas.

En un principio, se pensó que Ötzi, el «Hombre de Hielo», había muerto de hambre y frío, pero un análisis detallado del cuerpo descubrió en su espalda una punta de flecha de sílex, que le había alcanzado el pulmón izquierdo. Además, tenía cortes en el pecho, su mano derecha presentaba una herida profunda y se advertían contusiones en el resto del cuerpo. Había sangre de otra persona en su cuchillo, así como en su capa. Sin duda, Ötzi murió luchando.

¿Qué es lo que lleva a un hombre a matar a otro? Y, abundando en esta cuestión, ¿qué mueve a un grupo de personas a organizarse para acabar físicamente con otro grupo? Nadie ha proporcionado una explicación convincente a este último hecho, que no se da en el mundo animal.

Desde los arcaicos tiempos de Ötzi, la guerra ha sido una inseparable compañera de viaje del ser humano. En el 1469 a.C. se produjo la primera gran batalla, la de Megido, en la que un ejército egipcio, con Tutmosis III al frente, se impuso a las fuerzas de la ciudad siria de Kadesh. Probablemente, el mítico campo de batalla de Armagedón del que se habla en la Biblia hace referencia al lugar en el que se combatió aquel día. Desde entonces, se calcula que han podido darse más de cinco mil batallas dignas de ese nombre, con su incontable saldo de víctimas.

Curiosamente, el descubrimiento de Ötzi también dio lugar a una «guerra», en este caso incruenta, entre las autoridades austriacas e italianas, por el mismo motivo por el que tienen lugar la mayoría de los conflictos armados: una línea fronteriza. Aunque el cuerpo fue trasladado a Innsbruck, los italianos reclamaban que lo habían encontrado en su lado de la frontera. Como en ese lugar la línea permanecía indefinida al estar la zona cubierta de hielo, unas nuevas mediciones decretaron que a Ötzi lo habían encontrado noventa y tres metros dentro de territorio italiano. Finalmente, el cuerpo llegaría a Bolzano para ser expuesto en un museo.

Este libro quiere aportar su grano de arena para la comprensión de este fenómeno, que, como vemos, acompaña desde siempre a la especie humana, pero lo hará mostrando su otra cara. Pese al trágico balance de muerte y destrucción que conlleva todo enfrentamiento armado, las guerras son un caldo de cultivo extraordinario para todo tipo de anécdotas y hechos curiosos. Esta es la paradoja de la guerra: el drama y la comedia están inextricablemente unidos, y constituyen las dos caras inseparables de una misma moneda.

Quizá sea discutible la pertinencia de presentar la guerra desde este punto de vista, pues ofrece una imagen banal e incluso frívola de los conflictos bélicos, pero renunciar a su conocimiento y divulgación es renunciar a comprender la historia. Este enfoque puede servir también de puerta de entrada a la historia militar y puede facilitar el acceso del gran público a la evolución del arte de la guerra.

Por otro lado, espero que no sea necesario recalcar que un libro que narre hechos bélicos no supone en absoluto una apología de la guerra ni su idealización. Más bien al contrario: gracias al conocimiento de esos episodios históricos podemos combatir tan dramático y deplorable fenómeno y albergar esperanzas de que algún día pueda ser erradicado por completo, aunque la realidad no nos permita ser muy optimistas.

Como contribuir a la paz mundial puede que sea una meta demasiado ambiciosa para estas páginas, me conformo con que atraigan la atención de los lectores apasionados por la divulgación histórica y que les despierte la curiosidad sobre los episodios que aquí se relatan. Si, además, les hacen pasar un rato entretenido, ya me daré por satisfecho.

Barcelona, enero de 2016

«Los caminos de la gloria conducen
únicamente a la tumba.»

THOMAS GRAY (1716-1771)

Capítulo 1

Grecia y el arte de la guerra

*E*l mundo helénico destacó por sus grandes aportaciones a la civilización occidental en forma de arte, pensamiento y política, pero también hay que señalar la gran evolución que se dio en el ámbito de la guerra. De hecho, los expertos aseguran que el estilo de guerra de Alejandro Magno se mantuvo en esencia hasta la era de Napoleón, pese a la evolución técnica del armamento.

La primera innovación de los griegos fue la creación de la falange: la infantería quedaba dispuesta en dos líneas paralelas que atacaban formando una masa compacta. En un principio, el objetivo era romper la línea enemiga recurriendo al empuje frontal, en el que los soldados avanzaban muy juntos, protegidos por sus escudos. En ocasiones, cuando dos contendientes similares adoptaban esta disposición, ninguno conseguía penetrar en la línea contraria, y las dos falanges, por la inercia del avance, acababan girando una contra la otra.

Esta táctica evolucionó con la incorporación de la infantería ligera, pertrechada de hondas, flechas y lanzas cortas para apoyar el avance de la infantería. La caballería tan solo se empleaba para reforzar las líneas de la falange que corrían peligro de deshacerse. El punto débil de esta disposición era precisamente el riesgo de que la línea de la infantería se rompiese ante la presión enemiga, puesto que no se contaba con refuerzos en la retaguardia para esa eventualidad, lo que solía acabar decidiendo las batallas.

Pero la llegada de Alejandro revolucionaría el arte militar y superaría ese planteamiento tan estático. Su mítica falange macedónica quedaría dispuesta en varias líneas, aportando mucha más profundidad y, por lo tanto, más solidez. Con ello se evitaba que el enemigo pudiera romper fácilmente la formación.

Además, Alejandro utilizaba su infantería como yunque: retenía las tropas enemigas, mientras que su caballería, en este caso ligera, rodeaba al enemigo por detrás y lo aplastaba contra el sólido frente de su falange. De este modo, la caballería dejaba de actuar junto a la infantería para cobrar voz propia y ejecutar sus propias acciones. Así surgía un nuevo modo de hacer la guerra, más fluido y con mayor movilidad.

Sin embargo, las innovaciones no se dieron solamente en el campo de batalla. La logística dio sus primeros pasos. Filipo de Macedonia se encontró con que muchos soldados iban acompañados de sus respectivos criados, que les llevaban las armas y los víveres; el padre de Alejandro puso fin a tal costumbre y dispuso unos carros para transportar las vituallas que necesitaba su ejército. Filipo, del mismo modo, supo ver la importancia que tenía contar con un buen servicio de inteligencia, por lo que creó un cuerpo especial de espías e informadores.

Los griegos también lograron grandes éxitos en la guerra naval, lo que proporcionó a Atenas el control del Mediterráneo. El momento decisivo fue la batalla de Salamina, en la que las flotas griega y persa se encontraron cerca de la isla del mismo nombre. Los persas perdieron en ese enfrentamiento buena parte de su poderío naval, gracias a lo cual los griegos obtuvieron a partir de entonces la hegemonía marítima.

En suma, del mismo modo que la Grecia clásica fue el origen de la cultura occidental, esa época supuso también una revolución en el arte militar, con la que se sentaron las bases que se mantendrían intactas durante siglos.

El caballo de Troya

Probablemente, uno de los hechos más singulares, y más conocidos, de la historia militar sea el de la conquista de la ciudad de Troya gracias al célebre caballo de madera. Aunque en la descripción de esta guerra (1204-1194 a.C.) se mezclan la historia y la leyenda, es probable que, al menos en esencia, aquellos hechos sucedieran de verdad.

Los aqueos, un ejército griego a las órdenes de Agamenón, pusieron sitio a Troya, una ciudad costera próxima al estrecho de los Dardanelos, en la actual Turquía. El supuesto motivo era la venganza porque Paris, el hijo del rey de Troya, había raptado a la bella Helena, esposa del hermano de Agamenón. Durante el asedio, que se prolongó durante diez años, el hermano de Paris, Héctor, murió a manos del héroe griego Aquiles, quien, a su vez, falleció a manos de Paris.

Los astutos griegos, al comprobar que nunca lograrían entrar por la fuerza, idearon una estratagema. Epeo, por consejo de Ulises, construyó un caballo de madera en el interior del cual se escondió un pequeño grupo de soldados y los demás fingieron la retirada. Dejaron abandonado el caballo como homenaje al valor demostrado en la guerra.

Los troyanos, confiados por la retirada griega, introdujeron el caballo en el interior de la ciudad, animados por Sinón, un griego que se hizo pasar por desertor. El sacerdote Laocoonte se mostró contrario a aceptar este inesperado «regalo» y presagió nefastas consecuencias, pero la población, feliz por el fin de la guerra, ignoró sus advertencias. El resto de la historia es bien conocida; al caer la noche, los soldados griegos salieron del animal de madera y abrieron las puertas para que su ejército penetrase en Troya.

La irrupción de los griegos tomó por sorpresa a los troyanos. Las calles de la ciudad fueron el escenario de una sangrienta lucha, pero la defensa de Troya era ya imposible. De este modo, los griegos conquistaron la ciudad y Helena fue rescatada.

Los «inmortales» no hacen honor a su nombre

El ejército persa contaba entre sus filas con un cuerpo de élite, conocido como los «Inmortales». Era una fuerza compuesta por diez mil hombres, y debían su nombre al hecho de que en la batalla, cuando uno de ellos caía, otro ocupaba de inmediato su lugar en la formación de ataque.

Para aterrorizar a sus enemigos, los Inmortales concedían una importancia extraordinaria a su aspecto. Según relata Jenofonte, estos soldados vestían túnicas de color rojo e iban pertrechados de cascos, espinilleras y escudos de bronce. Las puntas de las lanzas eran de plata, pero un millar de ellos tenían el honor de lucirlas de oro.

Este cuerpo de élite disfrutaba de algunos lujos impensables para otros soldados. Siempre los acompañaba una caravana en la que viajaban mujeres y disponían de criados, ataviados también con lujosos ropajes.

Los Inmortales cosecharon numerosas victorias en sucesivas campañas por Asia Menor o Egipto, en las que arrollaron a todos los ejércitos que se interponían en su camino. Su fama traspasó fronteras y llegaron a ser temidos por los griegos, cuyos guerreros no se atrevían ni siquiera a nombrarlos.

Sin embargo, serían precisamente los griegos los que acabarían con el prestigio de esta temible fuerza de choque. Los Inmortales dejaron de hacer honor a su nombre en 490 a.C., en la batalla de Maratón. Milcíades, al frente de once mil griegos, derrotaría al ejército del rey Darío, que sumaba más de ciento cincuenta mil guerreros, incluidos los Inmortales. De todos modos, la mayor parte de esta fuerza no llegó a desembarcar. Confiados en su victoria, solo enviaron a tierra a unos veinte mil.

Milcíades extendió sus líneas a través de un valle para que no les rodearan por los flancos. Pese a la debilidad de su centro, las alas pudieron contener el ataque enemigo. Seguidamente, los griegos pasaron al ataque, con una ferocidad que provocó el pánico en las filas persas, incluidos los Inmortales. Los hombres de Darío huyeron corriendo hacia sus barcos. Dejaron tras de sí unos seis mil cuatrocientos muertos. Por su parte, los griegos solo contaron ciento noventa y dos bajas.

Esta sería la primera ocasión en la que los Inmortales, hasta entonces considerados invencibles, caerían en el campo de batalla. Pero no sería la última: en el 334 a.C., Alejandro Magno se enfrentaría a ellos en el río Gránico, en Asia Menor, dispuesto a abrirse paso hacia Mileto y Halicarnaso.

Al frente de sus treinta y cinco mil macedonios, cruzó el Gránico y se enfrentó al ejército persa de Memnón de Rodas, compuesto por cuarenta mil soldados, entre los que se incluía a un numeroso grupo de mercenarios griegos.

Alejandro avanzó con su caballería pesada, dispersando a la caballería ligera persa, para después enviar a su falange de lanceros contra los Inmortales, que no pudieron oponer resistencia a la infantería macedonia. A partir de entonces, el prestigio de los Inmortales ya no sería más que un recuerdo, al igual que el poderío militar del Imperio persa.

El mar, castigado

El historiador griego Herodoto relata un insólito caso en el que el mar fue objeto de un castigo. En el año 480 a.C., Jerjes de Persia[1] atravesó finalmente con sus tropas el estrecho de los Dardanelos, conocido en la antigüedad como el Helesponto. Antes de conseguirlo había fracasado en su

---

1. Aunque la célebre afirmación: «En mis dominios no se pone el sol» se atribuye generalmente al emperador Carlos I de España (1500-1558), pese a no existir constancia de ello, en realidad, según el gran historiador griego Herodoto, Jerjes fue el primero en pronunciarla, en referencia a la gran extensión de sus posesiones.

primer intento; construyó un puente flotante para que pudieran pasar sus hombres, carros y caballos, pero una repentina tormenta agitó el mar de tal manera que el puente quedó totalmente destrozado.

Ante esta pretensión marina de obstaculizar sus ansias de grandeza, el orgulloso Jerjes, herido en su amor propio, ¡ordenó que las aguas fueran azotadas con un látigo!

«Pega, pero escucha»

Según refiere Plutarco en sus *Vidas paralelas*, poco antes de la batalla de Salamina (480 a.C.), el general ateniense Temístocles se dirigió a Euribíades, comandante jefe del ejército espartano y de la armada griega, para sugerirle lo que debía hacer para vencer a la armada del rey persa Jerjes. Este monarca había preparado con todo cuidado una gran expedición para apoderarse de Grecia. Avanzando a través de Tracia y Macedonia, había forzado el paso de las Termópilas y había saqueado la ciudad de Atenas.

La flota invasora contaba con más de mil galeras, que servían de apoyo al ejército de Jerjes. Situadas en el golfo de Salónica, las galeras persas bloqueaban a los trescientos setenta trirremes griegos.

Temístocles intentó convencer a Euribíades para que renunciase a su intención de retirarse hacia el istmo de Corinto. Le sugirió que planteasen la batalla naval contra los persas en las estrechas aguas de Salamina, donde los barcos de Jerjes no podrían maniobrar con facilidad.

El susceptible Euribíades no quería dar su brazo a torcer. Así, en un momento de la tensa discusión, alzó su bastón para agredir a Temístocles, pero este le detuvo pronunciando una frase que pasaría a la historia: «Pega, pero escucha».

Euribíades se calmó y entendió las razones que expuso Temístocles, accediendo a enfrentarse a los persas en Salamina.

Pese a que los barcos griegos eran inferiores en número, lograron imponerse a la flota de guerra de Jerjes; tras embestir a unas y abordar a otras, los griegos consiguieron hundir cuatrocientas naves persas. Ellos solamente perdieron cuarenta. El resto de la flota invasora quedó dispersada. El factor determinante de la derrota persa fue que sus galeras, debido a su gran eslora, fueron incapaces de maniobrar en aquellas aguas, tal como había previsto Temístocles.

Jerjes, que contempló impotente la batalla desde tierra, sufrió un duro revés. De hecho, necesitó todo un año para reorganizar sus fuerzas, un tiempo que los griegos sabrían aprovechar también para aumentar sus efectivos. Finalmente, Jerjes regresaría a Persia, dejando en Grecia un ejército al mando de su general Mardonio.

Eclipse lunar en Siracusa

Según relata el historiador griego Tucídides, en el verano del año 413 a.C., la ciudad de Siracusa, en la isla de Sicilia, resistía el asedio de los atenienses, al mando de Nicias. Allí habían llegado dos años antes, en una expedición dirigida por Alcibíades y Lamacos. Pero la huida del primero y la muerte del segundo llevaron a Nicias a convertirse en jefe único. Al encontrarse con dificultades para doblegar la resistencia de los siracusanos, Atenas mandó refuerzos.

Al ver la situación, los recién llegados aconsejaron levantar el sitio, pues, según ellos, era imposible tomar la ciudad, y lo más probable era que los propios atenienses acabasen siendo derrotados. Nicias los escuchó, pero prefirió esperar un mes, puesto que confiaba en que un sector de los habitantes de Siracusa, hostil a Esparta, se levantara en armas para facilitar la entrada de los atenienses.

Sin embargo, un mes después, la situación era aún peor; mientras que los sitiadores se encontraban cada vez más cansados y hambrientos, Siracusa había recibido refuerzos del exterior. Finalmente, Nicias comprendió la inutilidad de mantener el asedio y ordenó el reembarque de sus tropas.

La operación se inició la noche del 27 de agosto de ese año, para que los siracusanos no pudieran verlos, pero cuando los soldados atenienses estaban subiendo a los barcos se produjo un eclipse de luna. Las tropas temieron que aquello fuera un anuncio de inminentes desgracias, por lo que pidieron que se aplazase la retirada.

La tradición adivinatoria estipulaba que era necesario esperar «tres veces nueve días» para que pasase el efecto negativo del eclipse. Nicias rectificó su decisión de levantar el cerco y regresar a Atenas, y prefirió seguir las recomendaciones de los adivinos.

A la postre, tal decisión supondría la perdición para el ejército ateniense. Los espartanos tuvieron así la oportunidad de cercar a la flota de Nicias; encadenando las trirremes entre sí, cerraron la embocadura de la bahía, lo que impidió la huida de los barcos atenienses.

Los hombres de Nicias, que de sitiadores habían pasado a asediados, intentaron romper el cerco por tierra, pero fue inútil. Los espartanos que habían llegado a Siracusa como tropas de refresco no tuvieron dificultades para aniquilar a los fatigados atenienses. De los más de cincuenta mil hombres con los que contaba Nicias, murieron unos cuarenta y tres mil.

A los supervivientes les hicieron prisioneros y pasaron el resto de sus vidas trabajando en minas y canteras. Nicias intentó huir por tierra, pero los siracusanos lo capturaron y lo ejecutaron.

Una respuesta lacónica

En cierta ocasión, el rey de Macedonia, Filipo II (382-336 a.C.), padre de Alejandro Magno, envió a un mensajero a Esparta para forzar a sus habitantes, también conocidos como lacedemonios, a contraer una alianza con los macedonios para luchar contra Atenas.

El mensaje de Filipo no podía ser más amenazante:

—Macedonia os ofrece la posibilidad de formar parte

de la alianza que nosotros encabezamos. Si aceptáis, lucharemos juntos. Si decidís no uniros a nosotros, arrasaré vuestras cosechas, destruiré vuestras ciudades y os tomaré como esclavos.

La respuesta de los lacedemonios fue realmente escueta:

—No.

Tal contestación pasaría a la historia como ejemplo de brevedad de expresión, lo que daría lugar al adjetivo lacónico.[2]

Un duro entrenamiento

El adjetivo «espartano» se utiliza en el lenguaje común como sinónimo de rígido, austero o severo. Con ello se hace referencia al duro entrenamiento al que eran sometidos los hombres de armas en Esparta.

Su adiestramiento comenzaba cuando eran solo unos niños. Se los obligaba a dormir desnudos en invierno; durante el día tan solo se les permitía una pieza de ropa. Las largas marchas debían realizarlas descalzos para que sus pies se endureciesen. Los alimentos que se les proporcionaban eran tan escasos que debían obtener comida de otro modo; se los animaba a que la robasen, pero se les castigaba duramente si les descubrían.

Los muchachos más jóvenes solían recibir latigazos de los mayores, para que demostrasen su capacidad de soportar el dolor. Además, solían organizarse batallas en las que todos luchaban contra todos.

Sin embargo, la prueba más dura era la conocida como *Oktonyktia* (ocho noches). Un millar de jóvenes marchaban cargados con todo su equipo durante las cuatro pri-

---

2. El término lacónico tiene su origen en la palabra griega para referirse a los lacedemonios, *lakonikós*, que a su vez pasaría al latín como *laconicus*.

meras noches. Descansaban de día, pero solo tenían derecho a media ración de comida.

A partir de ese día, la marcha ya era de día y de noche, prácticamente sin descanso. En la quinta y sexta jornada no se podía ingerir ningún alimento sólido. La marcha seguía sin interrupción el séptimo y el octavo día, pero entonces tampoco se permitía beber agua.

Al que sobrevivía a esta terrible prueba del *Oktonyktia* se le consideraba un auténtico guerrero espartano.

Un banquete accidentado

La gran asignatura pendiente de Filipo II de Macedonia[3] fue la conquista de Persia, un reto que su hijo, Alejandro, se encargaría de alcanzar tras ser proclamado rey a la muerte de su padre, asesinado por un cortesano.

No obstante, las relaciones entre padre e hijo no eran demasiado fluidas, tal como quedaba en evidencia en sus apariciones públicas conjuntas.

En una ocasión, durante un banquete celebrado ante toda la corte, Filipo y Alejandro mantuvieron una violenta discusión. De pronto, el rey se levantó y, blandiendo su espada, se dirigió hacia la mesa en la que estaba sentado Alejandro. Pero Filipo, dando muestras visibles de haber bebido demasiado, tropezó y cayó al suelo.

Alejandro llamó la atención de los presentes y exclamó: «¡Hombres de Macedonia! ¡Ahí tenéis al hombre que quiere pasar de Europa a Asia, y no puede ni siquiera pasar de una mesa a otra sin caerse!».

---

3. Aunque la formulación del principio de «Divide y vencerás» se ha atribuido, entre otros, a Maquiavelo, Catalina de Médicis o Luis XI de Francia, parece ser que el primero que lo llevó a la práctica con éxito fue Filipo II de Macedonia. Buena parte de su política estuvo dirigida a desunir a sus potenciales enemigos, lo que facilitaba su dominación.

Cómo desatar un nudo

Alejandro Magno demostró ser un estratega fantástico. Al frente de un ejército formado tan solo por treinta y cinco mil hombres logró derrotar a los persas, que contaban con una fuerza compuesta por un millón de soldados.

La genialidad del joven militar macedonio se demostró en todos los órdenes. Si un genio es el que consigue abrir caminos por los que nadie se ha atrevido a transitar antes, Alejandro hizo una demostración práctica al pasar por la ciudad de Gordio, antes de entablar batalla con los persas.

En aquel lugar había un antiguo carro (algunos aseguran que era un arado) atado con cuerdas trenzadas, confeccionadas con corteza de cornejo, formando un nudo que era conocido como el «nudo gordiano». La leyenda aseguraba que el autor del célebre nudo era Gordias, padre del rey Midas. Gordias había sido elegido rey gracias al oráculo, que había dispuesto que lo sería el primero que entraría al templo de Zeus montado sobre un carro. Gordias, que era labrador, cumplió con el oráculo y, como ofrenda de agradecimiento al templo, entregó su carro, cuya lanza estaba atada con un nudo que nadie sabía desatar, ante la imposibilidad de encontrar ninguno de los cabos.

A su vez, el oráculo adelantó que el que fuera capaz de desatar esas cuerdas y liberar el carro conseguiría gobernar el mundo. Muchos fueron los que intentaron deshacer el intrincado nudo a lo largo de los años, sin obtener ningún éxito.

En el año 334 a.C., Alejandro, camino de su encuentro con el rey persa Darío, se atrevió a afrontar el desafío, pero obtuvo el mismo decepcionante resultado que sus predecesores. Tras comprobar la complejidad del nudo, decidió hacer algo que a nadie se le había ocurrido con anterioridad: sacó su espada y cortó el nudo de un solo tajo. El carro quedó libre.

De este modo, Alejandro entró a formar parte de la leyenda, que poco más tarde se cumpliría por completo. El macedonio conquistaría el mundo conocido hasta entonces, pese a que su imperio se desharía tan rápidamente como lo había construido.

La copa de Alejandro

Alejandro estaba acampado a orillas del río Cidno cuando, tras un baño en sus frías aguas, cayó enfermo. Por miedo a equivocarse con el remedio, ninguno de sus médicos se atrevió a proporcionarle una medicina.

Su amigo personal Filipo de Acarnania se quedó para cuidarle. Sin embargo, entonces llegó una carta a manos de Alejandro en la que se le advertía de que este le iba a traicionar. Según Parmenio, gobernador de Meda, Filipo se había vendido a los persas que, con Darío al frente, se acercaban ya al campamento griego.

Pese a que en aquella época las traiciones y los envenenamientos eran frecuentes, Alejandro no dudó ni un momento de la lealtad de su amigo. Cuando Filipo entró en su tienda, con una copa en la que le traía un brebaje para acelerar su curación, Alejandro se la arrebató y bebió de ella. Le mostró la carta a su amigo, para dejar claro que su confianza en él era superior a las sospechas que habían intentado crearle.

En este caso, Alejandro acertó al no poder en duda la sincera amistad de Filipo. Al beber de la copa, demostró que las acusaciones de Parmenio eran falsas.

La diferencia entre un pirata y un conquistador

Según cuenta la leyenda, Alejandro Magno, en cierta ocasión, acusó a un pirata que había capturado de ser una persona indigna.

«Es verdad —le dijo este—, soy pirata, pero porque solo tengo un barco. Si tuviera una flota entera, sería un conquistador.»

A Alejandro le convenció aquella aguda respuesta y lo dejó en libertad.

Una victoria pírrica

En el año 280 a.C., los griegos se enfrentaron por primera vez a los romanos, en la batalla de Heraklea. La ciudad de Tarento, opuesta a Roma, había pedido ayuda a Pirro (318-272 a.C.), rey de Epiro. Este monarca, un gran general vencedor en innumerables batallas, vio en tal petición de socorro el modo de expandir sus dominios, por lo que aceptó: desembarcó en la península italiana para enfrentarse a los romanos.

Heraklea no sería una excepción en el camino de victorias de Pirro. El rey de Epiro conseguiría también doblegar a los romanos, pese a su inferioridad numérica. Los epirotas eran entre veinticinco y treinta mil, mientras que los romanos contaban con alrededor de treinta y cinco mil hombres, dirigidos por Laverio Laevino. Estos últimos habían cruzado el río Siris (el actual Sinni) ante las fuerzas de Pirro, que se lanzaron al ataque: lograron imponerse tras un combate especialmente cruel y sangriento. Al acabar la lucha con el triunfo de Pirro, los cuerpos de unos quince mil romanos permanecían sin vida sobre el campo de batalla.

No obstante, su victoria fue a costa de tantas pérdidas propias, unos trece mil muertos, que, según afirma la tradición, aseguró que «otra victoria como esta y seremos destruidos».

Afortunadamente para Pirro, sus temores no se cumplieron: al año siguiente, volvería a derrotar a los romanos, esta vez en Asculum. Los epirotas y sus aliados tenían asediada la ciudad, por lo que una fuerza de cuarenta y cinco mil romanos, con Sulpicio Saverrio y Decio Mus a la cabeza, intentaron forzar a los hombres de Pirro a levantar el sitio. Pero la caballería y los elefantes de Epiro rompieron el ataque romano, lo que provocó entre sus enemigos más de seis mil bajas.

A continuación, aceptó una petición de los griegos de Sicilia, a los que amenazaban los cartagineses. Envalentonado por sus victorias, invadió la Sicilia cartaginesa. Pero la amenaza de Epiro forzaría a romanos y cartagineses a concertar una alianza contra él.

El proceder despótico de Pirro en Sicilia le impediría ganarse el apoyo de los naturales de la isla. Tan solo consiguió sumar a su causa a los ítalos, aunque esta alianza no sería suficiente para vencer a la coalición que se había formado contra él. Los romanos vencerían al rey de Epiro cerca de Nápoles, en Benevento (275 a.C.).

Pirro atacó por la noche una base fortificada próxima a esa ciudad, pero los romanos lograron resistir esta primera ofensiva, y luego pasaron al contraataque. Los elefantes de Epiro provocaron el pánico entre los romanos, pero consiguieron rehacer sus líneas y romper la formación epirota, con lo que los obligó a replegarse. Tras esta derrota, Pirro optó por regresar a Epiro. Así concluyó su «aventura» italiana.

Capítulo 2

Las legiones romanas imponen su ley

Roma consiguió lo que Alejandro Magno tan solo pudo soñar: la creación y consolidación de un gran imperio. Para extender sus posesiones a lo largo de tres continentes, los romanos emplearon la fuerza, aplastando con resolución la resistencia que ofrecían los naturales de las regiones asimiladas.

Para ello era indispensable contar con una fuerza ágil y potente, capaz de desplazarse con rapidez a cualquier rincón del imperio; por lo tanto, la gran aportación de Roma al arte de la guerra fue la organización militar, que alcanzaría un nivel que no sería superado hasta la Edad Moderna. El ejército romano, en función del cual giraría la economía y la política de Roma durante siglos, constituiría la base de la expansión y el mantenimiento del imperio.

En sus comienzos, Roma disponía de un ejército formado por soldados procedentes de las grandes familias, pero no tenía un carácter estable, puesto que durante el invierno, al no haber guerras, este ejército quedaba disuelto.

Progresivamente, Roma comprendió la necesidad de contar con una fuerza militar sólida, por lo que se decidió la creación de un ejército compuesto por ciudadanos de entre catorce y cuarenta años, escogidos mediante sorteo.

Los romanos tomaron como base el modelo de la falange griega. Así formaron la legión, que se convirtió en la gran formación militar de la Edad Antigua. Las legiones contaban aproximadamente con seis mil hombres distribuidos en tres líneas, continuando la evolución planteada por Alejandro.

Aunque la táctica empleada por los romanos en el campo de batalla no era tan simple como la de las falanges, sus movimientos continuaban siendo rudimentarios. En primer lugar, se lanzaba una lluvia de venablos, y después las líneas siguientes corrían hacia el enemigo blandiendo sus espadas. Aníbal supo sacar partido de ello en la batalla de Cannas (216 a.C.), lo que permitió el ataque en tromba de los romanos; los cartagineses retrocedieron hasta adoptar una línea cóncava. Posteriormente, su mayor movilidad les permitiría realizar un movimiento envolvente: encerraron a los romanos en la bolsa resultante y los aniquilaron.

Una de las virtudes de los romanos era que sabían aprender de sus errores, por lo que después de la derrota de Cannas acometieron una reforma profunda de sus tácticas. A partir de entonces las legiones formarían en varias líneas, separadas por cientos de metros. Así pudieron actuar con mayor flexibilidad. De este modo se podían lanzar varias olas de asalto, que cubrían las bajas a medida que se producían.

Otra importante innovación fue el desarrollo espectacular de las técnicas para el asalto de ciudades. Se inventaron todo tipo de catapultas, torres de madera y arietes para este fin. Incluso se llegaron a cavar túneles bajo las murallas apuntalados con madera que, una vez quemada, provocaba su hundimiento.

Los romanos fueron pioneros en la construcción de campamentos, protegidos por fosos y empalizadas. Tenían capacidad para dos legiones. La disposición de estos campamentos, cortados por dos líneas perpendiculares, se convertiría en muchos casos en la trama viaria de las ciudades a las que darían origen.

Roma no prestó nunca suficiente atención a la guerra en el mar. Aunque convirtieron el Mediterráneo en un lago romano, no disponían de una flota de guerra capaz de desplazarse de un punto a otro del imperio. Además, las batallas navales se plantearon como si se tratase de acciones terrestres, por lo que podría decirse que se dio un retroceso respecto al desarrollo que la guerra naval había alcanzado en Grecia.

La decadencia del ejército romano llevaría a la caída del imperio. La sociedad romana acabó considerando la milicia como una profesión ignominiosa, por lo que el ejército pasó a estar formado por mercenarios y bárbaros, lo que a su vez redundaba en un incremento del coste de reclutamiento.

Cada vez se le dio mayor importancia a la defensa. La movilidad era cosa de otra época. Pese a la proliferación de campamentos, murallas y torres, las guarniciones romanas, desmoralizadas y aquejadas de graves problemas de corrupción, se verían incapaces de mantener incólumes las fronteras del imperio ante las acometidas de los bárbaros.

La humillación de las Horcas Caudinas

En el año 323 a.C., los sabinos o samnitas, otro pueblo itálico, vencieron a cuatro legiones romanas en el camino de Capua a Benevento, cuando atravesaban los montes Apeninos. En esa ocasión, las fuerzas romanas, con los generales Tito Veturio y Postumio al frente, sufrieron una emboscada cuando se adentraron en uno de los dos desfiladeros llamados Horcas Caudinas, cerca de la antigua ciudad de Caudio.

La batalla duró todo un día y la lucha se prolongó durante la noche. Sin embargo, al día siguiente, al cortarles la retirada, las legiones romanas se rindieron para evitar que las aplastaran. Aceptaron todas las condiciones impuestas por el enemigo. Los sabinos humillaron a los romanos obligándolos a desfilar bajo un yugo. Además, retuvieron a varios de sus jefes en calidad de rehenes.

La venganza de los romanos no llegaría hasta dieciocho años después, cuando los sabinos cayeron a manos de las legiones de Tito Minucio (pese a que este murió en la batalla), que asediaban la ciudad de Bovianum. Aunque esta victoria supuso para los romanos convertirse en la potencia hegemónica de la península italiana, los indomables sabinos, apoyados por una fuerza de galos, volverían a enfrentarse a los romanos en el 298 a.C. Estos perdieron una de sus legiones.

La derrota definitiva de los sabinos llegaría tres años después, cuando cinco legiones romanas los atacaron a ellos y a sus aliados galos en Sentinum. Hubo más de veinticinco mil muertos. Ocho mil soldados cayeron prisioneros. Los sabinos tuvieron que aceptar la paz impuesta por Roma. Aun así, su resistencia a que los romanos los asimilaran se extendería durante más de dos siglos.

Las delicias de Capua

El caudillo cartaginés Aníbal venció a los romanos en la batalla de Cannas (216 a.C.), que causó entre cincuenta mil y setenta mil muertes en las filas enemigas; además, sufrió tan solo seis mil bajas en las propias. Tal como se ha indicado anteriormente, gracias a un clásico movimiento en tenaza con posterior cerco y aniquilamiento, Aníbal asestó a los romanos una humillante derrota.

Cuando parecía que su marcha sobre Roma era inminente, Aníbal pidió refuerzos a Cartago para emprender el ataque definitivo. Como no pudo obtenerlos, aplazó su avance hacia la capital enemiga y se retiró a pasar el invierno en Capua, capital de la Campania y, por aquel entonces, una bellísima ciudad.

Capua ofrecía a los soldados cartagineses grandes posibilidades para el ocio. El lujo y los placeres de esa ciudad absorbieron a los soldados de Aníbal, que dispusieron de todo el invierno para disfrutar de ellos.

La falta de tensión guerrera en aquellos hombres acabaría por pasarles factura. Al llegar la primavera, los romanos ya se habían reorganizado y volvieron a enfrentarse al ejército de Aníbal, esta vez en la ciudad de Nola. Este punto defensivo era vital, por lo que los cartagineses intentaron asaltar sus murallas; el procónsul Marco Claudio Marcelo defendió con éxito la ciudad y Aníbal se vio obligado a retirarse.

El procónsul Marcelo se convirtió así en el primer jefe militar que consiguió derrotar a las tropas de Aníbal, que seguramente, más que desear apoderarse de Nola, lo que anhelaban era volver a disfrutar de las delicias de Capua.

Delenda est Carthago!

Hasta que fue derrotada en la segunda guerra púnica, Cartago fue la gran rival de Roma. Aunque los romanos lograron aplastar el poder militar de la ciudad norteafricana, el temor a que los cartagineses se reorganizasen continuó durante mucho tiempo.

Un ejemplo del miedo que aún despertaba Cartago era la fijación que Marco Porcio Catón *el Viejo* (232-147 a.C.) tenía acerca de la posibilidad de que resucitasen sus ansias de expansión. Así pues, todos sus discursos, sin importar el tema sobre el que tratasen, terminaban invariablemente con la frase *Delenda est Cartago!* («¡Cartago debe ser destruida!»).

Su obsesión con la destrucción de los antiguos rivales de Roma pasó a la historia, y su frase se ha convertido en sinónimo de una idea fija cuya realización se persigue sin descanso.

El ejército fantasma de Aníbal

Durante la Segunda Guerra Púnica (219-202 a.C.), el general cartaginés Aníbal avanzaba hacia Roma, después de haber superado la barrera natural de los Alpes. El pequeño ejército de Cartago se había mostrado mucho más hábil que el romano, pese a que este tenía más hombres. Buena parte de sus éxitos se debían a la gran astucia de Aníbal.

Sin embargo, en su camino hacia Roma descendiendo por la península itálica, Aníbal cometió un error. Desorientado, acabó llevando a su ejército a un terreno pantanoso, con el mar a su espalda.

El ejército romano, a las órdenes del general Fabio, disponía de su gran oportunidad para rodear a las tropas de Aníbal. Fabio ordenó de inmediato que todos los pasos montañosos que pudieran servir para salir de los pantanos quedasen controlados por centinelas y dispuso a sus hombres para asestar el golpe definitivo a Aníbal.

No obstante, el general cartaginés, consciente de que había errado al conducir a sus hombres a aquella ratonera, no estaba dispuesto a caer en manos de sus odiados enemigos.

Durante la noche, los centinelas romanos apostados en lo alto de las montañas observaron una larga procesión de antorchas, que iban subiendo por la ladera. Eran miles de luces las que se dirigían hacia ellos. ¿Eran refuerzos que habían llegado desde la playa? ¿Tropas que habían estado ocultas?

El extraordinario efecto que causaban las luces de miles de antorchas en la oscuridad de la noche acabó por asustar a los romanos, que comenzaron a pensar en la presencia de un ejército fantasma.

Mientras seguían con atención la evolución de las extrañas luces, centenares de pequeños fuegos se extendieron por la montaña y un ruido ensordecedor cubrió todo el valle, como si se estuvieran tocando a la vez miles de trompetas.

Eso supuso ya una impresión demasiado fuerte para los vigías romanos, que salieron corriendo hacia el campamento, alertando a gritos de la llegada de un aterrador ejército. La confusión entre los romanos fue generalizada y se decidió esperar al alba para conocer la naturaleza de esos formidables refuerzos.

Pero con la llegada del amanecer llegó también la decepción para las tropas de Fabio. Aníbal había levantado el campamento y ya no quedaba ningún cartaginés en los pantanos. El astuto general había logrado escapar de la trampa en la que se había metido.

Más tarde se descubrió la argucia de Aníbal. Las miles de luces que habían sorprendido a los centinelas romanos no eran antorchas, sino ramas atadas a los cuernos de los bueyes con los que contaban los cartagineses como bestias de carga. Aníbal había ordenado hacer subir al rebaño por la ladera de la montaña, simulando ser un nutrido ejército.

Cuando las llamas llegaron a la piel de los bueyes, estos salieron en estampida, y extendieron el fuego a los matorrales, entre los lógicos mugidos causados por el dolor de las quemaduras. Ese estruendo, amplificado por el eco de las montañas, fue el que logró aterrorizar por completo a los romanos y provocar su desesperada huida.

Los espejos de Arquímedes

El matemático griego Arquímedes (287-212 a.C.) aplicó sus amplios conocimientos científicos a la fortificación de la ciudad de Siracusa, situada en la costa este de la isla de Sicilia.

El general romano Marco Claudio Marcelo, encargado de su conquista en 214 a.C., creía que caería en poco tiempo gracias a una doble ofensiva, por tierra y por mar. Los romanos habían dado muestras de poseer un gran ingenio; uniendo ocho barcos, lograron transportar una enorme rampa con la que pretendían escalar las murallas de la ciudad.

Pero Arquímedes no les permitió ni siquiera aproximarse a la orilla. Gracias a unas potentes catapultas de su invención, enormes piedras de más de doscientos cincuenta kilos comenzaron a caer sobre los barcos que transportaban la rampa, lo que dio al traste con el plan de asalto.

El general Marcelo comprendió que un asalto a la luz del día desde una larga distancia estaba condenado al fracaso por el largo alcance de las catapultas, por lo que ideó una acción nocturna, en la que los legionarios romanos intentarían escalar las murallas. Pero los defensores sabían cómo rechazarlos; sobre los asaltantes cayó una lluvia de dardos y piedras. Pero lo que provocó la confusión generalizada entre los romanos fue la enorme cantidad de escorpiones que cayeron sobre ellos, arrojados desde la parte superior de las murallas.

Con el paso del tiempo, los sitiadores pasaron a convertirse prácticamente en sitiados. Las galeras romanas fondeadas cerca de Siracusa recibían de repente el impacto de un afilado madero que se incrustaba en el casco, lo cual, en ocasiones, provocaba su hundimiento. Estas enormes lanzas habían sido arrojadas por los artefactos ideados por Arquímedes.

Los intentos romanos de tomar Siracusa se prolongarían durante tres años, pero siempre se saldarían con sonoros fracasos, gracias a los sorprendentes ingenios surgidos de la imaginación del griego.

Sin embargo, el asedio pasó a la historia gracias a un arma que provocó el pavor entre las tripulaciones de los barcos romanos. Sin una causa aparente, las velas comenzaron a arder. Nadie había visto aproximarse ninguna flecha encendida, por lo que creyeron que se trataba de magia.

Al cabo de un rato, los romanos comenzaron a comprender lo que estaba ocurriendo. En la costa se veían unos reflejos desacostumbrados, con una intensidad similar a la provocada por el sol. Esa era el arma secreta de los siracusanos.

Arquímedes había estudiado los fenómenos de reflexión y refracción de la luz. Gracias a esos conocimientos había ideado un sistema compuesto de varios espejos cóncavos, con los que había conseguido concentrar la luz procedente del sol, siguiendo el mismo principio por el que se puede quemar un papel utilizando una lupa.[4]

La sensación de inexpugnabilidad proporcionada por los inventos de Arquímedes sería, paradójicamente, la causa última de la derrota de Siracusa. Durante la celebración de una fiesta en las calles de la ciudad, los encargados de la vigilancia de una de las torres defensivas se acabaron sumando a la diversión.

Los romanos, atentos a cualquier detalle, detectaron este descuido y asaltaron la muralla en ese sector, y así lograron tomar la ciudad que tan valientemente había resistido. Acabaron con la vida de muchos de sus habitantes, entre ellos Arquímedes.

Según la leyenda, el día en el que cayó Siracusa, Arquímedes se encontraba en la playa, estudiando unas figuras geométricas que había dibujado sobre la arena. Al presentarse ante él un soldado romano dispuesto a matarlo con su espada, sin saber que se trataba de Arquímedes, el sabio griego le pidió que esperase hasta que resolviese el problema matemático sobre el que estaba reflexionando. El romano no accedió a su petición y le ensartó con su espada.

Otra versión asegura que Arquímedes no se dejó impresionar por la amenazante presencia del soldado y le reprendió por haber pisado las figuras dibujadas en la arena.

Sea como fuere, parece ser que Marcelo lamentó profundamente la muerte de Arquímedes, por el que sentía

---

4. Los historiadores de la época no describen estos espejos, denominados *ustorios*, pero sí lo hacen los posteriores, por lo que cabría la posibilidad de que se tratase de una leyenda. La primera mención sería la de Galeno (129-199). Se ha demostrado que el hecho pudo suceder en realidad, tal como probó ya en 1747 un naturalista francés, el conde de Buffon.

una gran admiración. El general romano, a modo de desagravio, mandó erigir una tumba en su honor sobre la cual dispuso una esfera circunscrita por un cilindro que simbolizaba, de acuerdo con sus deseos, su teorema favorito sobre los volúmenes del cono, el cilindro y la esfera. Cuando Cicerón visitó Sicilia pudo ver todavía el monumento, que posteriormente desapareció.

Traición sin recompensa

El jefe guerrillero Viriato se convirtió en una pesadilla para los romanos destinados en la península ibérica. Viriato era un pastor que había escapado con vida de una matanza general de lusitanos ordenada por el pretor Galba. A partir de entonces pasó a encabezar la resistencia de los pueblos lusitanos, en la actual Portugal, entre el 147 y el 139 a.C.

Gracias a sus tácticas guerrilleras, él y sus hombres lograron derrotar en varias ocasiones a las tropas romanas, encabezadas por los más expertos generales. No obstante, ante el continuo acoso de los romanos a su pueblo, Viriato decidió enviar a tres hombres de su confianza (Aulaco, Ditalco y Miminuro) para que negociaran el establecimiento de la paz. Pero el cónsul Marco Pompilio no estaba dispuesto a considerar la propuesta de Viriato y optó por ofrecer un soborno a los tres enviados para que diesen muerte a su jefe.

Los tres hombres aceptaron el trato y degollaron a Viriato mientras dormía en su tienda. Seguidamente se presentaron ante el cónsul para cobrar su recompensa, pero Marco Pompilio, indignado por el cobarde método escogido para acabar con la vida de su digno oponente, les espetó que fueran a Roma a recibir el pago por su traición.

Así lo hicieron: los tres acudieron a Roma para exigir el dinero, pero lo único que recibieron fue una respuesta que pasaría a la historia: «Roma no paga a traidores».

La primera batalla en el Atlántico

En el océano Atlántico se han producido numerosos enfrentamientos navales a lo largo de la historia, pero la primera batalla conocida ocurrió en el 56 a.C.

La tribu de los vénetos de Bretaña (no confundir con los habitantes de la actual región de Venecia) se había rebelado contra los romanos. Su desafío a Roma era posible gracias a una flota de doscientas naves. Aunque, tal como quedó señalado antes, los romanos nunca habían prestado mucha atención a la guerra en el mar, Julio César (100-44 a.C.) decidió enfrentarse a los vénetos en ese medio, construyendo su propia flota en la desembocadura del Loira.

César envió sus barcos, conducidos por Décimo Bruto, a combatir a esta tribu levantisca. Los romanos contaban además con una ingeniosa arma; unas largas pértigas a las que se les había añadido una hoz en el extremo. Los barcos romanos se acercaron a toda velocidad a la flota de los vénetos y, cuando estaban a su alcance, con las pértigas procedieron a cortar los cordajes de las naves enemigas.

Así pues, los vénetos se encontraron de repente con que les era imposible gobernar sus barcos. Esta circunstancia la aprovechó la flota de Décimo Bruto para abordar las naves inmovilizadas, matar a los sorprendidos tripulantes y, finalmente, incendiar los barcos, acabando así con la insolencia de los vénetos, que se habían atrevido a desafiar la hegemonía romana.

Demostración de fuerza

La batalla de Coblenza, en el 55 a.C., enfrentó a las tropas de Julio César con dos tribus germánicas invasoras, los usipios y los tencteros. Los legionarios romanos consiguieron atraer a los bárbaros hasta la confluencia de los ríos Rin y Mosela. Allí, con el agua a la espalda de los germánicos, los hombres de César los aniquilaron. Los bárbaros que intentaron huir acabaron ahogándose.

Julio César había demostrado que nadie podía desafiar el poder de Roma, pero consideró que el triunfo sobre aquellas dos tribus no era suficiente. Para dejar bien claro que en cualquier momento los romanos podían atravesar el Rin para aplastar un intento de invasión bárbara, Julio César ordenó a sus ingenieros construir un puente de madera que atravesase ese caudaloso río. Al cabo de tan solo diez días, el puente ya unía ambas orillas.

Los legionarios atravesaron el puente de medio kilómetro y se dedicaron a realizar maniobras durante tres semanas para intimidar a las tribus germánicas, que contemplaban con estupor esta inusitada demostración de fuerza.

Una vez que Julio César quedó satisfecho con su exhibición, ordenó el regreso a la orilla occidental, atravesando de nuevo el puente sobre el Rin. Una vez que pasó el último soldado, la construcción de madera fue destruida, después de haber servido para su propósito.

Julio César ordenaría construir un nuevo puente de madera sobre el Rin dos años después. En este caso, según los textos, se tardaron «varios días», en lo que sería una nueva obra maestra de la ingeniería militar.

«La suerte está echada»

La célebre frase *Alea iacta est* (la suerte está echada) la pronunció Julio César al pasar el río Rubicón el año 49 a.C. Al decir tales palabras, hacía referencia a su desafío al Senado de Roma, que había ordenado a César disolver su ejército al final de su victoriosa campaña de las Galias.

La decisión del Senado había sido impulsada por Pompeyo el Grande (106-48 a.C.). César, junto a Pompeyo y Craso, formaban el triunvirato que gobernaba Roma, pero la muerte de Craso en la batalla de Carras (58 a.C.) y el alejamiento de César, que estaba combatiendo contra los galos, llevó a Pompeyo a convertirse en cónsul único.

El río Rubicón, llamado en la actualidad Fiumicino, separaba Italia de la Galia Cisalpina y señalaba el límite de la jurisdicción de César. Así pues, él se atrevió a incumplir la ley romana vadeando ese río junto a su XIII Legión y penetrando en la península italiana, lo que en la práctica suponía declarar la guerra a Roma. El desafío de César acabaría desembocando en una guerra civil.

Tras arrollar las primeras posiciones defensivas interpuestas por Pompeyo, César continuó su avance sobre Roma, entrando en la ciudad, que no opuso resistencia, puesto que los partidarios de Pompeyo habían huido. César instauró en Roma un gobierno encabezado por sus partidarios y marchó a Ilerda (la actual Lérida) a combatir a los seguidores de Pompeyo. Estos estaban liderados por sus mejores generales, pero aun así los derrotó, pese a que casi los doblaban en número (setenta mil pompeyanos por cuarenta mil cesaristas). A su regreso triunfal a la capital del Imperio fue nombrado cónsul.

Mientras tanto, Pompeyo había abandonado la península italiana y se había dirigido con sus tropas a Macedonia. Pero el enfrentamiento entre ambos era inevitable y se produjo en Farsalia (48 a.C.).

Pompeyo contaba con unos sesenta mil soldados, mientras que César tan solo podía oponerle veinticinco mil. La batalla no pudo comenzar mejor para Pompeyo, puesto que su caballería obligó a retroceder a la de César, pero los legionarios pudieron rehacer sus filas y detener a la caballería de Pompeyo, y lograron dispersarla.

La infantería de César continuó su avance sin que los soldados de Pompeyo, pese a doblarles nuevamente en número, pudieran oponer resistencia. En total, veinte mil seguidores de Pompeyo fueron capturados y unos seis mil murieron. Por su parte, las tropas de César solo perdieron a doscientos treinta legionarios.

Tras la derrota de sus hombres, Pompeyo logró huir

con vida y pudo escapar a Egipto, aunque, allí, los partidarios de su gran enemigo lo asesinarían apenas desembarcar.

Por lo tanto, César se lo había jugado todo al pasar el Rubicón, asegurando que «la suerte está echada», y ganó su arriesgada apuesta. De todos modos, aunque la historia ha atribuido a César la paternidad de la renombrada frase, parece ser que no fue el primero en pronunciarla.

Según cuenta Suetonio en su obra *Doce Césares*, la frase aparecía en una de las obras del comediógrafo griego Menandro (siglo IV a.C.).

«¡Devuélveme mis legiones!»

La fuerza militar más poderosa de la historia antigua fue la legión romana. Hoy en día es difícil hacerse una idea del grado de perfección que alcanzaron las legiones en su rendimiento en el campo de batalla; gracias a su organización y su férrea disciplina, eran capaces de arrollar a cualquier enemigo que se les pusiera por delante.

Nadie podía hacerles frente. Los legionarios, bien entrenados y capaces de leer y escribir, conocían de memoria todos los movimientos que debían realizar, que ejecutaban en cualquier momento de la batalla tras una señal convenida. Hacían falta como mínimo nueve meses de instrucción para formar parte de la legión, un tiempo en que se ensayaban estas acciones una y otra vez, interiorizándolas hasta practicarlas con la precisión de un autómata.

La formación más temible era la del *testudo* o tortuga; los soldados se protegían con sus escudos formando una abigarrada masa que avanzaba cubierta por todos los lados. De todos modos, el escudo, o *scutum*, compuesto de láminas de madera y de forma un poco curva, no era propiamente un elemento de protección, sino que se empleaba como arma ofensiva; al ser grande y pesado, servía para abrirse paso empujando al enemigo, sin dejarle espacio para manejar su espada.

Así pues, la formación en tortuga no era defensiva; los soldados avanzaban de esta manera hasta entrar en contacto físico con los enemigos. En ese momento, los soldados romanos sacaban entre los escudos su arma más terriblemente eficaz; el *gladius hispaniensis*. Esta espada corta, copiada de la que empleaban las tribus celtas de Hispania, convertía a la tortuga en una auténtica máquina de matar. Manteniendo la formación en todo momento, los brazos de los soldados emergían de ella funcionando como pistones, apuñalando repetidamente a todos aquellos que estaban a su alcance, alcanzando el estómago, los genitales o la arteria femoral, ya que este movimiento mecánico se realizaba desde la cintura, siempre protegidos por la barrera de escudos.

Los *gladius hispaniensis* se convertían así en las cuchillas siempre en movimiento de este rudimentario carro blindado imposible de parar. Algunos lo han comparado con las mandíbulas de un tiburón dando continuas dentelladas o incluso con una enorme sierra mecánica en pleno funcionamiento; el resultado era indefectiblemente el mismo, ya que cualquiera que se acercase a ella era acuchillado repetidas veces. Ante la inminencia de sufrir un avance en *testudo*, la única opción que permitía conservar la vida era huir.

Sin embargo, obviamente, no siempre los legionarios estaban preparados para el combate. Cabía la posibilidad de atacar a los romanos cuando estuvieran descansando; sin embargo, los legionarios no daban esta opción. Cuando llegaban a un lugar, aunque fuera para pasar una sola noche, de inmediato se comenzaba a construir una empalizada, para lo que se llevaban en el equipo las herramientas necesarias. Al cabo de tan solo dos horas, el campamento estaba perfectamente protegido; en ocasiones, para estancias más largas, incluso se cavaba un foso.

Quien crea que el momento adecuado para atacarlos

era mientras los legionarios estaban alzando la empalizada se equivoca; los soldados cavaban con todo su equipo de combate puesto, incluida la armadura. En cuanto se daba la alarma, en pocos segundos los soldados ya habían adoptado la formación de combate.

La armadura romana no era pesada, sino que les daba libertad de movimientos. Al principio se utilizaba una simple cota de malla, pero no ofrecía protección ante el apuñalamiento. Se diseñó una armadura que cubría la parte superior del torso y los brazos, con varias capas metálicas superpuestas; la *lorica segmentata*. Su comodidad las hacía idóneas para correr con ellas hacia el enemigo; como vemos, la equipación del soldado romano estaba proyectada siempre hacia el ataque.

La buena forma física era otro elemento a tener en cuenta. Los soldados romanos no solían ser muy altos, pero sí muy resistentes. Cargando con todo el equipo, que además del escudo y la espada incluía el *pilum* (una lanza corta), un puñal, una azada o pala, la comida, el agua y los útiles de aseo (entre ellos una vara con una esponja en la punta que hacía la función del papel higiénico), un legionario era capaz de caminar cerca de cuarenta kilómetros en cinco horas.

Por último, un elemento fundamental para el éxito del modelo de la legión era la disciplina. El centurión, que hacía la labor del sargento instructor, era temido por sus propios hombres, incluso más que el enemigo; no dudaba en romper su bastón de mando en la espalda del soldado poco disciplinado o de imponer crueles castigos.

Pero lo que más empujaba a combatir con valentía en el campo de batalla era la posibilidad de que la legión fuera castigada en caso de cobardía generalizada. En este caso, la legión era diezmada; por sorteo, a uno de cada diez hombres se le condenaba a morir a manos de sus propios compañeros, que no dudaban en ejecutar la orden, clavándole sus espadas. Esto fue lo que ocurrió en el año 73 a.C., cuando dos legiones quedaron diezmadas por no haber sido suficientemente valientes combatiendo contra los esclavos liderados por Espartaco.

Teniendo en cuenta todas estas características de la maquinaria de guerra romana, que la hacían ciertamente intratable, no es de extrañar que en todo el imperio se recibiese con sorpresa y asombro el hecho de que las legiones cayeran derrotadas por primera vez. Un jefe germano llamado Arminio sería el primero en alcanzar el honor de aplastar a las invictas legiones romanas.[5]

Alrededor del año 10 a.C., los pueblos germánicos ocupaban las zonas fronterizas del Imperio romano, al este del Rin y al norte del Danubio, y se veían obligados a pagar un tributo al emperador Augusto. Estos pagos en forma de oro y plata comenzaron a originar cierto malestar entre los germanos, por lo que Augusto decidió enviar a uno de sus generales, Publio Quintilio Varo, para que mantuviera la paz en la región; lo nombró jefe del ejército romano en Germania, al mando de cinco legiones.

Varo había sido gobernador de Siria y estaba casado con una sobrina-nieta de Augusto. Los lazos familiares y el hecho de que en Siria no se hubiera producido ningún levantamiento contra Roma llevaron a Augusto a depositar en él toda su confianza. Pero Arminio se encargaría de demostrar que la combativa Germania no era como la acomodaticia Siria, y aceptó el desafío de Roma.

Arminio conocía perfectamente a sus adversarios, ya

---

5. Curiosamente, tanto alemanes como británicos se han disputado a lo largo de la historia a Arminio como fundador de su nación. En 1851, sir Edward Creasy lo calificaba de «héroe nacional» para los ingleses, al considerar la antigua Germania como el lugar de origen de los futuros pobladores de las islas británicas. También durante la época victoriana, el gran historiador Arnold creía que «sin la figura de Arminio la nación inglesa nunca hubiera llegado a existir». Por otra parte, Hitler también pretendía adueñarse del mito del caudillo germano, refiriéndose a él, sin demasiado fundamento, como «el arquitecto de nuestra libertad».

que él mismo tenía la ciudadanía romana. De hecho, su propio hermano se había integrado de tal forma en la sociedad romana que, renegando de sus orígenes, había adoptado el nombre de Flavio y combatía por las armas al pueblo germano.

El futuro cabecilla teutón, indignado por la insaciable codicia romana, se propuso derrotar a las tropas de Varo, y creó un movimiento de resistencia secreto hasta formar un auténtico ejército, integrado en buena parte por guerreros germanos que habían formado, en uno u otro momento, parte de las legiones romanas, por lo que contaban con una excelente formación militar.

En el año 9 a.C., Arminio ya estaba preparado para retar al imperio, pero debería hacerlo en un lugar en el que los romanos no pudieran imponer su superioridad militar. Consciente de que era imposible derrotarlos en el terreno de la táctica, comprendió que la única posibilidad para ellos se abriría en el campo de la estrategia. Para ello atrajo a tres de las cinco legiones hacia un terreno que él conocía muy bien, el bosque de Teutoburgo, situado entre los ríos Ems y Weser.

Varo y sus hombres, que sumaban unos veinte mil efectivos sin contar a los familiares de los soldados, se adentraron en el bosque en busca de los rebeldes germanos. La suerte se alió con Arminio, puesto que cayó un fuerte aguacero que dejó los caminos impracticables. El fango dejó inmovilizados a los legionarios romanos, lo que aprovecharon los guerreros de Arminio para atacarlos.

Una auténtica lluvia, en este caso de dardos de hierro, cayó sobre los romanos, que no sabían dónde ponerse a salvo. Las legiones intentaron adoptar la formación de *testudo* para entablar combate, pero los germanos se retiraban una y otra vez. Las legiones se atrincheraron en el interior del bosque y allí pasaron la noche.

A la mañana siguiente reemprendieron el camino, pero tuvieron que abandonar los carros con los víveres, al quedar atascados con el barro. Los hombres de Arminio arrojaron lanzas contra los romanos sin que estos pudieran defenderse. Volvieron a atrincherarse, pero los germanos atacaban cada vez que emprendían la marcha.

La lluvia y el barro siguieron aliándose contra las legiones de Varo, hasta que este ordenó que regresaran por el mismo camino, al ser imposible el avance. El acoso de los teutones, unido al cansancio y la desmoralización de los romanos, llevó finalmente a cada uno a intentar la salvación por su cuenta. Numorio Vala, el comandante de caballería, abandonó el resto de la columna e intentó salir del bosque con sus jinetes, pero no lo consiguieron. Los germanos los masacraron.

Era el momento adecuado para propinar el golpe de gracia a los hombres de Varo. Los germanos atacaron en tromba y la infantería romana cayó víctima de la confusión. Algunos lograron formar pequeñas islas de resistencia que mantendrían a raya a los germanos durante dos días, pero también acabaron aplastadas. Varo resultó herido por una lanza y prefirió suicidarse antes de caer en manos de Arminio. Según explica la tradición, ordenó a su esclavo: «¡Mátame ahora mismo!».

Muchos romanos murieron ahogados en las ciénagas que rodeaban el bosque. Los que fueron capturados sufrieron un final horrible: los sacrificaron cruelmente o los quemaron vivos. Tan solo unos pocos, abandonando sus armas y escudos para correr más deprisa, consiguieron escapar de la trampa mortal en la que Arminio había convertido el bosque de Teutoburgo.

Las legiones habían dejado de ser invencibles. La voz se expandió por todo el imperio y a todos sus rincones llegó la noticia de que los guerreros germanos habían aniquilado a las tres legiones de Varo.

Por su parte, el emperador Augusto cayó en una profunda depresión al conocer la derrota de sus tropas en Germania. Durante varios meses no acudió a ningún acto público y se dejó crecer el cabello y la barba.

No obstante, la frase que ha pasado a la historia es la

que Augusto repetía una y otra vez, dándose golpes en la cabeza: «Quintilio Varo, ¡devuélveme mis legiones!».

El primer objetor de conciencia

La primera persona que se negó a alistarse en el ejército aduciendo motivos de conciencia fue san Maximiliano, que consideraba que el respeto al mandamiento de «no matarás» le impedía tomar las armas.

Maximiliano era hijo de un veterano soldado romano encargado del reclutamiento cuyo nombre era Fabio Víctor. Paradójicamente, el joven Maximiliano, al cumplir los veintiún años, se negó a alistarse en el Ejército. Su propio padre se vio incapaz de convencerle para que aceptase ser reclutado; de nada valieron sus advertencias, como buen conocedor de la suerte que le esperaba si se negaba a cumplir sus obligaciones militares.

Así pues, Maximiliano tuvo que comparecer finalmente como insumiso ante Casio Dión, procónsul de Tebaste, en el año 295 d.C. Allí, declaró ante el juez: «Yo soy cristiano, soldado de Cristo, y no combatiré por nadie más. Por tanto, me niego a llevar en el escudo la imagen del emperador; y si se me obliga, la romperé».

El procónsul Dión intentó convencerle para que depusiese su actitud. Consciente de que el acto de rebeldía del joven podía servir de precedente para que otros cristianos se negasen también a servir en el ejército romano, tomó la decisión de condenarle a muerte. Casio mandó borrar su nombre de las listas de reclutamiento y le dijo: «Puesto que te niegas a matar como soldado, morirás, y tu castigo servirá de escarmiento para todos los que quieran imitarte».

Sin embargo, Maximiliano no imploró piedad al procónsul y, según la tradición, se limitó a responder: «Doy gracias a Dios y a ti mismo por el favor que me haces».

Cuando se acercaban al lugar de la ejecución, dirigiéndose a los cristianos que se hallaban presentes les dijo: «¡Quiera Dios que podáis participar muy pronto de mi destino, hermanos queridos, y así vayáis también junto a Él».

Según la martirología cristiana, antes de ser decapitado, Maximiliano obsequió al verdugo con su vestido, ante la admiración de su padre, orgulloso por el valor y la serenidad demostrados por su hijo.

La tradición también asegura que su padre, al presenciar la firme voluntad de su hijo cuando se enfrentó a la muerte, acabó convirtiéndose al cristianismo.

Otro caso de insumisión, que podríamos denominar como «sobrevenida», fue el de san Marcelo, un centurión que pertenecía a la Séptima Legión, destinada en Hispania.

Del acto de rebeldía de Marcelo, que sucedió el 298 d.C. presumiblemente en la ciudad de León, tenemos conocimiento gracias a una carta del gobernador Manilio Fortunato dirigida a su superior, el viceprefecto Aurelio Agricolano:

> Manilio Fortunato a Agricolano, su señor, salud.
>
> En el felicísimo día en que en todo el orbe celebramos solemnemente el cumpleaños de nuestros señores augustos césares, señor Aurelio Agricolano, Marcelo, centurión ordinario, como si se hubiese vuelto loco, se quitó espontáneamente el cinto militar y arrojó la espada y el bastón de centurión delante de las tropas de nuestros señores.

Su procesamiento tuvo lugar en dos pasos: primero en Hispania, ante el gobernador Fortunato el 28 de julio del 298; y el definitivo en Tánger, ante Aurelio Agricolano, el 30 de octubre del mismo año.

Ante Fortunato, Marcelo explicó su actitud diciendo que era cristiano y que no podía militar en más ejército que en el de Jesucristo. Fortunato, ante un hecho de tanta gravedad, envió a Marcelo a su superior, el viceprefecto Agricolano, para que fuera juzgado.

En Tánger, y ante Agricolano, se le leyó a Marcelo la acusación, en la que se remarcaba la gravedad que suponía que su acto de indisciplina hubiera sido llevado a cabo en un acto oficial y solemne, en el que toda la tropa estaba dispuesta para ofrecer sacrificios a los dioses paganos e invocar su protección sobre el emperador.

Marcelo aceptó el acta de acusación sin arrepentirse en ningún momento de su rebeldía, por lo que el viceprefecto no tuvo más opción que condenarlo a la decapitación.

Los soldados no pueden casarse

El que San Valentín sea el patrón de los enamorados tiene su origen en el hecho de que los soldados romanos profesionales tenían prohibido casarse. El responsable de la promulgación de esta norma fue el emperador romano Claudio II el Gótico (214-270), que consideraba que los soldados que estaban casados pecaban de conservadores y no afrontaban suficientes riesgos en el campo de batalla, en unos momentos en que las fronteras se veían acosadas por alamanes y vándalos, y era necesario cerrar filas en torno a la amenazada integridad del imperio.

San Valentín, que entonces era obispo de la ciudad de Iteramna (hoy Terni, en Italia), se avenía a celebrar en secreto las bodas de los soldados que no querían cumplir esa orden del emperador, por lo que fue detenido. Según la tradición cristiana, fue lapidado y finalmente decapitado el 14 de febrero de 269, un día que daría lugar al tradicional día de los enamorados. Se cree que lo enterraron en la Vía Flaminia, a las afueras de Roma, lo que hizo que durante la Edad Media la Puerta Flaminia fuera conocida como Puerta de San Valentín (hoy Puerta del Popolo).

De todos modos, existen serias dudas sobre la veracidad de esta historia. La fiesta de San Valentín fue instaurada en el año 498 por el papa Gelasio I, probablemente en un intento de eliminar la fiesta pagana de las Lupercales, que se celebraban el 15 de febrero, una celebración precisamente relacionada con el amor y la reproducción, en la que las mujeres que querían aumentar su fertilidad se dejaban azotar de forma simbólica por látigos hechos de piel de macho cabrío. Por tanto, es posible que el desafío de este valeroso obispo tenga un origen legendario; las dudas sobre la biografía del santo llevarían a la Iglesia católica a borrar la festividad de San Valentín del calendario eclesiástico en 1969.

Roma, víctima de otro «caballo de Troya»

La Ciudad Eterna permaneció a salvo de conquistadores extranjeros durante ochocientos años. La última ocasión en que Roma había sufrido un ataque de los bárbaros había sido el 387 a.C., cuando el jefe galo Brenno incendió Roma. El Capitolio, defendido por las principales familias patricias, resistió un terrible asedio de seis meses. Finalmente, Brenno impuso un fuerte rescate y se retiró. Desde entonces, los bárbaros se mantendrían alejados de Roma.

Sin embargo, en el año 410, el jefe bárbaro Alarico pondría fin a ese largo periodo de fortaleza incontestable. Ya antes de esa fecha, el propio Alarico había estado a punto de conseguirlo en dos ocasiones. En el 408, después de un largo asedio que provocó miles de muertos por inanición entre la población, los romanos capitularon, pero recuperaron la libertad después de pagar un importante rescate, al igual que había sucedido con los galos de Brenno. Alarico se dio por satisfecho con ello y se retiró hacia el norte.

Al año siguiente, Alarico tomó Ostia, el puerto de Roma, y de nuevo conminó a la ciudad a rendirse. Como el emperador Honorio no se encontraba en la ciudad en esos momentos tan comprometidos, la población obligó a las autoridades a aceptar el ultimátum, humillándose a pagar al invasor un nuevo tributo. Alarico, en ese momento, se contentó con recibir las riquezas que Roma ponía en sus manos y levantó el cerco. Pero más tarde el jefe bárbaro comprendió que el botín podía ser mucho mayor si conseguía adueñarse de la capital del imperio.

Aun así, Alarico sabía que Roma se defendería de forma encarnizada y que sería muy difícil para sus hombres forzar la entrada a la ciudad. Se desconoce si el bárbaro había leído los relatos que narraban la caída de Troya gracias a la estratagema del célebre caballo de madera, pero la realidad es que Alarico ideó un engaño similar.

Dirigiéndose a los patricios romanos, Alarico expresó su deseo de mantener la paz, para lo que había decidido levantar el cerco. En prueba de amistad les propuso entregarles trescientos esclavos. Los romanos los aceptaron, y pronto apreciaron su carácter complaciente, que los convertía en los sirvientes ideales.

Los romanos, de todos modos, no confiaban plenamente en Alarico, pero tuvieron que rendirse a las evidencias cuando comprobaron cómo levantaban el campamento y marchaban rumbo al norte. De nuevo habían conseguido librarse de la amenaza de los bárbaros.

Los días fueron pasando y Roma regresó a su vida habitual. Mientras tanto, los esclavos que Alarico había regalado a los patricios continuaban demostrando su docilidad. Pero, evidentemente, los esclavos no eran tales; se trataba de los trescientos mejores guerreros con los que contaba Alarico. Antes de que los entregaran a los romanos, se había acordado que en una fecha determinada acudirían a una de las puertas de la ciudad, la Salaria, y matarían a los guardias, permitiendo el paso a las fuerzas de Alarico.

Así lo hicieron. El 24 de agosto por la tarde, mientras que la mayoría de los romanos descansaba durmiendo la siesta, los esclavos fueron hasta la puerta Salaria y, después de matar a los vigilantes, la abrieron.

Los hombres de Alarico entraron rápidamente, desparramándose por todas las arterias de la ciudad, ante el pasmo y la conmoción de sus sorprendidos habitantes. Los bárbaros acababan de entrar en Roma.[6] De todos modos, los romanos que sufrieron la violencia de las tropas de Alarico pueden considerarse afortunados en comparación con los que cuarenta y cinco años más tarde serían víctimas de la brutalidad de Genserico. Este rey vándalo llegó a la desembocadura del Tíber con una gran flota y tomó Roma el 2 de junio. Toda la ciudad fue saqueada y arrasada, y buena parte de sus habitantes murieron asesinados.

---

6. Existe otra versión de este mismo episodio. Según algunos historiadores, también fueron esclavos los que abrieron las puertas de la ciudad a los ejércitos bárbaros, pero en este caso se trataría de los sirvientes de una importante dama romana llamada Prolix, que, para no alargar innecesariamente las penurias de sus conciudadanos durante el sitio, decidió precipitar la caída de Roma. Cabe la posibilidad de que, para ocultar esta traición surgida de la propia población romana, se prefiriese atribuir esa acción a la inventiva de Alarico.

Capítulo 3

Mil años de oscuridad

En el año 476 fue depuesto el último emperador de Occidente, Rómulo Augusto, a quienes sus detractores llamaban «Augústulo» (pequeño Augusto). Ese hecho pondría fin al Imperio romano, aunque la parte oriental permanecería incólume hasta 1453, con el nombre de Imperio bizantino.

Europa entraba así en la oscura Edad Media. Centroeuropa quedaba en manos de tribus eslavas y pueblos procedentes de las estepas, mientras que desde el sur se expandía una nueva fuerza, el islam.

El poder político central sería el del imperio de Carlomagno, que reinó del año 768 al 814, y cuya división daría lugar a la creación del Sacro Imperio Romano Germánico.

Si la Edad Media supuso un paso atrás en muchos órdenes, también lo fue en el arte de la guerra. Los ejércitos permanentes, como el romano, habían dejado de existir. A los soldados se les reclutaba para una campaña o una expedición, normalmente convocados por el rey, y los licenciaban cuando esta terminaba. Las tropas se organizaban localmente; transportaban sus propios víveres en carros de bueyes.

En un principio, los ejércitos estaban compuestos casi exclusivamente por infantería, pero la batalla de Poitiers (732), en la que los francos detuvieron e hicieron retroceder al ejército musulmán que ya había invadido la península ibérica, provocó un cambio en la organización militar.

La caballería acorazada comenzó a tomar protagonismo a costa de la infantería y el reclutamiento dejó de tener carácter local para pasar a ser nacional. Se iniciaron grandes trabajos de fortificación, lo que requeriría nuevos avances en las soluciones técnicas para plantear las guerras de asedio.

La falta de un poder centralizado, como el que se dio bajo el Imperio romano, llevó a las poblaciones a buscar la protección de los jefes locales. Estos, a la llamada del soberano, aportaban sus propias tropas, que se unían a los vasallos del rey.

Carlomagno estipuló las normas por las que se regiría el reclutamiento, confeccionando censos o listas de los hombres a los que debían llamar a las armas. De este modo, el ejército carolingio pasó a estar compuesto de un fuerte contingente de caballería, formado por los grandes señores, mientras que los pequeños propietarios servían en la infantería. Los más pobres veían reducida su contribución al transporte del avituallamiento.

El enorme coste que suponía mantener los caballos, junto con el equipo y el armamento, hizo que los ejércitos en la época feudal no fueran muy numerosos; por regla general estaban formados por unos diez mil hombres, de los que la mitad correspondían a la caballería.

Las tácticas empleadas durante la época feudal variaron muy poco a lo largo de los siglos. Los ejércitos se basaban en la caballería. En el campo de batalla, la infantería formaba un cuadro cuyo centro lo ocupaban los jinetes. En el momento del ataque, el cuadro se abría por la parte delantera y la caballería acorazada lanzaba varias cargas contra la formación enemiga en oleadas sucesivas. Al final, la batalla se convertía en un extenso torneo medieval, en el que los soldados a pie permanecían prácticamente como espectadores.

La guerra de los Cien Años (1338-1453) se inició empleando los métodos de combate que se seguían en la antigüedad. Fue durante este conflicto cuando se dieron los grandes avances que dejarían atrás los procedimientos rudimentarios de la Edad Media.

En la guerra de los Cien Años desapareció el, hasta entonces, indiscutible dominio de la caballería. A partir de ese conflicto, los ejércitos se basarían en la infantería, que volvía a tomar el papel principal que había jugado en la antigüedad, y en la artillería, con el empleo de la pólvora, cuya utilización en Europa databa de 1314.

Las primeras armas de fuego empleadas por la infantería, como los mosquetes y arcabuces, marcarían el camino que seguirían los ejércitos de la Edad Moderna.

Un río de sangre

En el año 729, las tropas del emperador bizantino León III y las fuerzas italianas reunidas por el papa Gregorio III se enfrentaron a unos cincuenta kilómetros de Ravena, a orillas del río Po. El motivo de esta contienda fue una disputa sobre las imágenes religiosas; mientras que Bizancio las había proscrito, Roma defendía su culto.

Tras una encarnizada batalla, los hombres de León III cayeron derrotados. Las tropas del papa no tuvieron piedad de ellos y los persiguieron para impedir que pudieran retornar a sus naves. Eso causó una gran matanza.

Según cuenta la tradición, las aguas del Po bajaron completamente teñidas de rojo por la sangre que se había vertido. La contaminación del río por la putrefacción de los cientos de cadáveres que cayeron en él fue tal que durante seis años los habitantes de Rávena no pudieron consumir pescado de sus aguas.

Mito y realidad de los vikingos

No hay duda de que, para los europeos que vivían en las zonas costeras o a la orilla de los grandes ríos, nada había que provocase más temor que un ataque de los vikingos. Procedentes de Escandinavia (el territorio que hoy engloba Noruega, Suecia y Dinamarca), llegaban con sus estrechos y alargados barcos a las poblaciones situadas a orillas del mar o remontaban los cursos fluviales, arrasándolo todo a su paso.

Desde comienzos del siglo IX, las incursiones vikingas se hicieron trágicamente habituales. A partir del año 810 asolaron periódicamente las costas inglesas y la desembocadura del Sena. Amberes fue incendiada en 836; Rouen, en 841.

En los años siguientes les llegaría el turno a otras ciudades francesas, como Nantes o Toulouse. Su atrevimiento los llevó a saquear París en 845, remontando el Sena, o a hacer lo propio con Sevilla un año antes, ascendiendo por el Guadalquivir. Una de las zonas más castigadas sería Galicia, que sufriría las temibles incursiones de los vikingos en numerosas ocasiones, entre 843 y 1016.

La imagen que los vikingos han dejado para la historia es inconfundible. Cubiertos con pieles y armados con hachas, ofrecían un fiero aspecto que provocaba el terror entre sus víctimas. Pero, sin duda, su nota más característica era el casco adornado con dos cuernos. Sin embargo, ese detalle, imprescindible en su iconografía, no responde a la realidad.

Los descubrimientos arqueológicos han demostrado que el típico casco vikingo no es más que un mito. En realidad, estos guerreros nórdicos se protegían con un casco en forma de cono, que en ocasiones presentaba una protección adicional para la nariz.

Aunque se ha encontrado algún casco adornado con cuernos, quizás perteneciente a algún jefe, esto supone una rareza dentro de los hallazgos relativos a este belicoso pueblo.

El cardo, símbolo de Escocia

En el siglo IX, Kenneth MacAlpine se convirtió en el primer rey de Escocia, después de unir bajo su estandarte a los diferentes reinos en los que estaba dividida la región.

El símbolo de Escocia elegido por MacAlpine fue el cardo, cuya vigencia se mantiene hasta hoy.[7] El origen del cardo como flor nacional de Escocia hay que buscarlo, según cuenta la leyenda, en un ataque nocturno que los vikingos noruegos lanzaron contra un campamento escocés. Sin embargo, los amenazadores vikingos, que trataban de acercarse sigilosamente, amparados por la oscuridad, encontraron un obstáculo que dio al traste con la sorpresa.

Un inesperado campo de cardos comenzó a provocar los gritos de dolor de los vikingos, que se pinchaban una y otra vez con sus espinas. Los escoceses, alarmados por los gritos, pudieron organizar la defensa. Los vikingos, doliéndose aún por la travesía del campo de cardos, no pudieron reaccionar ante el ataque escocés y cayeron derrotados. En agradecimiento y homenaje a esta humilde planta, los escoceses decidieron elevar el cardo a la categoría de símbolo nacional.

De todos modos, como suele suceder, no es esta la única versión, puesto que es habitual encontrar también el relato de una acción de este tipo, pero en el que los ingleses sustituyen a los vikingos en el papel de invasores descubiertos gracias a esa planta espinosa.

---

7. Los aficionados al rugby tendrán muy presente la identificación entre el cardo y la selección escocesa, puesto que lo lucen orgullosamente en su escudo. Por su parte, la selección irlandesa se representa con el trébol (el mítico *shamrock*) o la galesa con las tres plumas, el distintivo de los príncipes del país. El llamativo símbolo que la selección de Inglaterra muestra en su camiseta, la rosa roja, se remonta también a la época medieval; tiene su origen en el triunfo de la casa de Lancaster, cuyo símbolo era una rosa roja, en la guerra civil que mantuvo contra la de York, representada por una rosa blanca.

Espadas de madera

Los toltecas eran un pueblo amerindio que vivía en el altiplano central de México. En el siglo VIII fundaron un imperio, con capital en la actual ciudad mexicana de Tula, que se extendería hasta comienzos del siglo XII.[8]

Sus guerreros tenían una manera muy particular de hacer la guerra, ya que iban armados con espadas de madera. De este modo, los toltecas evitaban herir gravemente o matar a sus enemigos.

La motivación de estos soldados no era precisamente humanitaria; con un criterio no exento de lógica, creían que sus enemigos no tenían ningún valor si estaban muertos, por lo que preferirían hacerlos prisioneros para poder convertirlos en sus esclavos.

Un ejército cegado

En el año 996, el rey bizantino Basilio II (958-1025) inició una potente ofensiva armada contra el poder creciente del zar Samuel de Bulgaria (m. 1014), que amenazaba la integridad del Imperio romano de Oriente. Ya en el año 986, Basilio II había intentado tomar Sofía, pero Samuel le había vencido, obligándole a regresar a Constantinopla.

La campaña contra los búlgaros se extendería durante dieciocho años, pero desde 1001 el conflicto se convertiría en una guerra de exterminio de Bizancio contra los búlgaros. Samuel se vio obligado a refugiarse en las montañas con los restos de su ejército.

El enfrentamiento decisivo se produjo en el valle del río Struma, en 1014. Tras varios días de lucha, el empera-

---

8. Como ejemplo del esplendor que alcanzó el imperio tolteca han quedado las ruinas de la ciudad sagrada de Teotihuacán, en las proximidades de la actual capital mexicana. En ella se pueden admirar las colosales pirámides del Sol y de la Luna.

dor de Constantinopla cercó a la fuerza búlgara en Balathista. Hizo quince mil prisioneros.

Basilio II ideó un cruel castigo para los soldados búlgaros que había capturado. Ordenó que a todos ellos se los cegara, vaciándoles los ojos.[9]

Para posibilitar el regreso de este patético ejército, con lo que se esperaba proporcionar una lección inolvidable al zar búlgaro, el emperador bizantino decidió que a uno de cada cien hombres se le respetase la visión de un ojo para que pudieran conducir a sus compañeros a casa. Según explica la leyenda, el rey de los búlgaros murió de desesperación al contemplar el terrible desfile de sus hombres.

Esta derrota de las tropas de Samuel sería decisiva para la suerte de su país, puesto que Basilio II, sin ninguna fuerza que se le opusiera, lograría al fin su deseo de anexionar Bulgaria al Imperio bizantino.

El guerrero solitario

Si hay un momento decisivo para la historia de Inglaterra, este ocurrió en 1066. En el verano de ese año, el ejército sajón liderado por el rey Harold II (h. 1022-1066) marchó hacia York para enfrentarse al rey de Noruega, Harald III, que había llegado a la costa británica de Northumbria con la intención de reclamar para sí la corona de Inglaterra.

El 25 de septiembre, los sajones consiguieron tomar por sorpresa a los noruegos, que se encontraban acampados en Stamford Bridge, a once kilómetros al este de

---

9. Las mutilaciones eran frecuentes en Bizancio. En el año 705, Justiniano II, después de que diez años antes le cortasen la nariz, tras ser derrocado, recuperó el trono. Otro caso fue el protagonizado por la emperatriz Irene, que ordenó el 19 de agosto del año 759 arrancar los ojos a su hijo Constantino para que no pudiera disputarle el poder. Este mismo castigo fue infligido por el mismo motivo a cuatro hermanastros de su marido, a los que antes se les había cortado la lengua.

York, pero que aún no habían tenido tiempo de organizar la defensa.

Los hombres de Harold II tan solo tenían que atravesar el puente de madera de Stamford[10] para alcanzar el campamento, pero un único soldado noruego, situado sobre él, impedía el paso. El monarca envió a un pequeño grupo para que eliminase ese último obstáculo, pero el noruego los mató a todos con su espada. Enviaron nuevos soldados, pero el defensor solitario segó la vida de todos ellos. Mató un total de cuarenta hombres.

Harold II no estaba dispuesto a perder más hombres e ideó otro modo para acabar con la vida del noruego. Situaron un pequeño bote justo debajo de donde se encontraba el defensor; por el hueco que dejaban dos maderas del puente le clavaron una lanza.

Aunque el valiente guerrero perdió la vida, su sacrificio no fue inútil. El tiempo que los sajones emplearon en acabar con su resistencia fue fundamental para que los noruegos se pudieran preparar para el ataque.

De todos modos, Harold II lograría derrotar a los invasores nórdicos; cargó contra los noruegos, pero simuló retirarse para que le persiguieran en su supuesta huida. Al llegar a un lugar en el que le esperaban tropas de refresco, los sajones contraatacaron con éxito.

El monarca noruego resultó muerto en la batalla. Harold II ofreció la paz a su hermanastro Tostig, que se había unido a los noruegos. Este rechazó la oferta y los sajones reanudaron el combate, aniquilando a los invasores casi por completo. Tan solo unas pocas decenas de noruegos pudieron llegar hasta sus naves y reembarcar.

Aunque la victoria de Harold II fue aplastante, el coste

---

10. En la actualidad, un puente de piedra se levanta en el lugar que antes ocupaba el viejo puente de madera. Un monumento conmemorativo recuerda la lucha por la posesión del puente de Stamford.

que tuvo que pagar fue muy alto; al día siguiente de su enfrentamiento con el monarca noruego, el duque normando Guillermo (h. 1028-1087), que luego sería conocido como «el Conquistador», desembarcaba a su vez en la playa de Pevensey sin encontrar oposición.

Rápidamente, Harold tuvo que ir al encuentro de las tropas normandas. El 14 de octubre, ambos ejércitos se encontraron en la colina de Senlac, en el camino de Londres a Hastings, nombre con el que sería conocida esta batalla. Las tropas de Harold llegaron agotadas después de una larga marcha de trescientos kilómetros.

En Hastings se enfrentaron dos tipos diferentes de ejército. Los hombres de Harold constituían, de acuerdo con la tradición, una infantería montada, es decir, que se desplazaban a caballo pero combatían a pie. En cambio, los normandos acostumbraban a cargar a caballo, apoyados por los arqueros.

Aunque Guillermo empleaba una táctica más moderna, su caballería se vio impotente para romper la sólida defensa sajona, bien situada en la parte superior de la colina. Así pues, el rey normando ideó la misma estratagema que Harold había empleado contra los noruegos; fingió también una retirada, por lo que un ala de la infantería sajona se lanzó en su persecución, abandonando así la posición elevada de que disfrutaba. La caballería normanda contraatacó, rodeando a los hombres de Harold II, que pereció en el combate. La batalla se convirtió en una auténtica carnicería, en la que los sajones fueron masacrados sin piedad.

Así se establecía la superioridad de la caballería sobre la infantería, un predominio que, tal como quedó reflejado antes, se prolongaría hasta la guerra de los Cien Años.

Tras esta victoria, Guillermo el Conquistador avanzó sin oposición sobre Londres. Fue coronado rey de Inglaterra en Westminster el día de Navidad de ese mismo año. Su primera medida fue ordenar la construcción a orillas del Támesis de la célebre y siniestra torre de Londres.

Fue la última ocasión en la que un ejército extranjero consiguió someter a Gran Bretaña, un reto que también intentaron, sin éxito, Felipe II, Napoleón o Hitler.

La batalla de Hastings es, con toda seguridad, el episodio más decisivo de la historia de Inglaterra, puesto que la alejó de la periferia nórdica de la que formaba parte hasta ese momento y la integró plenamente en la esfera continental europea.

La batalla medieval menos sangrienta

El 20 de agosto de 1119, cerca de un millar de caballeros ingleses y franceses se enfrentaron en una batalla campal en la llanura de Bremule, situada cerca de la ciudad gala de Noyon.

Allí combatió el rey de Inglaterra, Enrique I (1068-1135), hijo de Guillermo el Conquistador, al frente de unos quinientos hombres, contra el rey de Francia, Luis VI *el Gordo* (1081-1137), con cuatrocientos soldados a sus órdenes. Los franceses fueron los primeros en atacar, pero lo hicieron desordenadamente, por lo que los ingleses pudieron resistir la embestida y posteriormente obligaron a las tropas de Luis VI a emprender la retirada.

Sorprendentemente, pese a que la lucha fue intensa, tan solo tres caballeros resultaron muertos durante el combate, lo que sitúa la batalla de Bremule probablemente como la menos sangrienta de la historia en proporción a las fuerzas en disputa.

Una posible explicación de este escaso balance de víctimas es que los franceses huyeron antes de que la batalla se tornase más encarnizada y que los ingleses estuvieron más interesados en apresar vivos a sus enemigos que en matarlos, logrando capturar a ciento cuarenta soldados.

Por su parte, los franceses tan solo consiguieron hacer un prisionero; se trataba de un joven caballero llamado Roberto de Courcy, que, llevado por la euforia, se lanzó a perseguir a un grupo de franceses que huía a caballo, lanzando vivas al rey Eduardo y sin esperar el apoyo de sus compañeros.

Llegó tan lejos el inglés en su persecución que acabó entrando en una aldea en donde los franceses se habían refugiado. Al comprobar que el animoso inglés había llegado solo, los hombres de Luis VI no tuvieron ninguna dificultad para desarmarlo y encerrarlo en una mazmorra.

Un rey no puede ser capturado

Los enfrentamientos entre Luis VI *el Gordo* y Enrique I de Inglaterra no se limitaron a la batalla de Bremule. Según explica la leyenda, en un supuesto encuentro armado entre ambos monarcas, el rey de Francia estuvo a punto de ser capturado.

Un soldado normando logró agarrar las riendas del caballo de Luis VI y gritó: «¡Ya tengo al rey!».

En ese momento, Luis VI sacó de la silla de su caballo un hacha de combate y se la clavó en la cabeza a aquel desafortunado soldado. El monarca dijo: «¡Un rey nunca puede ser capturado! ¡Ni siquiera en el ajedrez!».

La iglesia, contra la ballesta

El siglo XII contempló el desarrollo de la ballesta, que cada vez se iba convirtiendo en un arma más sofisticada. Gracias a la incorporación de varios sistemas de palanca, para disparar la flecha se requería mucha menos fuerza física que la necesaria para tensar un arco.

Una vez en el campo de batalla, los ballesteros se refugiaban tras un alto escudo de madera llamado «pavés», que se mantenía en pie mediante un soporte, para, mientras tanto, poder armar la ballesta.

Sin embargo, la Iglesia se mostró contraria a su utilización. En 1139, en el segundo Concilio de Letrán, presidido por el papa Inocencio II, se proscribió el uso de la ballesta, que se describió como «un arma detestable para

Dios e indigna para los cristianos». De hecho, en ese concilio se sostuvo que cualquier guerra llevada a cabo por medio de proyectiles no era cristiana.

Ni que decir tiene que, en este caso, la condena eclesiástica no tuvo ningún efecto sobre el empleo de las ballestas, que se seguirían utilizando hasta bien entrado el siglo XVI.

Insólito tributo para Gengis Khan

Uno de los jefes guerreros más célebres de la historia fue el mongol Gengis Khan (1155-1227), cuyo verdadero nombre era Timudjin. Su infancia estuvo rodeada de violencia. Su padre fue envenenado por una tribu tártara. Timudjin sufrió después frecuentes humillaciones por parte de su hermano mayor, pero se tomaría cumplida venganza: acabó con su vida al dispararle varias flechas.

El futuro Gengis Khan se mostró contrario a Targutai (que por aquel entonces ostentaba el poder), por lo que fue severamente castigado: se le condenó a permanecer con las manos atrapadas en un cepo. Timudjin logró escapar y reunió un pequeño ejército a su alrededor, con el que se enfrentó a su enemigo.

Gracias a sus revolucionarias tácticas guerreras, basadas en continuos ataques a los flancos del adversario, derrotó al jefe de los mongoles y ocupó su lugar al frente de su clan. Para celebrar su victoria, hizo engarzar en plata la cabeza del derrotado Targutai; además ordenó hervir vivos a setenta de sus partidarios.

Durante una década fue reuniendo bajo su poder a todos los clanes mongoles, hasta que en 1206 fue aceptado como señor de todos ellos, tomando el nombre de Gengis Khan, con el que pasaría a la historia.

Las anécdotas que salpican su legendaria biografía son incontables, aunque la mayoría ilustran la crueldad que mostraba con sus enemigos. En 1221, Gengis Khan y su ejército sometieron a la ciudad de Bamian a varios meses de asedio. En uno de los intentos de asalto, uno de sus nietos preferidos murió junto a la muralla, por lo que el caudillo mongol juró que todos los habitantes de Bamian lo pagarían con su vida. Gengis Khan cumplió su promesa; en cuanto cayó la ciudad, todos sus pobladores, sin ninguna excepción, fueron pasados por las armas.

Pero hay otro episodio que sorprende especialmente. Al emprender la conquista de China junto a doscientos mil jinetes, se encontró con la enorme dificultad que entrañaba el asalto a las ciudades fortificadas. Una de ellas, la de Wolohai, suponía un reto extraordinario para el jefe mongol. Para rendirla se dice que empleó una ingeniosa estratagema.

Aprovechando la fama que le precedía, Gengis Khan propuso a la ciudad de Wolohai que le entregase un tributo. Si aceptaban, se librarían de su proverbial crueldad y podrían vivir en paz. La oferta era muy tentadora, así que los chinos se interesaron por el tributo que el mongol estaría dispuesto a aceptar a cambio de continuar su camino.

Gengis Khan exigió un insólito pago. Tendrían que entregarle mil gatos y diez mil golondrinas. Los habitantes de Wolohai respiraron aliviados al comprobar que su codicia se veía colmada con ese extraño tributo y no tardaron en reunir a los animales.

Una vez que le proporcionaron los gatos y las golondrinas, Gengis Khan puso en marcha su plan. Colocó en las colas de los animales algodón y les prendió fuego. La reacción de los gatos y las golondrinas fue huir a toda prisa. Regresaron a la ciudad de donde habían salido, y llevaron el fuego consigo. Al poco rato, toda Wolohai estaba en llamas. La ciudad quedó completamente destruida y muchos de sus habitantes murieron en el incendio. Así, Gengis Khan pudo entrar triunfante en Wolohai.

Urdiendo añagazas similares, pero sobre todo explotando el terror paralizante que despertaba, conquistó numerosas ciudades y territorios, hasta crear uno de los más grandes imperios que recuerda la historia.

Entre 1211 y 1216 añadió a sus posesiones todo el norte de China, incluida Pekín. En el otro extremo de Asia, su victoria sobre los rusos en el río Kalka en 1222 le supondría el dominio sobre la región del río Volga.

Aunque la imagen que ha perdurado de los ejércitos de Gengis Khan es la de una horda tan heterogénea y anárquica como sedienta de botín, en realidad el líder mongol demostró poseer un excepcional talento organizador.

Sus vasallos eran los encargados de movilizar a los combatientes en sus respectivas zonas de dominio. Gengis Khan articuló sus unidades según el sistema decimal y recurrió a expertos especialistas extranjeros en el diseño y la utilización de máquinas de asedio para el sitio de ciudades. Además, fue muy hábil para crear una extensa red de espías que le iban proporcionando información sobre los territorios que ambicionaba conquistar.

La táctica empleada por Gengis Khan se basaba en la habilidad innata de los mongoles como jinetes; llevaban a cabo cabalgadas rápidas, asaltando por sorpresa las columnas enemigas y desapareciendo en la estepa, sin que los adversarios pudieran reaccionar y contraatacar. Naturalmente, para galvanizar a esos guerreros, poco dados a someterse a un mando único, Gengis Khan se vio obligado a imponer una disciplina de hierro.

Gracias a su talento militar, sus inmensas posesiones llegaron a extenderse desde el Tíbet a Siberia y desde Corea hasta el Danubio. Sin embargo, tras su muerte, ese inmenso imperio se disgregó con la misma rapidez con la que lo había forjado.

Un sádico botín

La desaparición de Gengis Khan conllevó el final de su imperio, pero los mongoles continuaron luchando contra otros pueblos.

En 1241, las víctimas de la crueldad mongola fueron los caballeros teutónicos; tras la batalla de Liegnitz, los mongoles cortaron las orejas a todos los enemigos que tenían en su poder, tanto muertos como prisioneros.

El producto de este sádico botín fueron nueve sacos llenos de orejas.

Masacre en Béziers

La cruzada de los albigenses contra los cátaros se convertiría en un baño de sangre. En 1209, los cruzados del arzobispo de Narbona se dirigieron a la ciudad de Béziers, en donde los cátaros, a los que se les consideraba herejes, se habían hecho fuertes.

Los cruzados acamparon a las afueras de la ciudad. Mientras aún se estaban instalando, los cátaros salieron en tromba desde las puertas de las murallas de Béziers y atacaron el campamento: acabaron con la vida de un buen número de caballeros.

Los hombres del arzobispo, enfurecidos por este inesperado ataque, reunieron todas las armas de que disponían, incluidos los cuchillos de cocina, y asaltaron la ciudad. Por su parte, los cátaros, que no esperaban tal reacción de los cruzados, fueron incapaces de detenerlos.

Béziers se convirtió en una orgía de sangre y destrucción. Los cruzados, a los que se les había inculcado que los cátaros no eran más que servidores del demonio, no tenían ningún tipo de reparo en asesinarlos, pero existía un problema: en la ciudad había una fuerte presencia de católicos, que no compartían las doctrinas heréticas de los cátaros.

Ante esta posibilidad de que en la matanza indiscriminada muriesen personas inocentes, el arzobispo de Narbona dictó una sentencia que se haría tristemente famosa: «Matadlos a todos. Dios sabrá reconocer a los suyos».

Un ejército infantil

Uno de los ejércitos más singulares de la historia fue el que se formó en 1212, cuando unos setenta mil niños se alistaron para marchar a Tierra Santa, con el objetivo de recuperar el Santo Sepulcro.

Lo que los mejores guerreros de Europa no habían logrado (mantener la posesión de Jerusalén para la cristiandad), ellos confiaban en conseguirlo, al estar convencidos de que Dios no podría permanecer insensible ante las muestras de fe de las criaturas más inocentes.

Los niños procedían de Francia y Alemania. Los treinta mil franceses, a las órdenes de un muchacho llamado Stephan, se fueron reuniendo a lo largo del curso del río Ródano y llegaron a Marsella para partir en barco.

Por su parte, los niños germanos, con un joven llamado Nicolás al frente, atravesaron los Alpes por un paso poco transitado. De los cuarenta mil que iniciaron el penoso viaje, la mayoría murió de hambre y frío. Tan solo un millar de niños alemanes consiguió llegar al puerto de Génova, en agosto de 1212. Una vez allí, los más impacientes se embarcaron ya rumbo a Jerusalén; el resto prefirió acudir a Roma para recibir la bendición del papa Inocencio III. Luego se dirigieron al puerto de Ostia para iniciar el viaje por mar a Tierra Santa.

¿Qué sucedió con este improvisado ejército? Su destino no pudo ser más trágico. Tanto los franceses como los alemanes fueron engañados por los adultos que los acompañaban. La mayoría de los barcos a los que los niños subieron no tenían como destino Jerusalén, sino los puertos del norte de África. Allí los vendieron como esclavos; se les obligó a trabajar sin descanso o a nutrir los harenes.

Tan solo unos pocos lograron escapar y pudieron llegar hasta Jerusalén, pero, una vez allí, nada pudieron hacer para recuperar los Santos Lugares, tal como habían soñado al alistarse a esa «Cruzada de los Niños», y cayeron bajo las armas musulmanas.

El origen de la bandera danesa

La actual bandera danesa, conocida como la *Dannebrog*,

tiene su origen en la batalla que el rey Valdemar II disputó en las proximidades de la actual Tallin, la capital de Estonia, en 1219.

Los daneses pretendían apoderarse de esos territorios bañados por el Báltico, que, en esos momentos, estaban en poder de los germanos. Las tropas de Valdemar atravesaban un momento crítico, en el que la batalla parecía decidida a favor de sus enemigos.

Sin embargo, el monarca danés logró misteriosamente hacerse con una bandera que mostraba una cruz blanca sobre fondo rojo. Luchando bajo aquel nuevo símbolo, los daneses arrollaron a los germanos, a los que expulsaron de Estonia.

A partir de entonces, esa bandera representaría a los daneses para recordar el triunfo en aquella decisiva batalla.

Un honor poco envidiable

Según un relato, que seguramente tiene más de leyenda que de realidad histórica, un militar mercenario salvó, a mediados del siglo XIV, a la ciudad italiana de Siena de la agresión de un ducado vecino. Al frente de un ejército de soldados extranjeros contratados por él mismo para la ocasión, este caballero rechazó el intento de invasión y, gracias a él, Siena pudo mantener su independencia.

De inmediato, la población de Siena se mostró enormemente agradecida al militar y se dispuso a agradecérselo con todo tipo de honores y con la entrega de una cantidad de riquezas mayor de la que se había pactado en un principio para que organizase la defensa de la ciudad.

Sin embargo, la asamblea de los notables de Siena consideró que tales honores podían suponer un riesgo para su poder, puesto que el apoyo del que el militar disfrutaba entre el pueblo podía animarle a hacerse con el control político de la ciudad.

Así pues, se decidió en secreto que la mejor solución

era contratar a un asesino para que le diese muerte y, posteriormente, haciéndose eco del fervor popular, otorgarle el título de santo patrón de la ciudad. De este modo, el héroe tendría el reconocimiento del pueblo, pero sin que esa popularidad pudiera entrañar ya ningún riesgo para la asamblea.

Así se hizo: el militar que había salvado a Siena tuvo el gran honor de convertirse en su patrón, aunque para ello antes tuvo que sufrir la ingratitud de los que él había ayudado antes.

Piedras contra los austriacos

El 16 de noviembre de 1315, una fuerza de ocho mil austriacos con el archiduque Leopoldo al mando intentó atravesar el paso de Morgarten para invadir Suiza. Los helvéticos tan solo podían oponer mil cuatrocientos soldados, dispuestos a defender a ultranza la independencia de su país.

Los suizos se ocultaron entre las rocas del paso y esperaron la llegada de los austriacos. Cuando estos ya estaban a tiro, comenzaron a arrojarles cantos rodados, que pillaron por sorpresa a las filas del archiduque, que no esperaban tal «recibimiento».

La lluvia de piedras se hizo tan intensa que el caos comenzó a apoderarse de los austriacos, que corrían en todas direcciones para librarse de ellas. Una vez que la formación austriaca quedó disuelta, los suizos atacaron con sus alabardas.

La derrota del archiduque fue total: perdió a unos cuatro mil quinientos hombres, mientras que el resto tuvo que retirarse en dirección a Austria.

Aunque se asegura que la historia nunca se repite, lo cierto es que los suizos volverían a emplear la misma táctica siete décadas más tarde y con un éxito similar. El 9 de abril de 1388, un nuevo ejército austriaco, en este caso encabezado por Tockenburg y compuesto por seis mil hombres, se adentró en Suiza para invadirla. Los helvéticos tan solo podían oponer medio millar de soldados.

La fuerza de Tockenburg fue empujando a los suizos hasta conducirlos a la entrada de un valle. Ante el riesgo de ser aniquilados, los helvéticos se replegaron a las montañas. Cuando los austriacos se internaron en el valle para acabar con ellos, los suizos comenzaron a arrojar piedras desde las alturas, lo cual, de nuevo, provocó la confusión entre los austriacos.

Tal y como había sucedido en 1315, los suizos atacaron aprovechando el caos resultante y derrotaron ampliamente a los invasores. En total, dos mil infantes y un centenar de caballeros austriacos perdieron la vida ese día a manos de los suizos.

Sin embargo, los helvéticos ya habían mostrado su ingenio dos años antes de que el ejército de Tockenburg fracasase en su intento de aplastar Suiza. El 9 de julio de 1386, Leopoldo III de Austria había intentado el mismo objetivo con una fuerza compuesta de seis mil soldados. Los suizos presentaron un ejército de mil seiscientos hombres para rechazar la invasión.

En combates anteriores, la caballería pesada austriaca había sufrido muchas pérdidas debido al buen manejo de las picas[11] por parte de la infantería suiza. Para evitarlo, Leopoldo decidió que los caballeros, protegidos por sus gruesas armaduras, descendiesen de sus monturas y atacasen con sus picas a los desguarnecidos infantes helvéticos.

Parecía que la batalla iba a decantarse del lado aus-

---

11. La pica era una lanza larga, compuesta de un asta con un hierro pequeño y agudo en el extremo superior. La usaba la infantería. Los primeros en recurrir de manera masiva a la pica fueron, efectivamente, los suizos, además de los alemanes, que a mediados del siglo XIV la emplearon en formaciones densas y profundas de infantería, como única arma capaz de enfrentarse al avance de la caballería.

triaco, pero los suizos optaron por una curiosa táctica. Comenzaron a retroceder poco a poco, obligando a los caballeros austriacos a avanzar a paso ligero a través de los campos ondulados, soportando en todo momento el peso de sus armaduras, bajo el inclemente sol del mes de julio. Cada vez que los suizos se detenían y parecía que iban a entablar batalla, retrocedían forzando de nuevo la caminata de los caballeros, que nunca lograban darles alcance.

Finalmente, los austriacos acusaron el cansancio y comenzaron a caer extenuados, situación que los suizos aprovecharon para contraatacar. El ejército de Leopoldo quedó desintegrado y el propio monarca cayó muerto en el combate.

Los Caballeros de la Orden de la Liebre

En 1339, franceses e ingleses iniciaron una disputa por los territorios que estos últimos poseían en suelo galo, como Gascuña o Guyena. Los franceses ambicionaban estas regiones por su gran valor vinícola, pero Inglaterra no estaba dispuesta a desprenderse de ellas. El conflicto armado resultante sería la denominada guerra de los Cien Años, aunque los objetivos y móviles irían variando sensiblemente a lo largo de las siguientes décadas.

Cuando el rey francés Carlos IV murió sin descendencia, el enfrentamiento se convirtió en una guerra de sucesión, pues los monarcas ingleses reclamaron sus derechos sucesorios derivados de su parentesco con el fallecido. A una Inglaterra unida, con un ejército moderno y disciplinado, Francia tan solo podía oponer un ejército todavía feudal y un país débil y fragmentado.

La guerra se inició cuando Eduardo III de Inglaterra intentó invadir Francia. El 22 de octubre de 1339, en un paraje cercano a La Capelle, el monarca inglés se encontraba al mando de sus tropas, dispuestas para la lucha. Frente a él estaban los soldados franceses, a las órdenes del rey Felipe VI.

Eduardo III envió a un representante para hablar con los franceses: los desafió a entrar en combate al día siguiente. Así pues, el gran día sería el 23 de octubre, en el que ingleses y franceses se jugarían el todo por el todo en una gran batalla.

A la mañana siguiente, ambos bandos ya estaban preparados para combatir. Caballeros, jinetes y arqueros se encontraban listos para emplear sus armas. Los contendientes se miraban desafiantes desde la lejanía, tratando de impresionar al enemigo. Pero el tiempo iba pasando y nadie se atrevía a atacar primero.

La tensión subía por momentos. De repente, los franceses empezaron a oír un rumor cada vez más fuerte que llegaba desde las filas inglesas, hasta convertirse en una especie de rugido. Los gritos se percibían con toda claridad; estaba claro que los ingleses iban a tomar la iniciativa.

Los franceses se dispusieron a contener la primera acometida inglesa, pero pasaban los minutos y la formación enemiga continuaba en el mismo sitio. Al cabo de un rato de insoportable espera, el rey envió a un soldado a una colina cercana para que describiese lo que sucedía.

A su regreso, el soldado comunicó al rey lo que pasaba entre las filas inglesas; un par de liebres despistadas se habían introducido en la formación y los soldados intentaban darles caza.

Aunque ese hubiese sido un buen momento para el ataque francés, pues podían aprovechar que los ingleses estaban pendientes de las liebres, Felipe VI prefirió esperar.

Al llegar la tarde, quedó claro que ninguno de los dos contendientes quería atacar primero, por lo que la gran batalla quedó aplazada. Al final, las únicas víctimas de ese día fueron las dos liebres, que acabaron la jornada en algún puchero.

En recuerdo de ese extraño día, los franceses «bautizarían» a los soldados ingleses con el apelativo de los «Caballeros de la Orden de la Liebre».

Flechas contra armaduras

Aunque muchos creen que fue la llegada de las armas de fuego la que provocó el fin de las armaduras, en realidad fueron los avances técnicos en arcos y flechas los que pondrían en duda la efectividad de este tipo de protección.

Ya en la batalla de Crécy-en-Ponthieu (1346), durante la guerra de los Cien Años, las armaduras de los soldados genoveses al servicio de Francia sufrieron perforaciones por la primera salva de flechas procedentes de las líneas inglesas. A la postre, la desbandada entre las filas genovesas por esta mortífera lluvia de saetas sería la causante de la derrota francesa.

Los caballeros franceses, situados justo detrás de los genoveses, tuvieron que abrirse paso entre los soldados que, tras dar media vuelta, huían de las flechas inglesas. Para ello no dudaron incluso en abatirlos con sus espadas.

Seguidamente, serían los franceses, después de alcanzar la vanguardia, los que probarían en sus propias carnes las puntas de flecha, que hacían inútiles las armaduras. Pese a la insistencia francesa en cargar contra los arqueros ingleses, las acometidas se vieron siempre condenadas al fracaso.

Durante buena parte del conflicto, los arqueros ingleses se revelarían decisivos en el campo de batalla.[12] Aquí se contemplaría la máxima evolución de los arcos; los in-

---

12. Como ejemplo del temor que despertaban los arqueros ingleses en el campo de batalla, los franceses adoptaron una salvaje costumbre; cuando un arquero era hecho prisionero, los franceses le amputaban los dedos índice y corazón de la mano derecha para que, en el caso de que fuera liberado, no pudiera volver nunca más a disparar un arco. Esta práctica llevó a los ingleses a instaurar una tradición: cada vez que lograban derrotar a los franceses, los arqueros les mostraban claramente ambos dedos, como gesto de desafío.

gleses contaban con unos ejemplares que medían 1,80 metros, capaces de disparar seis veces más rápido que las ballestas y con el doble de alcance.

En la batalla de Azincourt, el 25 de octubre de 1415, la aportación de los arqueros ingleses volvería a ser fundamental. Inglaterra presentó un ejército de quince mil hombres; la mayoría de ellos eran arqueros.

Del lado francés estaba la flor de la nobleza feudal, que había reunido una fuerza de cuarenta y cinco mil hombres, por lo que triplicaba a sus oponentes. La caballería francesa se lanzó con ímpetu contra las líneas inglesas, pero el terreno embarrado dificultó su avance. Tal circunstancia la aprovecharon los ingleses para lanzar varias salvas de flechas que provocaron el caos entre los franceses. Los caballos heridos dejaron de obedecer a sus jinetes y escaparon al galope en todas direcciones: huyeron de la muerte que caía del cielo. Los caballeros derribados intentaban ponerse en pie, pero el barro y las flechas se lo impedían.

Las pérdidas francesas ascendieron a más de diez mil hombres, la mayoría de los cuales eran caballeros de la nobleza, pertrechados de brillantes armaduras que, en este caso, no sirvieron para detener las penetrantes puntas de flecha de sus enemigos. Por su parte, los ingleses tan solo tuvieron que lamentar la muerte de mil ochocientos hombres.

La victoria en Azincourt, junto con otras que se produjeron a continuación, obligó a los franceses a aceptar el tratado de Troyes en 1420, muy favorable a los ingleses. Aunque este inacabable conflicto se reanudó cuatro años más tarde con una nueva victoria inglesa, esta vez en Verneuil, Francia tomaría la iniciativa gracias, sobre todo, a la figura histórica de Juana de Arco.

En la etapa final del conflicto, los franceses lograrían finalmente expulsar a los invasores de su territorio. La rendición inglesa en Gascuña en 1453 pondría fin a una guerra que, pese a ser conocida como la de los Cien Años, había durado, en realidad, ciento catorce años: la más larga de la historia.[13]

«¡Mi reino por un caballo!»

Recién concluida la guerra de los Cien Años, Inglaterra se vio de nuevo envuelta en un conflicto. En este caso, la guerra no sería contra una potencia extranjera, sino una contienda civil.

La guerra de las Dos Rosas vio el enfrentamiento entre dos familias, los York y los Lancaster en su disputa por la corona de Inglaterra.[14]

Esta guerra entre ingleses, que se dirimió desde 1455 a 1487, supondría la superación definitiva del feudalismo y el reforzamiento del autoritarismo monárquico. Aunque, por su cronología, está encuadrada ya en la Edad Moderna, las características de esta guerra la situarían como la última perteneciente a la Edad Media.

La referencia a las rosas se debía a que cada una de estas familias estaba representada por una de un color diferente; mientras que los York lucían en su escudo de armas una rosa blanca, los Lancaster mostraban una rosa roja.

---

13. Según algunos autores, la guerra más larga de la historia serían las cruzadas, al considerarse todas ellas como diferentes fases de un mismo conflicto. En este caso, las nueve cruzadas, desde la primera (1096-1104) hasta la última (1270-91), se prolongaron durante ciento noventa y cinco años, por lo que superaría en ochenta a la guerra de los Cien Años.

14. El lector recordará, sin duda, la novela *La Flecha Negra*, escrita por Robert Louis Stevenson en 1888, ambientada en los primeros años de la guerra de las Dos Rosas. Esta inolvidable lectura juvenil narra las aventuras del aspirante a caballero Richard Shelton, cuyo señor es defensor de la casa de Lancaster. En la novela aparece la hermandad de La Flecha Negra, liderada por un misterioso vengador justiciero que utiliza flechas de este color para atemorizar a las autoridades locales.

A mediados del siglo XV, Ricardo, duque de York, se ganó el apoyo de un sector de la nobleza para derrocar a Enrique VI de Lancaster, puesto que se achacaba a los Lancaster la derrota sufrida ante los franceses en la guerra de los Cien Años.

Tras alcanzar la victoria en varias batallas, se acordó que Enrique VI continuaría en el trono, pero que Ricardo le sucedería. Sin embargo, el pacto no fue respetado y los Lancaster derrotaron a Ricardo en una nueva batalla, en la que murió.

El heredero de Ricardo, Eduardo, venció a su vez a los Lancaster y pudo subir al trono como Eduardo IV. Tras unos doce años de paz, le sucedió su hijo, Eduardo V, que, aún niño, fue asesinado en 1483 por su tío, Ricardo de Gloucester, quien usurparía el trono como Ricardo III. Su absolutismo sanguinario hundió el prestigio de la casa de York, lo que le hizo perder el apoyo de la nobleza.

Finalmente, Enrique Tudor, el último de los Lancaster, se enfrentaría a él en la batalla de Bosworth Field, disputada el 22 de agosto de 1485. En aquel encuentro, Ricardo III perdería la vida después de pronunciar la famosa frase que encabeza este episodio.

Al parecer, durante la batalla, sus caballeros, que huyeron dejándole solo, le traicionaron. Se asegura que lo último que se le oyó gritar al rey, al quedarse sin montura, fue: «¡Un caballo! ¡Un caballo! ¡Mi reino por un caballo!».

Aunque es imposible asegurar que, en efecto, estas fueron sus últimas palabras, la tradición popular británica así lo recogió. Posteriormente, aquel episodio quedó inmortalizado en *Ricardo III*, de William Shakespeare.

La victoria de Enrique Tudor le permitió subir al trono con el nombre de Enrique VII. Para poner fin a esta enrevesada trama que había conllevado tres décadas de guerra, el nuevo monarca se casó con la hija del difunto Eduardo IV de York, Elisabeth. Así se unieron las casas de York y de Lancaster.

La batalla medieval más sangrienta

Si al principio de este capítulo quedaba constancia del enfrentamiento armado que dejó menos muertos en el campo de batalla, hay que concluirlo anotando el choque que provocó más víctimas.

El 29 de marzo de 1461, durante la guerra de las Dos Rosas, los yorkistas atacaron a los lancasterianos en Towton, Yorkshire. Ayudados por una ventisca que soplaba a favor, las flechas de los soldados de la rosa blanca gozaban de un mayor alcance, al igual que sus jabalinas.

Los hombres de Lancaster tuvieron que cargar, aunque en este caso contaban con la ventaja de hacerlo colina abajo. El combate cuerpo a cuerpo fue feroz y se prolongó más de seis horas. Cuando parecía que los soldados de la rosa roja se iban a alzar con la victoria, llegaron tropas de refuerzo para York, al mando del duque de Mowbray: resultarían decisivas. El ejército lancasteriano quedó desorganizado y acabó perdiendo casi la totalidad de su caballería.

Esta victoria de York, aunque no acabó con la guerra, garantizó el reinado de Eduardo IV. Pero lo más notable de esta violenta batalla, la más importante de la guerra de las Dos Rosas, fue el enorme coste humano. Unos treinta mil soldados murieron durante el combate. El caso más dramático fue el de varios centenares de caballeros, de uno y otro bando, que rodaron por la pendiente de la colina hasta caer al río Cock, donde murieron ahogados al no poder desprenderse de su armadura.

Capítulo 4

La Europa de los reyes

El final de la guerra medieval de los Cien Años había visto el triunfo de la artillería, en un anticipo del auge que tomaría tal armamento, que revolucionaría el arte de la guerra en la Edad Moderna.

Los únicos que podían afrontar los enormes gastos que suponía el proveerse de cañones eran los reyes, lo que provocó, entre otros muchos factores, el declive del poder de los señores feudales y la liquidación del sistema que había imperado en Europa durante cerca de mil años.

Si anteriormente se han señalado los sucesivos tipos de organización militar básica, como la falange griega o la legión romana, en la Edad Moderna sería el tercio el patrón en el que se basarían los distintos ejércitos.

Esta unidad militar, formada por tres mil hombres, contaba principalmente con dos tipos de arma: la pica y el arcabuz. La constituían doce compañías, diez de picas y dos de arcabuces. La formación más característica era la del cuadro cerrado.

Cada tercio era, en cierto modo, autónomo; su capitán se encargaba del reclutamiento en su tierra natal, por lo que se tejía una red de lealtades mutuas que reforzaban la disciplina. También era importante la aportación de soldados mercenarios de otras nacionalidades. El sistema militar basado en el tercio imperaría en Europa durante dos siglos.

Las campañas militares de la Edad Moderna se basaron sobre todo en la toma y la defensa de plazas fuertes. Al principio, gracias al auge de la artillería, la conquista de los antiguos castillos resultó más sencilla. Pero, durante el siglo XVI, se avanzó en la ciencia de la fortificación.

Se construyeron muros inclinados, ganando en profundidad: eso amortiguaba la eficacia de la artillería. Sin duda, el nombre más destacado de esta nueva ciencia sería el del francés Sebastian de le Prestre, más conocido como marqués de Vauban (1633-1707). Este ingeniero de Luis XIV concibió un innovador sistema de defensa para Francia que requirió la remodelación de más de trescientas plazas fuertes.

Aunque los reyes no eran partidarios de jugarse el destino de sus ejércitos en una sola jornada, también se dieron batallas en campo abierto. Una vez acordado el terreno en el que se dirimiría, ambos bandos en liza formaban con la infantería en el centro y la caballería en las alas. La artillería era la encargada de iniciar el combate; a partir de ese momento, los dos ejércitos se esforzaban en envolver al contrario, buscando el flanco más débil.

En el momento en el que uno de los dos quedaba completamente rodeado o, para evitar una inminente derrota, huía del campo de batalla, la lucha cesaba, puesto que entonces no se solía perseguir al enemigo en retirada, tal como sería habitual más tarde.

La Edad Moderna también comportó el desarrollo de la intendencia. Conforme los ejércitos iban siendo más numerosos (en ocasiones, llegaron a los cien mil hombres), el transporte del avituallamiento se convirtió en una cuestión fundamental.

Hasta mediados del siglo XVII, los ejércitos solían aprovisionarse con lo que proporcionaba la tierra mediante contribuciones o simples requisas, pero llegó el momento en que eso no fue suficiente. Por lo tanto, se crearon canales de comunicación para procurar el suministro de víveres a esos grandes ejércitos.

La «guerra biológica» de Vlad Dracul

La guerra biológica no es una innovación del siglo XX. Ya en el siglo XV, alguien reparó en la utilidad militar de los agentes infecciosos. Aunque pueda resultar sorprendente, ese alguien avanzado a su época fue el mítico Vlad Dracul, que inspiraría al novelista Bram Stoker la creación del personaje de Drácula.

Vlad nació en la ciudad rumana de Sighsoara, en 1431. Su padre, también llamado Vlad, era soberano de Valaquia y caballero de la orden del Dragón; por este motivo se le conocía con el sobrenombre de «Dracul» («Draco», en latín).

Al joven, que heredó el rango de su padre, se le llamó también Vlad Dracul o, para diferenciarlo de su progenitor, Vlad Draculea («hijo de Dracul»). De todos modos, este auténtico príncipe de las tinieblas pasó a la historia con otro nombre: Vlad Tepes, que significa Vlad *el Empalador*.

El origen de ese sobrenombre se debe a la tan despiadada como obsesiva afición del príncipe Vlad a empalar a sus víctimas. Según testigos de la época, Vlad Tepes gustaba de ofrecer espléndidos banquetes a sus invitados, aunque en un ambiente que no ayudaba precisamente a degustar las viandas, al estar rodeados de decenas de hombres y mujeres empalados con evidente crueldad.

La leyenda dice que, en una ocasión, uno de sus invitados, ante el hedor que desprendían los cadáveres atravesados por largas estacas, protestó ante el anfitrión, alegando que no podía comer inmerso en aquel olor pútrido. Inmediatamente, Vlad ordenó que su invitado fuese empalado en el poste más alto, para que pudiese disfrutar de aire puro por encima de todos los demás ajusticiados.

Los turcos también serían testigos de los empalamientos de aquel truculento príncipe. El sultán otomano Mehmed II, en su avance por Transilvania en 1462 en dirección a la ciudad de Tirgoviste,[15] se encontró con un paisaje que le dejó sin habla: una inacabable extensión sembrada de estacas, en las que estaban empalados unos veinte mil prisioneros turcos. En unos postes especialmente altos, se encontraban los cuerpos de los nobles más destacados. Por lo tanto, el apodo de Empalador estaba más que justificado.

Muchos de los cuerpos presentaban ya un avanzado estado de descomposición, por lo que el olor era insoportable. La escena más macabra de las descritas por los cronistas turcos era la de los pájaros que habían escogido los cráneos y los costillares para hacer sus nidos.

En lucha contra los turcos, el implacable Vlad consideró que los tuberculosos, leprosos, sifilíticos y demás enfermos contagiosos que habitaban su reino podían serle de utilidad. Así pues, Vlad ordenó reunir a unos cuantos; se les proporcionó vestimentas turcas y se los infiltró en las líneas enemigas. A estos «voluntarios» se los animó a que transmitiesen sus enfermedades a los turcos; se les dijo que, por cada uno que muriese, ellos recibirían una recompensa. Para probar su éxito debían regresar y presentarse ante Vlad con el turbante del turco fallecido.

No se sabe si Vlad llegó a recompensar a los enfermos que prestaron su colaboración asumiendo el papel de «bombas biológicas humanas», pero, teniendo en cuenta los antecedentes, no se puede descartar que alguno de los

---

15. En la ciudad de Tirgoviste, situada a ochenta kilómetros al noroeste de Bucarest, actualmente puede visitarse la que las guías turísticas denominan «Torre de Drácula». Según la tradición, que tiene más de leyenda que de historia, Vlad, *el Empalador*, subía cada mañana a esa torre para supervisar sus tierras, y aprovechaba también para vigilar una jarra de oro de su propiedad que había dejado en la fuente del pueblo para que los viajeros pudiesen beber agua. Evidentemente, conociendo a su propietario, nadie se atrevió nunca a robar la valiosa jarra, conscientes del terrorífico castigo que le hubiera esperado al ladrón. Hoy en día, en el mismo lugar en que entonces estaba la jarra de oro, puede encontrarse una estatua de aquel perverso príncipe.

que acudiesen a reclamar su premio acabasen ensartados en algún madero.

Pero Vlad acabaría encontrando la horma de su zapato en el rey de Hungría, del que él era vasallo. Temiendo el poder que el príncipe estaba acumulando, el monarca húngaro decidió arrestarlo en 1462. Vlad pasaría los siguientes años encarcelado, pero, pese a estar entre rejas, no abandonó su ocupación favorita; al parecer, se dedicó a empalar a los ratones y a los pájaros que entraban en su celda.

Sin embargo, en 1475, el rey magiar consideró que, ante la amenaza turca, Vlad era más útil fuera que dentro de la prisión. Así pues, lo liberaron y pudo, de nuevo, enfrentarse a los otomanos. Estos, que ya le conocían lo suficiente, prefirieron no entablar un combate directo con él y confiaron en un grupo de infiltrados que se encargarían de acabar con su vida.

Se desconoce con exactitud el final de Vlad Dracul, pero parece ser que un año más tarde de su puesta en libertad fue asesinado por la espalda; presumiblemente, a manos de enviados del sultán otomano. Si es así, su muerte sería similar a la que sufrió su padre, eliminado por agentes húngaros.

Su cuerpo sin vida sería trasladado al convento de Snagov, cerca de Bucarest. Aunque algunos lo consideran un héroe de la resistencia rumana frente a la expansión turca, de lo que no hay duda es de que gracias a su desmedida crueldad se ganó para siempre un lugar destacado en la historia de la infamia.

Hernán Cortés no quemó las naves

El conquistador español Hernán Cortés (1488-1547) consiguió, gracias a una audacia que rayaba con la inconsciencia, apoderarse del imperio azteca con tan solo cuatrocientos cuarenta hombres. Pero antes de dirigirse a la capital del imperio, tuvo que hacer frente a una inesperada resistencia, la de sus propios hombres.

En febrero de 1519 llegó a la isla de Cozumel, en la península del Yucatán, y avanzó bordeando la costa hasta San Juan de Ullúa. Tras una incursión en la ciudad de Zempoala, Cortés anunció su intención de adentrarse en el interior de aquellas tierras para conquistar el imperio de los aztecas. La promesa de oro y riquezas en abundancia no fue suficiente para animar a sus hombres, que eran escépticos respecto al éxito de la expedición.

La llegada de un barco español procedente de Cuba incitó a los descontentos a preparar la huida. Para evitar esta deserción masiva, según la tradición, Cortés ordenó quemar diez de los once barcos que los habían traído hasta allí, y que se encontraban anclados en el puerto de Villa Rica de Vera Cruz, la actual Veracruz, fundada por el propio conquistador. El único barco que no fue destruido lo envió rumbo a España.

De este modo, al imposibilitar el regreso de sus hombres, no existía otra opción que avanzar hacia el interior del imperio. Tal acción ha pasado a la cultura popular para señalar una decisión extrema a partir de la cual es imposible volver atrás.

Sin embargo, la realidad fue un tanto distinta. Cortés reprimió con dureza a los que eran contrarios a llevar a cabo esa arriesgada campaña y ordenó varar los barcos en la playa.

Al menos, así lo explica el propio explorador en sus *Cartas de relación*, en las que textualmente afirma que «eché los barcos a tierra». Sin embargo, en ningún momento, habla de que les prendiese fuego.

«Las cuentas del Gran Capitán»

El ejemplo paradigmático de contabilidad menos rigurosa es el de las cuentas presentadas por Gonzalo Fernández de Córdoba (1453-1515), más conocido como el Gran Capitán, al rey Fernando el Católico tras sus exitosas campañas en tierras italianas.

A su vuelta a España, se le requirió que justificara las sumas empleadas en la conquista del reino de Nápoles. El Gran Capitán consideró que aquella pretensión era una mezquindad después de haber obtenido un reino para Fernando, por lo que elaboró el siguiente informe:

> Cien millones de ducados en picos, palas y azadones para enterrar a los enemigos.
> Cien mil ducados en pólvora y balas.
> Cien mil ducados en guantes perfumados para preservar a mis hombres del mal olor de los cadáveres enemigos esparcidos por el campo de batalla.
> Cien mil ducados en renovación de campanas destruidas por el uso continuo de repicar tras las repetidas victorias españolas.
> Tres millones en limosnas para que frailes y monjas rezaran por los españoles.
> Setecientos mil en espías.
> Y cien millones por mi paciencia al escuchar ayer que el rey pedía cuentas al que le ha regalado un reino.

Sin embargo, se duda de la veracidad de esta anécdota, puesto que el lenguaje empleado en la redacción de esa partida de cuentas no es el que se solía utilizar en aquella época, por lo que es posible que se trate de una invención posterior. Además, se explica otra anécdota muy similar protagonizada, en este caso, por el griego Pericles.

La victoria más fácil

Una de las batallas en las que las armas españolas obtuvieron la victoria de un modo más fácil fue la de La Bicocca, el 29 de abril de 1522. En esa localidad italiana, situada entre Milán y Monza, se enfrentaron las tropas españolas y las francesas para dirimir el dominio sobre esa disputada región.

Al mando de los franceses se encontraba el mariscal

Lautrec, mientras que al frente del ejército imperial de Carlos I estaban el marqués de Pescara y Próspero Colonna. Lautrec intentó tomar Milán, pero fue rechazado y decidió marchar en dirección a Monza, con la intención de controlar la ruta que venía de Suiza, por donde le llegaba su avituallamiento.

Sin embargo, para dominar ese camino, los franceses debían eliminar una amenaza, el castillo de La Bicocca, en poder de los soldados imperiales. Lautrec era consciente de que el asalto a la fortaleza era un suicidio, por lo que prefería esperar a contar con apoyo artillero, pero decidió atacar al comprobar que sus hombres estaban a punto de amotinarse debido al retraso en la percepción de las pagas.

El asalto al castillo se convirtió en una matanza, en la que las tropas francesas fueron masacradas por los soldados imperiales, que contaban con la protección que les proporcionaba la fortaleza, por lo que prácticamente no sufrieron ninguna baja.

En La Bicocca, el triunfo de las armas españolas resultó tan fácil que el nombre de la batalla acabaría pasando al lenguaje popular para denominar la obtención de un beneficio o ventaja sin esfuerzo o con poco dinero.

El honor de Francisco I

Las tropas de Carlos I de España derrotaron a las del rey francés Francisco I (1495-1547) en la batalla de Pavía, el 25 de febrero de 1525.

En 1522, los franceses habían sido expulsados de la región del Milanesado. Tras varios intentos fallidos de recuperar estas posesiones, Francisco I recompuso su ejército: reunió a treinta mil soldados y a nueve mil jinetes, además de la artillería necesaria.

Las tropas francesas se dirigieron a Pavía, que defendía Antonio de Leiva con solo seis mil hombres. Cuando los sitiados se encontraban a punto de entregar la plaza, el ejército del marqués de Pescara, que sumaba veintitrés mil hombres, acudió en su auxilio, atacando el campamento de Francisco I.

La caballería francesa reaccionó rápidamente y rompió el centro de la línea imperial, pero dejó al descubierto su propia retaguardia, lo cual aprovecharon los hombres del marqués de Pescara para acribillar con su fuego de arcabuz a la infantería enemiga.

Mientras tanto, las asediadas tropas de Antonio de Leiva, animadas por el combate que habían entablado sus compatriotas, decidieron salir en tromba de la ciudad y sumarse a la lucha, asestando el golpe de gracia al tambaleante ejército de Francisco I.

Las bajas francesas se elevaron a diez mil. Además, cinco mil soldados cayeron en manos de los soldados imperiales. El monarca francés también fue hecho prisionero; sufrió una gran humillación, al no ser habitual que todo un rey fuera capturado como un simple soldado.

De todos modos, Francisco I consideraba que su honor había quedado a salvo, según la célebre frase dirigida en una carta a su madre, la duquesa de Angulema: «Todo se ha perdido, menos el honor».

En realidad, la sentencia no fue tan brillante, puesto que en la misiva escribió: «Señora, para deciros cuál ha sido mi infortunio, de todo solo me ha quedado el honor y la vida, que se han salvado».

Codicia desmedida

Una semana después de la victoria de las tropas imperiales en La Bicocca, el 6 de mayo de 1527, las tropas del emperador Carlos I, dirigidas por Carlos de Borbón, asaltaron y saquearon Roma. El motivo era el apoyo que el papa Clemente VII había proporcionado a los franceses, por lo que con esa acción se pretendía darle un escarmiento.

El saqueo de Roma se convirtió en una matanza; más de ocho mil romanos acabaron muertos. El papa tuvo que refugiarse en el castillo de Sant'Angelo, en donde resistiría hasta el 26 de noviembre, mientras veía a través de las ventanas de la fortaleza el caos que se extendía por la Ciudad Eterna.

Sin embargo, este asalto a la ciudad del papa no solo causó un gran daño a sus habitantes. Curiosamente, también provocó graves desavenencias entre los propios saqueadores.

Un grupo de soldados españoles forzó la puerta de entrada del negocio de un cambista y encontró una gran bolsa repleta de monedas de oro. Para poder repartirse el botín con más tranquilidad, atrancaron la puerta.

Sin embargo, unos lansquenetes,[16] alemanes que también andaban a la búsqueda de tesoros, habían visto cómo los españoles se habían metido en la casa del cambista y habían cerrado la puerta, por lo que sospecharon, con razón, que habían encontrado algo interesante.

Los alemanes intentaron entrar, pero los españoles, obviamente, se lo impidieron, afirmando que lo que allí había les correspondía a ellos. Los soldados germanos, enrabietados, decidieron eliminar drásticamente a los que se interponían entre ellos y el supuesto tesoro, por lo que prendieron fuego a la casa.

Todos los españoles murieron abrasados en el incendio. Extinguidas las llamas, los lansquenetes alemanes se precipitaron en el interior del negocio para apoderarse del botín.

Sin embargo, su sorpresa fue mayúscula cuando se en-

---

16. Así se conocía a los soldados alemanes que combatían junto a los tercios españoles durante la dominación de la casa de Austria. Según algunos, el nombre alemán *landsknecht* tiene su origen en *land*, país o tierra, y *knecht*, servidor; mientras que otra gente asegura que la primera parte del vocablo procede de *lanz*, lanza. Aunque, en puridad, eran lansquenetes solamente los que luchaban al lado de los españoles, en general se llamó así a todos los soldados germanos que prestaban sus servicios como mercenarios en los diferentes ejércitos europeos.

contraron con que la enorme bolsa de monedas de oro que había despertado la codicia de los españoles no contenía más que monedas de cobre. El calor del fuego había derretido la capa dorada que las recubría y había dejado al descubierto su falsedad.

Cómo librarse de unos huéspedes indeseables

Tal como hemos visto, cuando las tropas imperiales ocuparon Roma, todo degeneró en un brutal saqueo. Los soldados, ávidos de botín, no dudaban en torturar o matar para conseguirlo.

Un grupo de lansquenetes germanos entraron en la casa de un conocido mercader y le conminaron a que les entregase su oro. El comerciante les dijo que había perdido todo su dinero y que ya no le quedaba nada de su fortuna. Naturalmente, los saqueadores no le creyeron y decidieron quedarse a vivir en su casa hasta que les entregase todo su capital.

Los días fueron pasando y los soldados teutones continuaban allí, dando buena cuenta de la despensa del mercader, durmiendo en sus camas y teniendo como sirvientes a los miembros de su familia.

El astuto comerciante romano decidió que aquello no podía continuar así y que debía librarse de aquellos visitantes tan molestos. Para ello urdió una ingeniosa estratagema. Con gesto apesadumbrado, se dirigió a los alemanes y les anunció que estaba dispuesto a confesar en dónde tenía oculto su tesoro personal.

Los lansquenetes, que ya se veían convertidos en hombres ricos, escucharon de boca del mercader que había enterrado su oro en una isla del Tíber, el río que atraviesa Roma. Sería su propio hijo el que los conduciría hasta el lugar exacto en donde estaban ocultas las monedas.

Los soldados germanos, junto con el hijo del mercader, subieron a un pequeño bote y el chico remó rumbo al pequeño islote. Cuando se encontraban en mitad del río, en donde la corriente era más fuerte, el muchacho lanzó los remos al agua, saltó y nadó hacia la orilla.

Los lansquenetes, sorprendidos, no pudieron reaccionar y se encontraron en el bote sin posibilidad de variar su rumbo, arrastrados por la corriente, cada vez más intensa, maldiciendo la argucia del mercader. Pero lo peor estaba por llegar: a partir del punto en el que el chico había saltado, el río formaba un potente remolino que la frágil embarcación era incapaz de superar.

Las aguas del Tíber engulleron el bote, con los soldados germanos a bordo. De este modo, el comerciante romano pudo librarse de esos huéspedes tan indeseables.

Sin dinero no hay asedio

La gran evolución de los sistemas defensivos llevó a que los asedios fueran cada vez más largos. No era raro que se pusiera sitio a una ciudad durante cerca de un año. Aunque pueda resultar paradójico, el paso del tiempo no beneficiaba a los sitiadores, sino a los sitiados.

La razón era que estos asedios los solían llevar a cabo soldados profesionales, a cambio de una paga. Mientras llegaban las monedas del rey a los bolsillos de los soldados, estos permanecían rodeando la ciudad; sin embargo, cuando estas escaseaban, las tropas amenazaban con abandonar el sitio.

Esto fue lo que ocurrió en numerosas ocasiones. De repente, los asediados comprobaban con alegría que las tropas que los habían tenido rodeados durante meses levantaban sus campamentos y se marchaban, ante la impotencia de los oficiales, incapaces de retenerlos por más tiempo, al no poder pagarles la soldada.

Batalla de cítricos en Lepanto

La batalla de Lepanto supuso el final de la amenaza turca sobre Europa. La toma turca de Constantinopla, en 1453, había iniciado un periodo de expansión musulmana por el Mediterráneo que finalizaría en la célebre batalla en la que Cervantes perdió un brazo.

Antes de ese decisivo encuentro naval, la flota otomana amenazaba las rutas comerciales que enlazaban el mundo cristiano con el oriental. Suleimán el Magnífico había tomado la gran fortaleza de Belgrado y había expulsado a los caballeros de San Juan de la plaza fuerte de Rodas. En 1526 había aplastado a los húngaros, y así había abierto el camino hacia el corazón de Europa, aunque se vería obligado a renunciar a la conquista de Viena tras un largo asedio.

Las plazas de Argel y Trípoli caerían bajo dominio otomano, al igual que Túnez, que sería ocupada en 1570 por el virrey de Argel. Continuando con la expansión turca, Selim II tomó Chipre, lo que provocaría finalmente una decidida reacción cristiana ante el riesgo de invasión generalizada.

Se formó entonces la denominada *Liga Santa*, que estaba formada en su mayoría por barcos españoles y que contaba solamente con el apoyo del papa Pío V (1504-1572) y de la República de Venecia: reunió un total de ochenta mil hombres y más de doscientas embarcaciones de guerra, que quedarían concentradas en el puerto siciliano de Messina bajo el mando de don Juan de Austria.

El 15 de septiembre de 1571, la flota partió camino de la isla de Cefalonia, tras recibir la noticia de que en el golfo de Lepanto,[17] en la costa occidental de Grecia, se ha-

---

17. Lepanto es el nombre italiano con el que se conocía la población de Naupacto, denominada así por tener su origen en un arsenal (*naupactus*). Tras haber pertenecido sucesivamente a mesenios, espartanos, aqueos, tebanos, macedonios, etolios y romanos, un terremoto, durante el reinado de Justiniano, la destruyó casi por completo. Fue ocupada por los turcos en 1498; entre 1687 y 1689 estuvo en poder de los venecianos, pasando de nuevo a manos otomanas hasta 1827, año en que se convirtió en parte del nuevo reino de Gre-

bía reunido la flota turca, compuesta por unas doscientas setenta naves.

Al amanecer del 7 de octubre de 1571, la flota cristiana avistó a la turca y don Juan dispuso sus naves en formación de combate. En el flanco derecho se situaron las naves venecianas bajo el mando de Andrea Barbárigo; en el izquierdo, la flota papal capitaneada por Andrea Doria, mientras que el centro quedó en manos de don Juan de Austria, con el grueso de la flota. Por su parte, los barcos turcos adoptaron la forma de media luna. Poco más tarde se dividieron en tres secciones: en el centro de la flota, Alí Pashá; Mohamed Siroco, en la derecha; y Uluch Alí, en el flanco izquierdo.

Don Juan abrió el combate disparando sus cañones contra las naves de Alí Pashá: destruyó de golpe siete galeras turcas. Los otomanos avanzaron entonces su flanco central contra las naves de don Juan, entablando una encarnizada batalla. Pero don Juan logró tomar la nave capitana, y así rompió el centro de la flota turca, que se batió en retirada.

Por su parte, el flanco derecho turco, con Mohamed Siroco al frente, llevó a cabo una arriesgada maniobra envolvente contra las galeras venecianas de Barbárigo, para lo que se desplazó bordeando la costa, muy cerca de las rocas. Esta táctica se saldó con éxito, y consiguió desbordar a la flota veneciana. Al quedar rodeados por ocho galeras turcas, estos tomaron su buque insignia. Pero la retaguardia cristiana acudió rápidamente en auxilio de Barbárigo, lo que provocó la derrota de Siroco y la huida precipitada de su flota.

La línea izquierda turca, al mando de Uluch Alí, empleó la misma táctica que Siroco: intentó rodear las naves

---

cia. En la actualidad, Naupacto, capital de distrito de la provincia de Acarnia y Etolia, tiene cuatro mil quinientos habitantes. Su pequeño puerto solo admite barcos de pequeño calado. Prácticamente hoy no hay nada que recuerde la batalla que se dirimió frente a sus costas en 1571; tan solo un pequeño monumento conmemorativo junto al puerto rememora aquel decisivo encuentro naval.

de Andrea Doria y alcanzarlas por detrás. Sin completar la maniobra envolvente, Alí decidió atacar al grueso de la flota de Andrea Doria, con lo cual logró abrir un importante hueco en las líneas de la flota papal. Pero nuevamente la retaguardia cristiana estuvo atenta y pudo llegar a tiempo de evitar el desastre. Al poco tiempo, llegó también parte de la flota de don Juan, que ya había asegurado el centro de la formación, lo que obligó a Uluch Alí a retirarse.

A pesar de haber perdido diecisiete galeras y más de ocho mil hombres, tras unas cuatro horas de lucha, la flota cristiana había tomado el control de la batalla. Pero, aunque la escuadra otomana había sufrido unas veinticinco mil bajas y había visto como se hundían un centenar de galeras, los tripulantes musulmanes mantuvieron su ánimo combativo hasta el final.

A esas alturas de la batalla, los tripulantes de una galera turca se habían quedado ya sin munición; en ese momento, para defenderse del ataque de un navío español, los musulmanes acabaron lanzando contra los cristianos limones y naranjas.

Con la victoria de la flota cristiana se acababa el mito de la imbatibilidad naval musulmana y se alejaba el peligro de una invasión. Los europeos en general tenían motivos para estar contentos, pero quienes más lo celebraron fueron los galeotes que habían remado en las naves cristianas. Antes de la crucial batalla, para asegurarse su colaboración en los momentos críticos que se avecinaban, don Juan de Austria había prometido a los galeotes de su flota que, en caso de conseguir la victoria, los liberaría de su condena y los pondría en libertad a su regreso a España. Como la batalla se ganó, tuvo que cumplir con su palabra, pero esta liberación masiva trajo como consecuencia que la mayor parte de la flota quedó paralizada en los puertos españoles por falta de remeros.

Sin embargo, lo que supuso una alegría para unos acabó tornándose en desgracia para otros, puesto que don Juan de Austria solicitó a su hermano, el rey Felipe II, que se le proporcionasen galeotes si no quería que su flota languideciese sin posibilidad de hacerse a la mar. Así, el monarca ordenó a jueces y alcaldes que cualquier delito, por pequeño que fuera, se castigase con la pena de galeras.

Noticias que vuelan

Además de los galeotes, el papa Pío V fue el primero en celebrar la victoria española en Lepanto. Antes de que la noticia llegase a Roma, el sumo pontífice aseguró haber tenido un fuerte presentimiento de que las armas cristianas habían resultado vencedoras en ese combate naval.

Pío V estaba tan seguro del triunfo que comenzó a organizar las celebraciones oficiales, ante la perplejidad de los presentes. Al cabo de unos días, un mensajero llegó a Roma para dar la buena noticia, confirmando así la acertada premonición del papa.

La batalla de las Galletas

En 1594 se produjo una revuelta en Irlanda contra el dominio inglés, encabezada por el patriota Hugh O'Donell. Los irlandeses se hallaban sitiando la fortaleza de Enniskillen cuando un ejército inglés acudió a socorrer a los compatriotas que se encontraban allí resistiendo. Los ingleses no solo fracasaron en su intento de levantar el asedio, sino que sufrieron una dolorosa derrota a manos de los irlandeses.

Este enfrentamiento pasaría a la historia como la batalla de las Galletas. El motivo de este curioso nombre es que los bien alimentados ingleses iban pertrechados de todo tipo de galletas y pasteles, en contraposición con los frugales irlandeses. Al terminar el combate, se podían encontrar todas estas apetitosas especialidades abandonadas por el campo; los irlandeses las recogieron rápidamente, para celebrar así su victoria.

Como recordatorio de este curioso epílogo de la batalla, el fuerte de Enniskillen sería rebautizado con el nombre gaélico *Bel-atha-na-in-Briosgadh*, que significa «Monte de las Galletas».

«Poner una pica en Flandes»

De todos es conocido el mérito que supone «poner una pica en Flandes», según afirma el dicho popular. Pero ¿cuál es el origen de esta expresión?

El envío de pertrechos militares desde España a la región de Flandes, perteneciente a los Habsburgo, no era nada fácil. Si se partía desde los puertos del Cantábrico, los barcos españoles debían afrontar las amenazas de los barcos enemigos.

La otra posibilidad, mucho más segura, era llegar por tierra. Pese a que el camino estaba perfectamente señalizado y se podían obtener todo tipo de suministros durante la ruta, esta debía discurrir íntegramente por territorios que, o bien pertenecían a la casa reinante en España, o bien eran aliados de esta.

Por tal motivo, el camino a Flandes se iniciaba en Barcelona, para embarcar rumbo a Génova. Desde allí se seguía por Milán, el Piamonte, la Saboya, el Franco Condado, la Lorena, Luxemburgo y Lieja hasta Namur.

En total, se necesitaban unas seis o siete semanas para completar el recorrido, conocido como el «camino español», por lo que se entiende el esfuerzo que suponía hacer llegar una pica a Flandes.[18]

---

18. Hay algún autor, como José María Sbarbi (*Florilegio o ramillete alfabético de refranes y modismos comparativos y ponderativos de la lengua castellana*. Madrid, 1873), que considera que, en realidad, esta frase hace referencia a la extrema dificultad para encontrar reclutas españoles que quisieran alistarse en los tercios de Flandes durante el reinado de Felipe IV. Al parecer, eran muy pocos los que se alistaban voluntariamente, por lo que en 1665 había tercios y compañías que no llegaban a tener en sus filas más que una treintena de soldados.

Un asedio demasiado largo

La infanta española Isabel Clara Eugenia de Austria (1566-1633) era hija de Felipe II. Siendo reina de los Países Bajos, en julio de 1601, Isabel estaba tan convencida de que la ciudad de Ostende, que estaba siendo asediada por las tropas españolas, caería en breve, que prometió no cambiarse de camisa hasta que la tomaran.

Para su desgracia, pero posiblemente aún más para los que tenían que estar a su lado, el sitio de Ostende duró… ¡tres años!

En efecto, pese a no recibir ninguna ayuda, puesto que Inglaterra y Francia habían firmado la paz con España, la guarnición de Ostende resistió exactamente durante tres años y setenta y un días.

Al final, las tropas españolas, con Spínola al frente, capturaron el fuerte, por lo que la infanta Isabel pudo por fin cambiarse de camisa.

La última razón de los reyes

El rey francés Luis XIV era consciente de que el ejército era el último sustento del poder de la monarquía. Por esta razón, el Rey Sol ordenó escribir la frase «La última razón de los reyes» en los cañones de su ejército en 1650.

Otros monarcas, como Federico II de Prusia, imitarían tal idea: tomó la misma decisión casi un siglo más tarde, en 1742. La frase solía escribirse en latín: *ultima ratio regum*.

Aunque se cree que fue el cardenal Richelieu (1585-1642) el primero en acuñarla, es posible que su origen fuera anterior.

Enemigos en la playa

En 1654, una expedición británica al mando del almirante Penn tenía como objetivo capturar la isla de Jamaica, entonces en poder de los españoles. Una noche, varios botes cargados de soldados ingleses se dirigieron a una solitaria playa de la isla, cercana a la desembocadura del río Hayna.

Los botes fueron llegando a tierra firme. No se oía nada y todo indicaba que no había presencia de españoles en esa zona. Pero cuando los soldados comenzaron a desembarcar en la orilla, de pronto se comenzó a percibir un extraño rumor procedente de todas partes. Parecía un griterío que cada vez crecía más y más, aunque la tenue luz de las antorchas no revelaba el origen de tal misterioso sonido.

Al temer ser atacados por españoles o por nativos, los ingleses regresaron rápidamente a sus botes y remaron a toda prisa en dirección a los barcos, mientras escuchaban aún los gritos ahogados que brotaban de la playa.

Al día siguiente, el almirante Penn decidió que sus hombres regresasen al mismo lugar, pero a plena luz del día. De este modo, al menos sabrían a lo que debían enfrentarse. Así pues, la expedición volvió a subir a los botes y puso rumbo a la playa. Al llegar a la orilla, el silencio era absoluto, pero, al descender los soldados a la arena, comenzó de nuevo a extenderse el estridente rumor por toda la playa. Los ingleses se reagruparon y adoptaron una posición defensiva ante lo que parecía ser un ataque inminente, pero no se veía a los supuestos enemigos por ninguna parte.

El griterío procedía de unos cañaverales que estaban situados junto a la playa. Como los minutos pasaban y no se producía el esperado ataque, un grupo de valientes soldados avanzó hasta ese lugar para averiguar quién se ocultaba allí.

Al cabo de un rato, los exploradores regresaron a la orilla entre risas y bromas: llevaban algo entre sus manos. Se trataba de inofensivos cangrejos de tierra. Aquellos crustáceos eran los responsables del misterioso rumor. Al verse amenazados por la inesperada presencia de seres humanos, los miles de cangrejos que formaban la colonia entrechocaban sus pinzas, produciendo el sonido que tanto había atemorizado a los soldados ingleses.

Parece ser que el almirante Penn prohibió a sus hombres contar la historia para evitar la mofa de que, de modo inevitable, sería objeto por este chusco episodio. Evidentemente, no lo consiguió silenciar.

«Veni, vidi...»

En 1683, el rey de Polonia Juan III Sobieski (1624-1696), aliado con el emperador Leopoldo I de Austria, logró levantar el sitio de Viena, cercada por los turcos.

En este sentido, fue decisiva la sorprendente carga de caballería del propio rey, al frente de los míticos *jinetes alados*. Por aquel entonces, la caballería polaca era la mejor del mundo. Su sistema de carga en formación con sable era la envidia del resto de los ejércitos, que acabarían adoptándola.

Los *jinetes alados* ofrecían un aspecto impresionante. La altura que alcanzaban erguidos sobre sus monturas, unida al sonido del viento entre las plumas de sus penachos, causaba una fuerte impresión entre sus enemigos, que se batían de inmediato en retirada. Y esto fue lo que ocurrió en su combate contra los turcos. Y fue lo que salvó definitivamente a Viena de la invasión otomana.

Para proclamar de forma oficial la victoria, que alejaba definitivamente el peligro de una invasión musulmana en Europa, el monarca polaco acudió a Roma a encontrarse con el papa.

Nada más verlo, Juan III, rememorando la célebre afirmación de Julio César *«veni, vidi, vici»* (llegué, vi y vencí),[19] comenzó a pronunciarla: «Llegué, vi y...», pero se interrumpió.

---

19. Suetonio atribuye estas palabras a Julio César. Supuestamente, las habría utilizado para comunicar a su amigo Amincio su victoria sobre el rey Farnaces II en la batalla de Zela (47 a.C.). Este

Ante la mirada severa del papa, el rey polaco acabó de decirla, pero de un modo que sería más del agrado de su interlocutor: «Llegué, vi y... Dios venció».

La creación del *croissant*

Fue precisamente cuando los turcos estaban cercando Viena cuando se elaboró por primera vez un *croissant*, esa popular pieza de bollería, imprescindible en cualquier desayuno continental.

Los *croissants* los crearon unos panaderos vieneses. Fue tras la victoria sobre los sitiadores de la ciudad. Los turcos habían comenzado a cavar túneles para penetrar en el interior de Viena, pero varios panaderos, al trabajar durante la noche, aguzaron el oído y escucharon el ahogado sonido que brotaba del suelo al perforar uno de los túneles.

Rápidamente, dieron la alarma y se descubrieron los túneles. Así se evitó la repentina irrupción de los soldados otomanos en el interior de la ciudad.

Los panaderos se convertirían en los héroes de la posterior victoria sobre los invasores. Para celebrar el fin de la amenaza otomana, hornearon una pieza de hojaldre en forma de media luna, la insignia de la bandera turca.

A partir de entonces, los vieneses pudieron desayunarse cada mañana el símbolo de sus derrotados enemigos.

monarca, que extendía sus dominios por el Bósforo, se había aprovechado de la guerra civil entre Julio César y Pompeyo para conquistar Asia Menor y Capadocia. Julio César se trasladó con siete legiones al norte de la actual Turquía para acabar con la amenaza de Farnaces. Mientras los soldados romanos estaban construyendo el campamento, Farnaces y sus tropas lanzaron un ataque, pero los hombres de Julio César adoptaron rápidamente la formación de combate, y no solo rechazaron a sus enemigos, sino que lograron su completa aniquilación.

III

Capítulo 5

La guerra en el Siglo de las Luces

Aunque la Edad Moderna engloba también el siglo XVIII, esta centuria, conocida como el Siglo de las Luces, tiene un marcado carácter propio. En la Europa de la Ilustración se produjo un gran cambio en la concepción del mundo, caracterizado por la revisión, a la luz de la razón, de todos los aspectos de la vida. De este modo, surgió una preocupación por el estudio de la naturaleza y sus leyes, así como por la supeditación de la religión al poder político, que paradójicamente pasó a estar más centralizado (dando lugar al despotismo ilustrado), pero a la vez más influido por el principio de la separación de poderes y el parlamentarismo. Estos nuevos aires, que culminarían en la tempestad provocada por la Revolución francesa, también tendrían su reflejo en la estructura de los ejércitos.

En el siglo XVIII se adoptaría el regimiento como unidad básica, en sustitución del tercio; el reclutamiento ya no era independiente, sino centralizado, por lo que la lealtad de los soldados se desplazó hacia el rey. Los mercenarios dejaron paso a los soldados profesionales, que adquirían compromisos de larga duración y que solían ser súbditos del reino, por lo que los ejércitos reforzaron su carácter nacional.

El Siglo de las Luces puede considerarse también como el Siglo de Oro de los grandes estrategas militares. Federico II el Grande (1712-1786) llevaría a su entonces pequeño país, Prusia, a convertirse en el ejemplo para todos los ejércitos europeos, siguiendo la estela apuntada por su padre, Federico Guillermo I.

El conde de Daun, vienés, sería capaz de vencer a Federico el Grande en dos ocasiones gracias a sus tácticas conservadoras, ante las que se estrelló el impetuoso rey de Prusia. Aun así, los éxitos del monarca prusiano superarían en mucho a sus fracasos: se convertiría en la figura militar más importante del siglo.

Por otra parte, el duque de Marlborough, a caballo entre el siglo XVIII y el anterior, se convirtió en un maestro en las operaciones de asedio: logró rendir más de una treintena de plazas fuertes.

Pero tampoco hay que olvidar al príncipe Eugenio de Saboya o al duque de Villars, al mariscal Villeroi o al duque de Vendôme. Todos ellos afrontarían con más o menos éxito, pero siempre con gran decisión, el reto de conducir a sus hombres en el campo de batalla.

En este recorrido por los grandes militares del siglo XVIII no se puede pasar por alto la transcendental contribución del que es, probablemente, el tratadista más conocido: el general prusiano Carl von Clausewitz. Su libro *De la guerra* continúa siendo la referencia para todos los estudiosos del fenómeno bélico y su célebre frase «la guerra es la continuación de la política por otros medios» parece siempre vigente.

De todos modos, la figura más emblemática de este periodo es, sin duda, Napoleón. En sus campañas militares, llevadas a cabo al final del siglo XVIII y, sobre todo, a principios del XIX, recoge todas las innovaciones de los grandes estrategas de la historia, y alcanza la culminación del arte de la guerra. Pero el Gran Corso merece un capítulo aparte.

Cartas envenenadas

En 1708, durante el sitio de la ciudad de Lille, el príncipe Eugenio de Saboya recibió una carta. Abrió el sobre y, sin llegar a leer el contenido del papel, lo arrojó al suelo. Uno de sus asistentes personales, sorprendido por la actitud mostrada por el príncipe, lo recogió. Enseguida notó que la carta tenía un extraño tacto grasiento.

A los pocos segundos, el asistente que había tocado la carta perdió la consciencia y cayó al suelo. El médico del príncipe acudió rápidamente y le suministró un antídoto. Cuando el asistente volvió en sí, preguntó qué había ocurrido. El príncipe ensartó la carta con su espada y se la acercó a un perro vagabundo. El animal la olfateó y no tardó en caer él también: al cabo de unos minutos, había muerto entre terribles dolores.

El asistente se dio cuenta de que había estado a punto de morir envenenado por culpa de su curiosidad. El príncipe intentó restar importancia al suceso, diciéndole: «No te preocupes, desde hace un tiempo suelo recibir cartas de este tipo…».

Enemigos hasta la muerte

En el siglo XVIII, los duelos eran un procedimiento habitual para dirimir las diferencias entre los oficiales franceses. Dos capitanes, llamados La Fenestre y D´Agay, fueron enemigos irreconciliables durante veintiocho años: se enfrentaron en duelo en siete ocasiones. No obstante, estos sangrientos desafíos no acababan con la vida de ninguno de los dos, por lo que el odio entre ambos no solo no decrecía, sino que iba en aumento.

La rivalidad entre ambos militares llegaría hasta el mismo momento en que uno de los dos murió. Durante la batalla de Vellinghausen, el capitán La Fenestre recibió el impacto de una bala de cañón en la cabeza.

Lo que podría haber sido una buena noticia para D´Agay, que se encontraba combatiendo junto a la Fenestre, se convertiría paradójicamente en una desgracia, puesto que uno de los fragmentos del cráneo saltaría al ojo de D´Agay, que por ello se quedó tuerto.

Un recuerdo de Mahón

En 1756, durante la guerra de los Siete Años, Menorca fue sitiada por los franceses. En esos momentos, la isla estaba en poder de los británicos; el excelente puerto natural de Mahón permitía cobijar allí una flota para garantizar el control del Mediterráneo occidental. La isla, en la que el legado inglés es aún hoy bien visible, estaba guarnecida por dos mil ochocientos soldados, al mando del general Blakeney.

Por su parte, los franceses, con el duque de Richelieu al frente (no confundir con el cardenal Richelieu, fallecido un siglo antes) asediaron la isla con una flota de diecisiete barcos. La guarnición británica de la capital menorquina acabaría rindiéndose a los franceses.

El duque de Richelieu regresó triunfante a Francia, donde gozó de gran admiración por el golpe que había propinado al orgullo inglés. Pero el gran éxito de Richelieu no fue solo militar, sino también gastronómico. Durante al asedio al que sometió a la capital de Menorca tuvo oportunidad de probar la que entonces se conocía como «salsa de Mahón», que, hoy en día, es la famosa «mahonesa».

Al regresar a París, Richelieu llegó con la receta de la salsa, que no tardaría en popularizarse en Francia y en el resto de Europa, hasta llegar a nuestros días.

Se necesita general

En el transcurso de una campaña, el general duque de Vivonne envió una carta al rey de Francia Luis XIV, en la que le hacía una petición: «Señor, para que vuestras armas salgan triunfantes, necesitaremos diez mil hombres».

El rey no accedió a tal solicitud. No sabemos el motivo, pero posiblemente influyó la breve nota que dejó escrita el secretario encargado de cerrar el sobre en el que iba la carta: «Y un general».

Audacia premiada

En cierta ocasión, a Luis XIV le presentaron a un oficial que pretendía que se le concediera un destino determinado. El monarca, después de informarse de cómo había transcurrido su carrera militar, que había sido brillante, le dijo: «Lo siento, pero sois demasiado viejo».

El oficial, al ver su solicitud rechazada, se dirigió con todo respeto al rey y le dijo: «Señor, solo tengo cuatro años más que vuestra majestad…».

Luis XIV dudó si debía tomarse aquella atrevida observación del militar como una insolencia, pero le gustó la audacia que había mostrado en su presencia, por lo que le concedió el destino deseado.

Un sombrero muy valioso

Mientras el rey Luis XIV estaba pasando revista a sus tropas, el caballo de un mosquetero se encabritó. El jinete trató de dominarlo y se le cayó el sombrero al suelo.

Un soldado de infantería que estaba al lado ensartó el sombrero con su espada y se la presentó al mosquetero, que permanecía sobre el caballo.

En lugar de agradecérselo, el jinete exclamó: «¡Por Dios! ¡Hubiera preferido que me hubieran clavado a mí la espada, antes que al sombrero!».

Luis XIV lo oyó y se acercó al mosquetero. Le preguntó cómo era posible que prefiriera que le clavasen a él la espada, en lugar de a su sombrero. El hombre le respondió: «Señor, pues porque al cirujano no debería pagarle al momento, pero al sombrerero sí…».

«¡Vete a la porra!»

«Enviar a la porra» a alguien tiene su origen en el mundo militar. La «porra» a la que se refiere el dicho popular es el bastón grande rematado por una bola que lleva el soldado que va al frente de las marchas militares (denominado «tambor mayor») y que suele lanzarse al aire para recogerlo con gran habilidad.

Este soldado plantaba la «porra» a la puerta del alojamiento del batallón, en el mismo lugar al que se enviaba a los soldados arrestados por causas leves. Así, «mandar a alguien a la porra» quedó como sinónimo de castigar a alguien enviándolo a un lugar poco agradable.

«Mambrú se fue a la guerra...»

La archiconocida canción *Mambrú se fue a la guerra* la compusieron los franceses durante la Guerra de Sucesión española, cuando dieron por muerto a su protagonista, John Churchill, duque de Marlborough (1650-1722), antepasado del primer ministro británico Winston Churchill (1874-1965).

Los primeros en cantarla fueron los soldados franceses. Al no saber pronunciar correctamente el apellido Marlborough, este quedó convertido en Mambrú.

Sin embargo, la canción se olvidó rápidamente, pero, años más tarde, la rescataría la nodriza del Delfín de Francia, que había sido contratada por María Antonieta, esposa de Luis XVI. La mujer acunaba al infante con esa tonada, algo que hizo gracia a los reyes y a los miembros de la corte. Al cabo de poco tiempo, todos los que pasaban por el palacio de Versalles acababan cantándola. De ahí pasaría a la corte española, a través de los Borbones.

La canción tuvo gran éxito entre el pueblo llano. A partir de ese momento, pasaría de generación en generación. El personaje que la había inspirado caería en el olvido y se utilizaría sobre todo para acompañar los juegos infantiles.

Batalla matrimonial

El duque de Marlborough estaba curtido en innumerables

batallas, aunque parece ser que las luchas matrimoniales le ocasionaban más de un disgusto. Años más tarde, Napoleón ya revelaría la táctica a seguir en estos casos: «Las batallas contra la mujeres son las únicas que se ganan huyendo».

Las relaciones del inglés con su esposa no discurrían por cauces pacíficos y sus enfrentamientos eran ya conocidos por todos. En una ocasión en la que el duque de Marlborough se encontraba enfermo, su esposa, dejando a un lado las disputas diarias, se empeñaba en que se tomase una medicina que su médico, el doctor Carth, le había recetado. Pero el brebaje tenía un sabor muy desagradable, y el duque no se lo quería tomar.

Ante su negativa a ingerirlo, su esposa, que confiaba plenamente en el galeno, exclamó: «¡Que me cuelguen si esta medicina no te cura!».

En ese momento, el médico, que estaba al tanto de las desavenencias de la pareja, le dijo al duque en voz baja: «Tomad la medicina, milord, que, en cualquier caso, saldréis ganando...».

Marlborough, el avaro

En una ocasión, un pobre se dirigió a un general británico y le confundió con el general Marlborough, que tenía fama de avaro. «Mírame bien —le dijo el general—, ¿no te das cuenta de que no soy Marlborough?».

El pobre creyó que el militar le estaba tomando el pelo, por lo que insistió en llamarle así: «Pues bien, aquí tienes una libra esterlina».

Ante tamaña generosidad, ya que una libra era entonces una cantidad muy apreciable, el mendigo se convenció por fin de que su interlocutor no era el famoso general.

Pensamientos tras la batalla

Los ingleses obtuvieron una gran victoria en la batalla de Blenheim, a orillas del Danubio, el 13 de agosto de 1704.

Esta campaña había comenzado muy lejos, en Holanda. El duque de Marlborough lideraba allí un ejército formado por ingleses y holandeses con la misión de aliviar la presión francesa sobre este territorio y poner freno a las aspiraciones hegemónicas de Luis XIV.

Las fuerzas de Marlborough, que sumaban unos cuarenta mil hombres, iniciaron un desplazamiento para atacar a los franceses por el sur, remontando el Rin. Los cuarenta y seis mil franceses, con el mariscal Villeroi al frente, advirtieron la hábil maniobra y se desplazaron hacia Baviera.

Después de muchas escaramuzas y de recabar el apoyo de contingentes del interior de Alemania, los dos ejércitos acabarían encontrándose en Blenheim. Ambos contendientes presentaron una cantidad similar de soldados, unos cincuenta y cinco mil.

Marlborough cargó contra el centro de la formación gala en una sangrienta lucha cuerpo a cuerpo. Pero los franceses, que habían logrado la ayuda de los bávaros, comenzaron a sobreponerse a la presión del ejército de Marlborough, que contaba en sus filas con austriacos, prusianos y daneses, entre otros. El equilibrio quedó roto por la irrupción de tropas de refresco francesas, situadas en la aldea de Oberglau.

La victoria parecía decantarse para las armas de Luis XIV, pero la llegada en el último momento de la caballería austriaca de Eugenio de Saboya inclinó definitivamente la balanza a favor del inglés. Los franceses acabarían sufriendo un setenta por ciento de bajas y el *Rey Sol* vería frenadas sus aspiraciones territoriales.

Tras la batalla, Marlborough felicitó a sus hombres, agotados por la lucha que acababa de finalizar, aunque felices por haber vencido.

Entonces reparó en un joven soldado que parecía pensativo, sentado en el suelo, con la mirada perdida. El duque se le acercó y le preguntó: «¿Por qué estás triste? ¿No ves que hemos conseguido una victoria gloriosa?».

El soldado le respondió: «Puede que esto sea glorioso, *milord*, pero estaba pensando cuánta sangre he derramado hoy por cuatro peniques…».

Y es que la paga diaria de un soldado era de cuatro peniques.

Invitación al rey de Francia

En 1704, tras esa victoria del duque de Marlborough sobre las tropas de Luis XIV en la batalla de Blenheim, los mariscales franceses Marin y Tallard fueron capturados y trasladados a Inglaterra.

Al paso de la comitiva por Nottingham, un carnicero de la ciudad se dirigió a los dos mariscales galos y les dijo: «¡Bienvenidos a Inglaterra, señores! ¡Esperamos ver a su dueño por aquí el año que viene!».

La guerra de la Oreja de Jenkins

El 19 de octubre de 1739 se inició una guerra entre España e Inglaterra, motivada por rivalidades comerciales en América.

Este conflicto sería conocido como la guerra de la Oreja de Jenkins, debido a que un contrabandista inglés, Robert Jenkins, se presentó ante el Parlamento británico en 1738 acusando a los españoles de haberle cortado la oreja como castigo a sus actividades comerciales.

En efecto, un guardacostas español llamado Fandino había sorprendido al barco de Jenkins, que se dedicaba al contrabando, por lo que, tras capturarlo, le cortó la oreja con su espada, a modo de lección.

Este hecho indignó a la opinión pública británica, a la que no era necesario recordar la *leyenda negra* que acompañaba a los españoles desde los tiempos de Felipe II.

La guerra de la Oreja de Jenkins no dejó de ser un conjunto de escaramuzas, como la que ocurrió el 22 de noviembre de 1739, cuando una flotilla británica de seis barcos dirigida por el almirante Vernon capturó el puerto de Portobelo, situado en la costa oriental del istmo de Panamá, que se hallaba en poder de los españoles. Los británicos lograrían llevar a cabo esta acción perdiendo muy pocos hombres.

Estos enfrentamientos militares entre británicos y españoles continuarían al estallar la guerra de Sucesión de Austria en 1740. Finalizaron en 1748 con la firma del Tratado de Aquisgrán.

Demasiado cerebro

La guerra de los Siete Años supuso la irrupción de Prusia como una potente nación y la consolidación de Inglaterra como la potencia imperial más importante del mundo a costa de su gran rival, Francia.

El conflicto se desarrolló entre 1756 y 1763. Había estado precedido por las guerras de Silesia (1740-1745). En la guerra de los Siete Años, Prusia se enfrentó a la vez a Catalina II la Grande de Rusia, a María Teresa de Austria y al rey de Francia, Luis XV. Pero Prusia no se encontró sola ante este descomunal desafío: Inglaterra acudió en su ayuda, pues le proporcionó dinero y atacó a Francia en sus posesiones coloniales.

Durante el conflicto, encontramos un claro ejemplo de la célebre flema británica. Un general inglés, George Townshend, tenía merecida fama de permanecer imperturbable bajo el fuego enemigo. Tuvo ocasión de demostrarlo en medio de una batalla, cuando a su lado se encontraba un oficial alemán llamado Scheiger.

En un momento de aquella encarnizada lucha, un proyectil impactó en la cabeza del alemán y le destrozó el cráneo. El inglés, pese a estar muy próximo, no resultó herido, pero quedó completamente salpicado por la masa encefálica del oficial germano.

En lugar de quedar vivamente impresionado por la muerte de la persona que tenía al lado, Townshend se limitó a limpiarse con un pañuelo los restos sangrientos que le habían salpicado el uniforme, exclamando: «¡Vaya! ¡Nunca hubiera sospechado que Scheiger tuviera tanto cerebro!».

Duelo original

Durante la guerra de los Siete Años, los oficiales británicos destinados en las colonias americanas, acostumbrados a la reglamentación de todos los aspectos relacionados con el combate, tuvieron que enfrentarse a las singulares ideas de los naturales del país.

Esto fue lo que le ocurrió a un oficial británico que, a consecuencia de una disputa, retó a duelo a un norteamericano llamado Israel Putnam, al que dejó escoger el arma con la que debían enfrentarse.

Consciente de que, en un desafío con un arma convencional, el experimentado oficial inglés tendría todas las de ganar, Putnam propuso un duelo muy original. Ambos se sentarían sobre sendos barriles de pólvora, con sus correspondientes mechas, que se encenderían a la vez. El primero que se levantase de su barril, perdería el duelo.

El británico se quedó perplejo ante aquella inusual propuesta, pero estaba obligado a cumplir su palabra. Así pues, se dispuso todo para que pudiera llevarse a cabo el reto. Cada uno se sentó en su barril respectivo y se encendieron las mechas. Mientras que el inglés mostraba bien a las claras su nerviosismo, el norteamericano encendió tranquilamente una pipa.

Los segundos iban pasando y el oficial ya no podía aguantar más tiempo sentado. Las mechas se iban consumiendo y cada vez faltaba menos para que los barriles estallasen...

El inglés saltó de su barril y corrió a ponerse a salvo, pero el norteamericano siguió sentado sin alterarse lo más mínimo. A los pocos segundos, las dos mechas se consumieron, pero no sucedió absolutamente nada.

Los presentes se acercaron para buscar el motivo por el que no habían explotado los barriles de pólvora. La explicación del norteamericano sí que produjo una explosión, pero en este caso de carcajadas: dentro de los toneles no había pólvora, ¡sino cebollas!

«Estas moscas pican»

El 14 de octubre de 1758, también durante la guerra de los Siete Años, los prusianos de Federico el Grande se enfrentaron a los austriacos del conde Daun en la batalla de Hochkirken.

Los austriacos sorprendieron a Federico de madrugada y lo desalojaron de sus posiciones, capturando toda su artillería, consistente en ciento un cañones. Los prusianos mantuvieron la calma y se reorganizaron.

Una vez formadas las líneas, la infantería prusiana atacó una posición austriaca en la que se habían reunido varios generales. Las balas comenzaron a silbar alrededor de los austriacos, pero el general Serbelloni intentó tranquilizarlos diciendo: «No se preocupen, señores, ¡solo son moscas!».

El resto de los generales no estaba muy de acuerdo con la apreciación de Serbelloni, por lo que uno de ellos añadió: «Es posible, pero creo que estas son de las que pican...».

Al final, los prusianos, que habían perdido nueve mil hombres, lograron causar aproximadamente el mismo número de bajas en las filas austriacas y se retiraron en dirección a Bautzen, aunque tuvieron que dejar atrás todas las tiendas y el equipo.

Planes muy secretos

Federico el Grande se caracterizaba por mantener un estricto secreto sobre sus planes militares, para que no se diese ninguna fuga de información que pudiera llegar hasta el enemigo.

Su discreción llegaba a exasperar incluso a sus generales, que desconocían las intenciones del monarca hasta el mismo momento en el que daba la orden de atacar.

Sin embargo, el que había sido tutor de Federico, Christoph von Kalckstein, se vanagloriaba de tener acceso directo al rey gracias a su antigua amistad y de saber antes que nadie lo que este se proponía.

En un momento en el que existían rumores de que Federico tenía pensado lanzar sus tropas a una campaña en la región de Silesia, Von Kalckstein fue requerido por varios generales para que, aprovechando su ascendiente sobre el rey, intentase conseguir alguna información al respecto.

Así pues, el viejo tutor forzó un encuentro casual con el monarca prusiano: «¡Ah, majestad! —le dijo—. He oído por ahí que vamos a ir a la guerra, ¿es verdad?». «¿De dónde ha sacado eso?», le interpeló Federico. «Pues... —El tutor dudó—. Es que dicen que hay tropas que se dirigen a Silesia...».

Entonces Federico se acercó a Von Kalckstein y le dijo en voz baja: «Bien, mi querido amigo, ¿sabe usted guardar un secreto?». El tutor exclamó que por supuesto que sabía. A lo que el rey contestó: «Pues yo también».

¿Orgullo o arrogancia?

Durante un desfile militar, Federico el Grande se encontraba acompañado por sir Robert Sutton, un diplomático inglés. Presenciaba el paso de los temibles granaderos prusianos.

Ante el espectáculo ofrecido por sus tropas, el monarca le preguntó al británico: «¿Usted cree que un número igual de soldados ingleses podría vencer a estos soldados prusianos?».

El diplomático, aparentando no estar impresionado por la demostración de poderío militar de Federico, le contestó: «No lo sé. Pero de lo que sí estoy seguro de que, con la mitad, al menos lo intentarían».

Rencor olvidado

Federico de Prusia era muy exigente con sus generales. Cuando estos le fallaban o no estaban a la altura de lo esperado, era capaz de guardarles un rencor que no olvidaba en años.

Uno de ellos, el general Von Winterfeld, había caído en desgracia ante el monarca, que ni siquiera se dignaba dirigirle la palabra. En una ocasión, ambos se encontraron casualmente en Potsdam. El general lo saludó con gran respeto.

Sin embargo, Federico, no tan solo lo ignoró, sino que además le dio la espalda de forma ostensible. En ese momento, Von Winterfeld exclamó: «¡Estoy contento! ¡Su majestad ya no está enemistado conmigo!». Federico, confundido, se dio la vuelta y le preguntó: «¿Cómo que no estoy enfadado con usted?». Y el otro le dijo: «Pues lo sé... ¡porque su majestad nunca ha dado la espalda a un enemigo!».

Esta ingeniosa ocurrencia hizo reír al rey, que de inmediato se acercó a Von Winterfeld y le abrazó. De este modo, se selló la reconciliación.

Cuestionario imprevisto

Cuando un nuevo soldado se incorporaba a la guardia personal de Federico el Grande, el monarca, al pasar revista a sus hombres, se dirigía a él personalmente y solía formularle tres preguntas.

La primera era: «¿Cuántos años tienes?». La segunda: «¿Cuánto tiempo llevas sirviendo en el ejército?». Y la tercera: «¿Estás satisfecho con la paga y el trato que se te da?».

Los nuevos miembros de la guardia solían resolver fácilmente este sencillo cuestionario, pero en cierta ocasión dio lugar a una divertida anécdota. Su protagonista fue un soldado que había nacido en Francia, pero que se había alistado en el Ejército de Prusia. Aunque llevaba sirviendo más de un año en las fuerzas prusianas, no dominaba aún el idioma alemán.

Al saber por medio de su capitán que el monarca en persona le haría tres preguntas, el nuevo integrante de la guardia se puso muy nervioso, puesto que deseaba causarle buena impresión y esto no sería posible si confesaba que aún no entendía el idioma germano.

Para que el soldado estuviera más tranquilo, el capitán le indicó las tres preguntas que, invariablemente, siempre hacía a los nuevos, y el francés ensayó las tres respuestas en un perfecto alemán.

El día en el que Federico pasó revista a su guardia, reparó en el joven francés. Se acercó a él y, para desgracia del soldado, en esa ocasión cambió el orden del cuestionario:

—¿Cuánto tiempo llevas sirviendo en el ejército?

—¡Veinte años, majestad! —respondió el joven sin dudarlo, con una sonrisa en el rostro, pensando que se interesaba por su edad.

El monarca, al comprobar que su aspecto era el de un muchacho, pensó que le estaba tomando el pelo. Pero, aun así, le preguntó:

—¿Cuántos años tienes?

Creyendo que le estaba haciendo la pregunta relativa al tiempo que llevaba sirviendo en el ejército, el francés le dijo:

—¡Un año, majestad!

El rey ya no tenía ninguna duda de que el soldado se estaba burlando de él. Antes de ordenar que lo arrestasen, exclamó:

—¡No entiendo nada! ¡O este hombre está chiflado, o yo me estoy volviendo loco!

El francés, convencido de que el monarca estaba formulando la última pregunta («¿está contento con la paga y el trato recibido?»), respondió sonriente:

—¡Estoy de acuerdo con ambas cosas!

Federico el Grande se acercó al soldado y le gritó:

—¿Qué es esto? ¡Es la primera vez que un miembro de mi guardia se atreve a tacharme de loco!

El joven, confundido por esta «cuarta pregunta» no prevista, permaneció en silencio. Como el monarca estalló en insultos, el soldado acabó reconociendo, en su propio idioma, que aún no entendía el alemán.

El rey, que comprendía el francés, se quedó perplejo ante aquella insólita situación. Sin embargo, de repente, el monarca rompió con el momento de tensión y se echó a reír y, tranquilizando al pobre muchacho, se limitó a recomendarle que aprendiese alemán lo más rápido posible.

Trágica posdata

Aunque, tal como vemos, Federico el Grande demostraba tener un gran sentido del humor, que le hacía encajar con comprensión los errores cometidos por los hombres que estaban a sus órdenes, en ocasiones el monarca se dejaba llevar por su férrea disciplina y no perdonaba los fallos que podían poner en peligro a su ejército.

En cierta ocasión, durante una campaña militar en Silesia, Federico dio órdenes tajantes de que se apagasen todos los fuegos del campamento, para que el enemigo no pudiera descubrir su posición.

Para asegurarse de que su orden era cumplida a rajatabla, él mismo se encargó de recorrer el campamento, inspeccionando todas las tiendas y recordando a los soldados que no se les ocurriera encender ni una luz.

Al cabo de un rato, el monarca percibió una tenue luminosidad que salía del interior de una de las tiendas. Se acercó a ella, entró y sorprendió a un capitán llamado Zietern, que tenía una vela encendida sobre su mesa.

Al darse cuenta de que era el rey, el capitán la apagó al momento, pero ya era demasiado tarde.

—¿Qué hacía esa vela encendida? —preguntó el monarca.

—Disculpe, majestad, ya sé que había dado órdenes de apagarlas todas, le ruego que me perdone.

—¿Y para qué la necesitaba? ¿Qué estaba haciendo?

—Pues estaba escribiendo una carta a mi mujer —dijo el capitán, esperando despertar las simpatías del rey.

—Muy bien —afirmó fríamente Federico—, encienda la vela y continúe escribiendo, pero tendrá que añadir la posdata que le dictaré.

El capitán, muy contento por haberse ganado la comprensión del rey, evitando el castigo, se puso manos a la obra y desplegó de nuevo el papel de la carta. Cuando ya tenía la pluma preparada para escribir, el monarca le dijo:

—Escriba, capitán Zietern: «Mañana tengo una cita con la horca».

Guardianes de campos de patatas

Sin duda, los alemanes saben reconocer las virtudes de las patatas. Cocinadas de múltiples formas, han sido muy apreciadas por la población germana, que han recurrido a ellas especialmente para sobrellevar tiempos de penuria.

Federico el Grande fue el introductor de la patata en su país. Consciente de que ese tubérculo, nutritivo y fácil de cultivar, podía convertirse en la base de la alimentación de sus súbditos, el monarca prusiano hizo público un edicto en el que ordenaba el cultivo de la patata.

Sin embargo, los campesinos desconfiaban de ese tubérculo procedente de América y preferían continuar con los cultivos tradicionales. Ante el poco éxito de su iniciativa, Federico tuvo que emplear a su ejército para obligar a los campesinos a plantar patatas.

Sin embargo, se dieron algunos casos en los que, una vez que el Ejército pasaba de largo, las plantas eran arrancadas por los propios agricultores. Por lo tanto, el rey se vio forzado a emplear a sus soldados para vigilar los campos y garantizar que las patatas fueran cultivadas.

Un general marca distancias

Un general, que tenía fama de no ser muy despierto, se dirigió al conde de Schwerin, un general prusiano de Federico el Grande famoso por su gran arrogancia.

—Me gustaría que alguna vez hiciéramos una campaña juntos. Me parece que nos entenderíamos muy bien en el campo de batalla.

El engreído conde de Schwerin no dudó en marcar las distancias con su colega:

—Por supuesto, amigo —le respondió—. Podéis estar seguro de que yo os daría las órdenes tan claramente que no tendríais ningún problema para cumplirlas con total exactitud.

De todos modos, nadie puede poner en duda la valía del conde de Schwerin. Cayó durante la toma de Praga en 1757, lo que Federico lamentó profundamente, afirmando que Schwerin «valía por diez mil hombres».

Asalto en solitario

Precisamente durante la campaña que supuso la toma de Praga, las tropas prusianas se dirigieron a continuación hacia Kolin, defendida por una poderosa fuerza al mando del mariscal de campo austriaco Von Daun.

Federico ordenó un asalto tras otro contra las posiciones austriacas, pero la artillería barría en cada ocasión las filas prusianas que pretendían tomar la ciudad.

Sin embargo, el monarca seguía enviando nuevas oleadas de soldados contra las defensas, con idéntico resultado. Pese a que la derrota era un hecho y no quedaban ya hombres que lanzar contra la artillería austriaca, el rey ordenó una nueva carga.

En ese momento, un oficial se atrevió a preguntar a Federico:

—¿Tiene intención vuestra majestad de asaltar las baterías solo?

Disciplina prusiana

El Ejército de Prusia debía compensar su reducido número de efectivos, comparado con el de otras naciones más populosas como Francia o Austria, con una mejor preparación militar de sus hombres.[20] Para ello, era fundamental, además de mantener una buena forma física, que se les proporcionase un entrenamiento exhaustivo.

La caballería prusiana era un ejemplo de este adiestramiento tan exigente. El general Seydlitz era el encargado de entrenar a los jinetes; los obligaba a cabalgar a toda velocidad por terrenos escarpados, lo que ocasionaba frecuentes caídas, que en no pocos casos acababan con la vida de los soldados.

Este alto número de bajas llegó a oídos de Federico, que se dirigió a Seydlitz para pedirle explicaciones. El general no se inmutó por ello y se limitó a responderle:

—Si vuestra majestad se preocupa por unos pocos cuellos rotos, nunca tendrá los osados jinetes que necesita en el campo de batalla.

Aunque los métodos de Seydlitz eran inhumanos, en

---

20. Los éxitos fulgurantes del Ejército prusiano despertaron la atención de toda Europa. A Prusia llegaron representantes de la mayoría de los reinos europeos, interesados por descubrir las claves que habían hecho de ese pequeño ejército una fuerza tan temible. España envió a Juan Martín Álvarez de Sotomayor, con la misión de recoger todos esos datos para que pudieran ser luego aplicados al Ejército español. Cuando Álvarez se presentó ante Federico, el monarca prusiano evidenció su sorpresa por que fuera precisamente España la que se interesase por sus revolucionarios métodos militares. El rey reconoció que buena parte de las innovaciones aplicadas en su ejército provenían de un tratado español, *Reflexiones militares*, del marqués de Santa Cruz de Marcenado. Los once tomos de los que constaba la obra los tenía en un lugar bien visible de su despacho. El representante del monarca español, ruborizado, tuvo que admitir que no conocía esa obra, ante la sorpresa de Federico.

honor a la verdad hay que decir que resultaron muy efectivos.

En la batalla de Rossbach, el 5 de noviembre de 1757, la caballería prusiana arrolló hasta en cuatro ocasiones las líneas francesas comandadas por el general Soubise, lo que, finalmente, provocó la desbandada general.

Según el testimonio de un oficial francés, los jinetes prusianos cargaron en perfecta formación y a «increíble velocidad».

Conversación con un desertor

Tras el desastre de las tropas prusianas en la batalla de Kunersdorf, muchos creían que Prusia estaba a punto de caer derrotada ante la coalición formada por Austria, Rusia y Francia.

Este convencimiento de que el futuro no era muy prometedor para los ejércitos de Federico el Grande se instaló incluso entre las propias tropas prusianas, que dudaban de que pudieran lograr la victoria.

De hecho, un buen número de soldados prusianos dejaron las armas y huyeron. Uno de estos desertores fue capturado y llevado a presencia del rey, antes de su previsible condena a muerte.

Federico, que estaba preocupado por las últimas derrotas, preguntó al desertor:

—Bien, ¿por qué has huido?

—Porque parece que las cosas no van demasiado bien a su majestad —respondió el soldado, sin miramientos.

Cuando todos los presentes creían que esa insolencia sería castigada de inmediato con la muerte, Federico ordenó al soldado que se acercarse y le dijo:

—Yo, en tu lugar, esperaría una semana. Si las cosas continúan marchando tan mal, desertaremos juntos...

Finalmente, los prusianos resistieron el empuje de sus enemigos y lograrían alcanzar una paz razonable, lo que para ellos fue un éxito considerable. La paz de Hubertsburg, firmada en 1763 entre Prusia y Austria, reconocía la base del *statu quo* anterior a la guerra, lo que en la práctica significaba el reconocimiento de Prusia como gran potencia europea.

Por su parte, los ingleses, tras firmar el Tratado de París de 1763, se aseguraron el dominio del comercio mundial, y así obtuvieron nuevas posesiones en América del Norte, la India y África a costa de los franceses.

La primera ambulancia militar

Durante siglos, los ejércitos se habían ocupado de mejorar las tácticas, el armamento o el entrenamiento de sus hombres, pero, por el contrario, nunca se habían hecho grandes progresos en la atención de los heridos en el campo de batalla.

Esta preocupación no llegaría a concretarse hasta la batalla de Solferino, en 1859, lo que daría lugar a la creación de la Cruz Roja. No obstante, un cirujano militar francés, Jean Larrey, planteó por primera vez en 1792 un sistema para atender a los heridos en el lugar del combate y, en caso necesario, trasladarlos de inmediato a la retaguardia. Para ello ideó un grupo de tres cirujanos a caballo y un asistente, que transportaban un botiquín y una canasta grande en la que trasladar a los heridos más graves.

En los enfrentamientos entre franceses, por un lado, y austriacos y prusianos por el otro, en la región del Rin, Larrey pudo poner en práctica su particular ambulancia. El éxito de esta asistencia inmediata en el campo de batalla animó a Larrey a formar muchos más grupos de cirujanos, una iniciativa que fue extraordinariamente bien acogida por los soldados.

Mejor en infantería

Aunque los generales franceses solían tomarse la guerra muy en serio, uno de ellos, el general Hoche, tuvo el suficiente sentido del humor como para tomarse a broma una situación comprometida.

El 1793, Hoche estaba en medio de una lucha sin cuartel contra las tropas austriacas en Geisberg. Un disparo de cañón impactó contra un árbol e hizo que se precipitase sobre él una gran rama. Cayó de su caballo.

Una vez en pie, volvió a subir a su cabalgadura e intentó continuar luchando, pero a los pocos segundos otra bala de cañón hirió al caballo. De nuevo cayó al suelo.

La reacción de Hoche podría suponer la envidia de los flemáticos generales británicos, puesto que se puso en pie y dijo: «¡Esos caballeros quieren convencerme de que debería servir en infantería!».

Batalla naval ganada por la caballería

El 20 de enero de 1795 quedó demostrado que la caballería puede capturar barcos enemigos. Este enfrentamiento sin precedentes entre jinetes y marineros se dio durante las guerras provocadas por la Revolución francesa, cuando holandeses, británicos y austriacos se unieron contra Francia.

El general de caballería Charles Pichegru (1761-1804), que invadió Holanda en el invierno de 1794, encontró barcos holandeses inmovilizados por el hielo frente a la costa, en el puerto de la isla de Texel, cerca de Ámsterdam.

Sin dudarlo, Pichegru marchó junto a sus húsares sobre las aguas heladas y entabló batalla contra los sorprendidos marineros, que no habían sido adiestrados para enfrentarse a la caballería. Aprovechando la falta de reacción de las tripulaciones, los franceses los derrotaron rápidamente y se apoderaron de los navíos.

Capítulo 6

Napoleón: el genio de la estrategia

*E*l militar más célebre de todos los tiempos es, con justicia, Napoleón Bonaparte (1769-1821). En pocas ocasiones, un solo hombre provocó un terremoto de tal naturaleza en el continente europeo. Hicieron falta siete coaliciones internacionales para derrotarle. A partir de 1793, cuando los sardos y los austriacos lucharon contra él en el norte de Italia, Napoleón tuvo que enfrentarse a ingleses, prusianos, rusos, españoles o suecos.

Las potencias coaligadas tan solo pudieron vencerle cuando aprendieron sus revolucionarios procedimientos y lo imitaron de forma simultánea y coordinada. En 1814 abdicó y fue confinado en la isla de Elba, pero regresó a París, aclamado por las masas. Sin embargo, Napoleón sería definitivamente derrotado en Waterloo el 18 de junio de 1815.

Su influencia en la historia militar es tan notable que se percibe aún en la actualidad. Su gran aportación fue la importancia que atribuyó a la estrategia. Hasta entonces tenía un papel preponderante la táctica, es decir, la disposición concreta que adoptaban los ejércitos en el campo de batalla. Antes de Napoleón, la estrategia se limitaba a desplazar las unidades de combate hasta el lugar donde se desarrollaría el combate convenido.

Pero Napoleón rompe con esos principios y busca la ventaja mucho antes de que se produzca la batalla. Ya antes de que hablen las armas, el genio francés dispone sus fuerzas de modo que corten los canales de comunicación del enemigo con su retaguardia, o para que bloqueen las posibles rutas de retirada. De este modo, cuando el corso entra en combate no deja nada al azar y cuenta ya con muchas posibilidades de victoria.

Napoleón concibe las batallas como grandes operaciones de cerco, empleando la artillería a distancia, y concentrando sus fuerzas en un punto concreto de la formación enemiga. El corso confiaba en la acción de choque de la columna, a cuyo paso arrollador quedaba roto el centro del adversario. Si era posible, la caballería se encargaba de perseguir al enemigo en desbandada, desalojándolo del campo de batalla.

Además, Napoleón no renuncia a la improvisación. Una vez iniciado el combate, va tomando decisiones según se desarrolla la lucha. Esta flexibilidad le permitía responder con rapidez a cualquier movimiento del enemigo.

No hay que desdeñar tampoco el aspecto psicológico. Al enfrentarse a Napoleón, sus enemigos solían verse derrotados de antemano, conocedores de la habilidad del francés para plantear las batallas, de modo que cualquier resistencia fuera inútil. En una ocasión en la que Napoleón se encontraba en el centro del campo de batalla y las tropas austriacas estaban alrededor de él, los generales austriacos llegaron a decir que ellos mismos estaban rodeados...

Pero Napoleón también mostró sus limitaciones. No concedió importancia suficiente a la intendencia, y eso lo pagaría muy caro. Mientras sus tropas se desplazaron por las regiones pobladas y fértiles del centro de Europa, en las que había abundante disposición de alimentos, su ejército pudo vivir sobre el terreno.

En cambio, no es una coincidencia que las dos primeras grandes derrotas de Napoleón se diesen en la península ibérica y las estepas rusas, dos regiones en que la revolución agrícola y demográfica no se había producido y que, por lo tanto, no podían aportar los abastecimientos necesarios para su ejército. No hay que olvidar que el mismo Napoleón afirmó que «los soldados marchan al ritmo de sus estómagos».

De todos modos, el gran error del corso fue dirigirse hacia un objetivo políticamente imposible. Basándose en débiles alianzas con las otras potencias continentales, pretendió instaurar un bloqueo en toda Europa para impedir la entrada de productos ingleses y forzar así su rendición. Sin embargo, Inglaterra, que conservó siempre todo su poderío naval, fue finalmente la que acabó con los sueños del *empereur*.

A pedradas en Alejandría

El 21 de marzo de 1801, las fuerzas británicas dirigidas por el general Ralph Abercromby se enfrentaron a las francesas en la ciudad egipcia de Alejandría.

La batalla resultó una confrontación encarnizada entre ambos ejércitos, que se saldaría con la victoria de las armas inglesas. El ataque llegó al atardecer y pronto anocheció. La falta de visibilidad hizo que el 28.º Regimiento británico de infantería se viera atacado por el frente y por la retaguardia. Pese a esa posición tan difícilmente defendible, consiguieron mantener sus posiciones dando muestras de un gran heroísmo. Esta excepcional conducta en el campo de batalla les valdría más tarde el honor de lucir dos distintivos de regimiento, uno en el frente y otro en el dorso del morrión.

La lucha alcanzó tal intensidad que ambos ejércitos se quedaron sin municiones. A falta de balas, los soldados recurrieron a un arma arrojadiza de la que podían echar mano con facilidad: las piedras.

En efecto, ingleses y franceses acabaron lanzándose piedras, que incluso llegaron a producir algunas bajas.

Finalmente, los británicos se alzaron con la victoria, al acorralar a sus enemigos contra las murallas de la ciudad.

Los franceses sufrieron unas tres mil bajas, aunque los ingleses también tuvieron que lamentar unas mil seiscientas, entre las que se incluía el propio general Ralph Abercromby.

Cómo mirar por un catalejo

El 2 de abril de 1801, una flota británica de dieciocho navíos de línea y treinta y nueve barcos menores se enfrentó en las proximidades de Copenhague a diez naves danesas apoyadas por el fuego de las baterías costeras.

La escuadra británica estaba mandada por el almirante Nelson[21] y el capitán sir Hayde Parker. Este enfrentamiento en aguas del Báltico no comenzó muy bien para Nelson, puesto que solo pudo entrar en combate con doce buques, y además tres de ellos encallaron en la cercana costa. En cambio, los cañones daneses alcanzaron una gran cadencia de fuego sobre los buques ingleses, que no eran capaces de contrarrestar.

Para evitar la más que segura derrota, el capitán Parker hizo señales a Nelson desde su barco pidiendo que emprendiese la retirada ante la presión danesa. Los oficiales que estaban junto a Nelson en el HMS *Elephant* le señalaron las banderas que indicaban la necesidad de escapar de allí, pero el almirante aseguraba que no las veía.

Uno de sus asistentes le acercó un catalejo para que Nelson pudiera comprobarlo por sí mismo. El almirante, pese a mirar por él, seguía afirmando que no las veía, por lo que ordenó que la batalla continuara. Sus oficiales,

---

21. El almirante Nelson no presentaba *a priori* las condiciones idóneas para convertirse en uno de los grandes marinos de la historia. Aunque pueda resultar increíble, Nelson confesó que era muy propenso a marearse cuando se encontraba a bordo de un barco. Aun así, el inglés no daba muestras de tal malestar. Se calcula que un cinco por ciento de la población sufre esta misma tendencia al mareo durante la navegación.

desesperados, insistían en que las banderas indicaban que había que abandonar la lucha y retirarse.

Nelson volvió a mirar por el catalejo y siguió asegurando que no las veía. Los oficiales estaban seguros de que mentía para no tener que ordenar la retirada y continuar así luchando, pero uno de los presentes reparó en que el almirante estaba diciendo la verdad, puesto que ¡estaba mirando por su ojo tuerto!

En efecto, Nelson había perdido un ojo en Calvi, en 1784, y era con ese ojo con el que estaba mirando por el catalejo. Los oficiales comprendieron que la intención de Nelson era continuar la batalla y no se plantearon la posibilidad de huir. Así pues, los barcos ingleses soportaron el fuerte castigo de los cañones daneses y, poco a poco, fueron pasando a la ofensiva.

Finalmente, la flota de Nelson se alzó con la victoria, pese a que el balance no fue demasiado positivo; los británicos perdieron mil doscientos hombres y seis de sus barcos tuvieron que ser sometidos a importantes reparaciones. Solo se hundió un buque de la flota danesa, pero, eso sí, el resto de sus navíos sufrió grandes daños.[22]

Aunque el resultado final no puede calificarse de aplastante victoria para Nelson, las consecuencias de este enfrentamiento fueron destacables; tras la derrota danesa, la liga de las potencias del norte quedaría disuelta. La inquebrantable fe en el triunfo demostrada ante los daneses valdría para que a Nelson lo nombrasen vizconde.

---

22. Seis años más tarde, las aguas de Copenhague volverían a ser el escenario de un enfrentamiento entre ambas escuadras. Ante la posibilidad de que los daneses pusieran su flota a disposición de Napoleón, la armada británica bombardeó durante cuatro días la capital danesa. Tras esta acción, veinte mil soldados ingleses al mando de lord Cathcart desembarcaron y tomaron la ciudad. La flota danesa, compuesta por dieciocho barcos, nada pudo hacer para evitar esta operación y optó por rendirse.

La guerra de las Naranjas

En 1801, Napoleón exigió a Portugal que rompiese su tradicional alianza con Gran Bretaña y cerrase sus puertos a los barcos ingleses. En esta pretensión arrastró a España, dirigida en la práctica por Manuel Godoy, mediante la firma del segundo tratado de San Ildefonso.

Según este tratado, España se comprometía a declarar la guerra a Portugal si esta mantenía su apoyo a los ingleses. Ante la negativa portuguesa a someterse a las pretensiones franco-españolas, se desencadenó la que se denominaría guerra de las Naranjas.

La campaña militar apenas duró dieciocho días, entre mayo y junio de 1801. En ella, un ejército español, comandado por Godoy, ocupó sucesivamente una docena y media de poblaciones portuguesas (entre ellas Olivenza, Juromenha y Campo Maior). La resistencia portuguesa fue mínima, pues creían que España no tenía pretensiones territoriales.

El Tratado de Badajoz, por el cual se acordaba la paz, se firmó en la capital pacense el 6 de junio: se devolvieron todas las conquistas a Portugal, con la excepción de Olivenza y sus territorios circundantes. La línea divisoria entre España y Portugal en aquella zona se fijó en el río Guadiana.

La guerra de las Naranjas acabó recibiendo ese nombre debido a un ramo de naranjas que Godoy envió a la reina María Luisa al tomar la ciudad de Olivenza.

Pronóstico acertado en Trafalgar

La batalla de Trafalgar fue probablemente, junto a la de Salamina y a la de Lepanto, el encuentro naval más decisivo de la historia. El 21 de octubre de 1805, Francia, apoyada por España, e Inglaterra dirimieron su rivalidad en los mares, rivalidad que se había mantenido durante doscientos años.

Si la escuadra franco-española hubiera vencido a la inglesa, Napoleón se hubiera encontrado con el camino despejado para la invasión de Gran Bretaña, y así hubiera podido lanzar la flota de desembarco, compuesta por más de dos mil embarcaciones, que aguardaban en el puerto de Boulogne la orden de cruzar el canal de la Mancha.

Los barcos franceses se dirigieron hacia el estrecho de Gibraltar para atraer a la flota de Nelson. Ambas escuadras quedaron finalmente dispuestas para la lucha en Trafalgar. Los ingleses contaban con veintisiete barcos, mientras que los franceses y españoles alinearon treinta y tres. Sin embargo, pese a contar con menos buques, las tripulaciones inglesas eran superiores y eran capaces de duplicar el ritmo de fuego de sus adversarios.

Poco antes de la batalla, el almirante Nelson acudió al *Victory* para reunirse con su capitán, Thomas Masterman. Analizando lo que podía ocurrir en el inminente encuentro naval, Masterman le dijo que capturar catorce barcos sería todo un éxito. Nelson, muy confiado en la superioridad de su flota, fue aún más optimista que el capitán del *Victory* y le aseguró que serían veinte los barcos apresados.

Como no podía ser de otro modo, Nelson no se equivocó y, a la postre, fueron veinte los barcos franceses y españoles que cayeron en manos de los ingleses. El resto logró escapar; cuatro huyeron rumbo al estrecho de Gibraltar y nueve lograron refugiarse en el puerto de Cádiz.

El balance para los británicos no pudo ser más favorable; no perdieron ningún barco a consecuencia directa de la batalla. Tan solo una tempestad posterior les hizo perder cinco buques. Mientras que la flota inglesa tuvo mil setecientas bajas, la escuadra franco-española sufrió más de catorce mil.

Sin embargo, la satisfacción para los ingleses no pudo ser completa, puesto que Nelson perdió la vida en el curso de la batalla a bordo del *Victory*.

Bombardeo sobre el hielo en Austerlitz

La batalla de Austerlitz, también conocida como la batalla de Los Tres Emperadores, supuso una gran victoria para Napoleón. Allí, el 2 de diciembre de 1805, se enfrentó a los rusos, encabezados por el emperador Alejandro, y a los austriacos, con su emperador Francisco II al frente. Su incontestable triunfo sobre los dos emperadores le serviría para digerir la reciente destrucción de su flota en Trafalgar.

Napoleón contaba con setenta y cinco mil hombres, mientras que sus adversarios llegaban a noventa y cinco mil. Las fuerzas de ambos contendientes se dispusieron en dos semicírculos alrededor de la meseta de Platzen, situada entre la población de Austerlitz[23] y la de Brno. Los franceses ocuparon el borde occidental de la meseta y los rusos se extendieron por el oriental.

Rodeando la meseta en el sentido de las agujas del reloj, los austro-rusos intentaron vencer el flanco derecho de Napoleón. Al fracasar ese ataque gracias a la excelente coordinación de la caballería y la infantería francesas, las

---

23. Austerlitz es el nombre alemán de la actual Slavkov, situada a veinte kilómetros al este de Brno y perteneciente en la actualidad a la República Checa. Es posible visitar el campo de batalla, de ciento veinte kilómetros cuadrados, gracias a un recorrido turístico inaugurado en junio de 2003. La ruta rodea la meseta de Platzen y pasa posteriormente por el monte Zuran, desde donde Napoleón dirigió la primera fase del choque. A su paso por la colina Santon se puede contemplar la reproducción de un cañón francés. El camino, que se extiende a lo largo de treinta kilómetros y puede ser completado a pie, bicicleta o vehículo, cuenta con paneles explicativos en varios idiomas que ilustran los hechos sucedidos en cada uno de los lugares señalados. Los trabajos destinados al acondicionamiento de la ruta produjeron un inesperado descubrimiento, cuando fueron localizados durante las excavaciones huesos y dentaduras pertenecientes a los soldados muertos en la batalla.

tropas que lo habían llevado a cabo quedaron separadas de su centro, por lo que fueron rodeadas y aniquiladas por las fuerzas galas. Seguidamente, Napoleón ordenó el ataque sobre el centro austro-ruso, que había quedado desguarnecido, luchando ya en superioridad numérica.

Sus adversarios, apabullados por la concentración de fuego artillero que estaban sufriendo, comenzaron a retirarse, pero, debido a las continuas cargas de la caballería francesa, al poco tiempo la huida se convirtió en una desbandada. Los austro-rusos, llevados ya por el pánico, intentaron escapar a través del helado lago de Menitz.

Cuando sus mariscales estaban dispuestos a perseguir al ejército en retirada, Napoleón tuvo una idea tan genial como mortífera; disparar sus cañones contra el hielo. De este modo, la superficie se resquebrajaría y no podría soportar el paso de tantos hombres.

Así lo hizo la artillería francesa y comenzó a disparar sus balas de cañón sobre el hielo. Las consecuencias fueron exactamente las previstas por el corso; la mayoría de los que intentaron huir a través del lago se ahogaron.

En total, unos doce mil soldados del ejército austro-ruso murieron en el campo de batalla o flotando sin vida en las frías aguas del Menitz; entre ellos se contaban una veintena de generales, y treinta mil soldados sufrieron graves heridas. Además, dejaron atrás cerca de doscientas piezas de artillería. Por su parte, los franceses perdieron a seis mil ochocientos hombres.

Un mapa inútil

Tras la incontestable victoria de Napoleón en Austerlitz, el primer ministro británico, William Pitt, *el Joven* (1759-1806), enrolló el mapa de Europa que tenía en la pared y lo guardó con un nada disimulado disgusto.

Según explicó, a partir de ese momento el mapa europeo era inútil, puesto que el continente pertenecía ya a Napoleón.

Pitt, *el Joven*, también fue el protagonista de una curiosa anécdota. Cuando era primer ministro, recibió en su despacho a unos representantes de la milicia pidiéndole que se alistase a ella simbólicamente. Pitt debía firmar un documento por el que juraba resistir hasta el final en territorio británico en caso de invasión por parte de las tropas napoleónicas.

El *premier* británico aceptó firmar el compromiso, pero escribió una nota al margen en la que afirmaba que resistiría en suelo inglés «excepto si la invasión era real», ante la perplejidad de los representantes de la milicia.[24]

Arenga amenazante

Una vez iniciada la guerra de Independencia española contra los franceses, el 2 de mayo de 1808, los británicos tuvieron que evacuar la península ibérica ante la presión del ejército de Napoleón.

Las tropas francesas, al mando del general Soult, asaltaron Oporto, asestando un duro castigo a la población por su anglofilia. Pero, en abril de 1809, las fuerzas británicas con el general Arthur Colley Wellesley (1769-1852) al frente, que luego pasaría a la historia como el duque de Wellington, llegaron a Lisboa, en donde reunieron un ejército de treinta mil hombres. El objetivo era avanzar hacia el norte para liberar Oporto.

Antes del combate de Torres Vedras, al norte de Lisboa, el general Wellesley dirigió una arenga por escrito a sus hombres: «Soldados. Estáis bien mantenidos. Así, el que falte a su deber será fusilado. Vuestro general, Wellesley».

---

24. Las últimas palabras de Pitt, *el Joven*, en su lecho de muerte, el 23 de enero de 1806, no fueron, tal como suelen reflejar los libros de historia, «mi patria, cómo voy a dejar mi patria...». Al parecer, instantes antes de expirar pronunció una frase menos pomposa: «Ahora me comería un pastel de carne de cerdo».

Los soldados no fallaron a la confianza que había depositado en ellos el general y consiguieron abrirse paso hacia Oporto. Una vez allí, sorprendieron al general Soult y tomaron la ciudad.

Los franceses sufrieron pocas bajas durante la acción, pero perderían más de cinco mil hombres durante la retirada, perseguidos por las tropas de Wellesley.

Wellington, defensor de los azotes

El duque de Wellington se mostró siempre tan estricto con sus hombres como en el momento en que les dirigió esa arenga en Portugal.

Como prueba de ello, se mostraba contrario a abolir la práctica de los azotes para castigar a los soldados. Wellington estaba convencido de que los latigazos eran necesarios para mantener la disciplina.

Sin embargo, también, le empujaba un sentido práctico: creía que era mejor aplicar ese castigo inmediato que no encerrar al culpable en un calabozo. De este modo, el soldado quedaba listo para seguir combatiendo, en lugar de prescindir de él mientras estaba arrestado.

Valor en su justa medida

En un encuentro con las tropas francesas durante la guerra de la Independencia, Wellington envió a un coronel con un mensaje para una brigada de caballería, ordenándoles que lanzasen un ataque en un punto determinado.

El coronel, dejándose llevar por la euforia del momento, se unió a la brigada y cargó junto a ellos contra los franceses. Resultó herido de gravedad. Una vez recuperado, el coronel se presentó ante Wellington para dar explicaciones sobre su valerosa aunque temeraria acción, pero el duque, ofendido con él, ni tan siquiera le dirigió la palabra.

Probablemente, si el desafortunado coronel hubiera sabido lo que Wellington opinaba sobre los oficiales que hacían gala de su osadía en el campo de batalla, quizás se lo habría pensado antes de lanzarse a la carga junto con el resto de los jinetes.

Según había afirmado Wellington en una ocasión: «Nada hay tan estúpido sobre la tierra como un oficial intrépido».

Invitación al saqueo

Durante la guerra de la Independencia, las tropas inglesas que ayudaron a expulsar a los franceses de España recibieron órdenes precisas de no robar ni saquear nada, para ganarse así la confianza de los españoles o, por lo menos, no enfrentarse a su enemistad.

En una ocasión, el duque de Wellington observó cómo uno de sus soldados estaba trasgrediendo esta norma, ya que corría cargado con un gran panal, del que esperaba obtener su miel.

El general británico, dispuesto a afearle su acción, se acercó a él y le preguntó de dónde había sacado ese panal.

El soldado, en ese momento, no reconoció a Wellington, y creyendo que se trataba de un simple oficial interesado por conseguir otro, le respondió: «Los panales están allí, detrás de la colina. Pero debería darse prisa, porque se los están llevando todos…».

Origen del consomé

Los soldados de Napoleón destinados en España fueron los promotores de la popularización del consomé.

Durante la guerra de la Independencia, un grupo de soldados franceses asaltaron la biblioteca del monasterio de Alcántara. Entre los libros que se llevarían a Francia figuraba un recetario de cocina de los monjes en el que había un caldo denominado «consumado».

Los franceses rápidamente harían suya la receta, y transformaron el nombre español en *consommé*.

Una herida providencial

En pocas ocasiones es de agradecer que uno reciba una herida de guerra, pero el caso del capitán inglés Edward Pakenham fue una excepción.

El 21 de junio de 1803, los ingleses capturaron la isla de Santa Lucía, hasta ese momento en poder de los franceses. En la lucha por la isla participó el capitán Pakenham, pero tuvo la mala fortuna de que una bala le rozara el cuello y le dañara un nervio. Las consecuencias no fueron graves, pero a partir de ese momento fue incapaz de mantener la cabeza erguida. Siempre la tenía caída hacia un lado.

El 24 de febrero de 1809, el capitán Pakenham se encontraba de nuevo luchando en el Caribe, en esta ocasión en la isla de Martinica, en esos momentos en poder de Francia. Una fuerza británica al mando del almirante Cochrane y el general Beckwith tomaron la isla, defendida duramente por el almirante francés Villaret de Joyeuse.

Fue durante estos combates cuando el capitán Pakenham recibió otra herida en el cuello, pero en este caso en el otro lado. Aunque resulte increíble, las consecuencias de esta nueva herida compensaron el ladeamiento de la cabeza que había provocado la anterior.

Desde ese momento, asombrosamente, el capitán británico recuperó la posición normal de la cabeza.

Examen superado

Los aspirantes a entrar en la academia militar británica de Sandhurst debían superar un exigente examen del médico oculista, que tenía que certificar la buena visión del candidato. Si detectaba que no poseía una buena agudeza visual, las puertas de esta prestigiosa academia quedaban cerradas para siempre.

Uno de los candidatos era un joven un poco corto de vista. Estaba seguro de que no sería capaz de superar el examen. Así pues, se puso manos a la obra para intentar pasarla como fuera. Para ello preguntó a los que ya la habían realizado, para saber exactamente la prueba a la que iba a ser sometido.

De este modo averiguó que el médico situaba al candidato cerca de la ventana y le invitaba a mirar por ella. Una vez allí, le pedía que le describiese el objeto más lejano que estuviera al alcance de su vista.

Decidido a entrar en Sandhurst al precio que fuera, antes de acudir al médico ofreció a un campesino una pequeña cantidad de dinero a cambio de que se mantuviera durante un rato bien lejos del cuartel, alimentando a su caballo con manzanas.

Una vez ante el oculista, este le hizo mirar por la ventana y el joven describió la escena: un campesino dando de comer una manzana a su caballo. El médico a duras penas podía alcanzar a ver el animal, pero, ayudado por unos prismáticos, pudo comprobar que, en efecto, el caballo se estaba comiendo una manzana.

Inmediatamente le firmó un certificado en el que dejaba constancia de que tenía una visión perfecta. Gracias a su inventiva, el candidato pudo superar la prueba y cumplir su sueño de entrar en la academia militar.

Censura expeditiva

Mientras Napoleón intentaba mantener la hegemonía de Francia en el continente europeo, británicos y estadounidenses se enfrentaron en 1812 en un sangriento conflicto. Las tropas de la antigua potencia colonial atacaron Washington. Incendiaron la residencia del presidente, la Casa Blanca.

El responsable era el almirante Cochrane, que antes de

llegar a la capital norteamericana había tenido que soportar una fuerte campaña de desprestigio por parte de la prensa local, en la que se describían sus despiadados métodos de lucha.

Así pues, mientras las tropas de Cochrane arrasaban Washington, quemando incluso la Biblioteca del Congreso, el almirante ordenó incendiar la redacción del *National Intelligencer*, uno de los periódicos que más se había implicado en esos ataques.

Los soldados británicos se encargaron de que no quedase nada de la redacción del diario. Pero Cochrane, en una nota de humor británico, ordenó a algunos de sus hombres que destruyeran la parte del edificio destinada a la imprenta: «Sobre todo asegúrense de que no quede ninguna letra C. No quiero que esos malnacidos vuelvan a escribir mi nombre…».

Plantas para Josefina

Los británicos tuvieron noticia de que la emperatriz Josefina estaba muy interesada en las plantas y flores exóticas. De hecho, en su palacio de Malmaison había creado un jardín en el que se iban plantando las semillas que los barcos franceses le traían en sus viajes por todo el mundo y que estaba a disposición de los científicos galos para su estudio.

Los ingleses, interesados también en la botánica, no deseaban perjudicar el avance de ese campo en Francia, pese a ser una nación enemiga. Así pues, el Almirantazgo impartió órdenes a todos los capitanes de los barcos de guerra británicos para que, cuando capturasen un barco francés, le enviaran a la emperatriz todas las plantas y las semillas que la tuvieran a ella como destinataria.

Duelo con una mujer

En el ejército de Napoleón adquirió fama una valiente mujer que se ganó el respeto y la admiración de todos sus compañeros. Se llamaba Suzanne y era natural de Calais. Se alistó a los catorce años: se presentó como una mujer, sin necesidad de hacerse pasar por un muchacho, como ocurría en algunas ocasiones.

Al principio se conformaba con ser la encargada de tocar el tambor, pero poco a poco fue adquiriendo habilidades guerreras. En 1798, su regimiento fue enviado a Egipto. Una vez allí, quizá debido a que se encontraban lejos de sus familias, hubo más de un soldado que se acercó a la joven Suzanne buscando compañía.

Para evitar el acoso al que se veía sometida, la muchacha se dedicó a retar a un duelo a todo aquel que la molestaba. Su buen manejo de la espada le permitió mantener alejados a los soldados más insistentes, que acabaron apodándola la Casta Susana.[25]

Suzanne sirvió en todas las campañas llevadas a cabo por el ejército francés. Resultó fatalmente herida en la batalla de Waterloo, por lo que su vida se extinguió a la vez que los días de gloria del gran corso.

---

25. El apodo hace referencia al personaje bíblico de Susana, la célebre protagonista del libro de Daniel. Durante el cautiverio en Babilonia, la joven israelita Susana solía bañarse en su jardín. Dos ancianos jueces de Israel estaban prendados de su belleza; una noche los dos ancianos acudieron al jardín e intentaron persuadirla para que se les entregase, pero Susana les rechazó. Los viejos la amenazaron con acusarla de que la habían sorprendido en actitud pecaminosa con un joven, pero la joven no cedió a las amenazas, que cumplieron finalmente. Al ser ellos jueces, todos les creyeron, por más que Susana proclamaba su castidad, y fue condenada a muerte. Cuando la conducían para ser lapidada, se cruzó Daniel con la comitiva y, conociendo la hipocresía de ambos jueces, les interrogó por separado delante de todo el pueblo: ¿Bajo qué árbol la viste pecando? «Bajo un lentisco», contestó el primero. Y cuando interrogó al otro, dijo: «Bajo una encina» con lo que todo el pueblo conoció la falsedad de la acusación y arrojó sobre ellos las piedras que tenía preparadas para lapidar a la Casta Susana.

Siempre hay un lado positivo

La batalla de Borodino supuso una victoria pírrica para Napoleón. En su avance por la estepa rusa, las tropas del zar se fueron retirando siguiendo la táctica de «tierra quemada». Al final, los rusos decidieron resistir en Borodino y se produjo un gran enfrentamiento con las tropas de Napoleón el 5 de septiembre de 1812, que posteriormente quedaría descrita magistralmente por León Tolstói en su monumental novela *Guerra y paz*.

Pese a la deficiente estrategia planteada por el corso, los rusos acabarían retirándose tras sufrir entre cuarenta y cinco mil y sesenta mil bajas, pero dejando tras de sí un rastro de treinta mil franceses muertos, incluidos cuarenta y tres generales y ciento diez coroneles.[26]

Durante la batalla, un general francés resultó herido en una pierna. Una vez en la enfermería, el médico le dijo que no había otro remedio que amputarla.

Los que estaban alrededor del general se acercaron a él dándole ánimos. Sin embargo, en un rincón, el asistente del general permanecía callado, llorando por la mala suerte que había recaído sobre su señor.

Al ver como gimoteaba, el general, haciendo gala de un inesperado sentido del humor en unas circunstancias tan dramáticas como esas, se dirigió a él diciéndole: «¡No te preocupes! Además, deberías estar contento…: a partir de ahora ¡solo tendrás que lustrar una bota!»

---

26. Aunque la victoria en Borodino fue para las fuerzas francesas, la historiografía oficial soviética presentó siempre la batalla de Borodino como un triunfo del ejército ruso, para encontrar paralelismos con el rechazo de los invasores alemanes en la Segunda Guerra Mundial. No en vano la lucha contra Napoleón es conocida en Rusia como la Primera Gran Guerra Patria y a la guerra contra Alemania de 1941-45 se la denomina Segunda Gran Guerra Patria.

Retirada en trineo

La derrota de la *Grande Armée* de Napoleón en Rusia dio lugar a momentos de enorme dramatismo, provocados por la posterior retirada a través de las estepas nevadas, sin víveres y acosados continuamente por el enemigo.

Uno de los soldados que sufrió la retirada, el sargento Bourgoyne, recordaba un ejemplo que daba idea de la debacle general del ejército de Napoleón. Junto con otros soldados, se desplazaba en un trineo tirado por caballos, en dirección al oeste. De repente, otro trineo los adelantó, pasando por su lado, y desapareció en el horizonte.

Al cabo de una hora, el sargento y sus hombres llegaron a una posada y entraron a reponer fuerzas. Una vez entrados en calor, otro soldado francés que también estaba comiendo allí les preguntó si habían visto pasar el Regimiento Holandés.

El sargento le respondió que no, que durante el recorrido no habían coincidido con ningún regimiento. Pero otro de los presentes, que estaba atento a la conversación, les indicó que hacía media hora que el Regimiento Holandés había pasado por delante de la posada.

Ante la extrañeza de todos, les aclaró que era lógico que así fuese: no quedaban más que siete hombres de todo el regimiento, y que habían pasado velozmente en un trineo.

Atando cabos, el sargento y sus hombres llegaron a la conclusión de que el trineo que una hora antes los había adelantado, ¡transportaba todo lo que quedaba del Regimiento Holandés!

El principio del fin

Cuando la noticia de la retirada de Napoleón de Moscú llegó a Francia, los peores temores se abatieron sobre el canciller Charles-Maurice de Talleyrand-Périgord (1754-1838). Fue él quien acuñó la frase: «Esto es el principio del fin».

Aunque se cree que la célebre sentencia fue en realidad

idea de un colaborador de Talleyrand, el barón de Vitrolles, tampoco hay que descartar que tanto uno como otro se inspirasen en una frase similar que aparece en la obra de Shakespeare *Sueño de una noche de verano* (1596).

Conjura descubierta

El general Malet fue detenido, acusado de conspirar contra Napoleón. Sometido a un consejo de guerra, el juez militar le preguntó:
—¿Con qué cómplices contabais?
—Con vos, si hubiéramos triunfado.
Tras esa respuesta, el juez prefirió dar por terminado el interrogatorio…

Asegurado por un mes

En mayo de 1813, Napoleón contrató una póliza de seguro que cubría la posibilidad de que muriese en una batalla o que lo hicieran prisionero.
Al final, la compañía de seguros no quiso arriesgarse y la póliza solo tuvo un mes de validez, periodo por el que el corso pagó tres libras.

Le mot de Cambronne

La batalla de Waterloo fue la última en la que participó Napoleón y la que supuso su derrota definitiva. Aquel 18 de junio de 1815, en esa pequeña localidad belga situada a veinte kilómetros de Bruselas,[27] el corso intentó por ené-

---

27. El campo de batalla de Waterloo, situado a cuatro kilómetros de la población del mismo nombre, se ha convertido en la actualidad en una atracción turística. El histórico lugar está presidido por un colosal montículo artificial, de cuarenta metros de altura, construido entre 1823 y 1826. Para ello fueron necesarios 290.485 me-

sima vez llevar a cabo su táctica habitual, romper en dos al enemigo para aniquilarlo separadamente. En este caso, eran las fuerzas británicas y las prusianas, con Wellington y Blucher al frente, las que iban a enfrentarse al mayor genio militar de la historia.

Sin embargo, en este caso, no sería Napoleón el que marcaría la estrategia de la batalla, sino su enemigo. Los aliados dejaron que una pequeña fuerza prusiana se alejara del escenario principal para que sirviera de cebo. El francés cayó en la trampa y envió una parte de su ejército (treinta y tres mil hombres, con Grouchy al mando) a la caza de los prusianos.

Aun así, Napoleón podía enfrentar más de setenta mil

tros cúbicos de tierra. En su cúspide se levanta la estatua de un león, a la que se llega después de subir doscientos veintiséis peldaños. Según la inscripción que le acompaña, el león anuncia «la paz que Europa ganó en los campos de Waterloo». En el centro del pueblo se puede visitar el Museo de Wellington. El edificio que lo alberga, una antigua posada, fue el cuartel general de los oficiales británicos. Wellington se alojó en él las noches del 17 y del 18 de junio de 1815. A cinco kilómetros al sur del montículo del león se encuentra *Le Caillou*, el cuartel general de Napoleón. Allí pasó la noche del 17 de junio; ese fue el lugar donde planificó la táctica que seguiría durante la batalla, y que no pudo llevarle a la victoria. Se puede contemplar una reproducción de su máscara mortuoria, además de otros objetos de uso cotidiano, como su cama de campaña o la mesa que utilizaba para jugar a las cartas. Es especialmente impresionante el *Panorama*, un edificio circular que encierra un fresco, de ciento diez metros de circunferencia y doce metros de altura, en el que se representan los momentos cruciales de la batalla en un campo de visión de trescientos sesenta grados. Lo pintó Louis Dumoulin en 1912 y estaba destinado a convertirse en el elemento central de las celebraciones del centenario de la batalla en 1915, unos fastos que tuvieron que suspenderse a consecuencia del estallido de la Primera Guerra Mundial. En total, en el campo de batalla se pueden encontrar ciento treinta y cinco monumentos conmemorativos, erigidos por los Gobiernos de los países que participaron en la batalla, así como por familiares de los combatientes.

soldados a los sesenta y siete mil de Wellington. La batalla comenzó cuando pasaban veinte minutos de las once de la mañana, al ordenar Napoleón atacar las formaciones en cuadro de los británicos y abriendo fuego con un centenar de cañones de los doscientos cuarenta y seis con los que contaba.

El choque comenzó muy bien para los franceses; una violenta carga de caballería comandada por Ney tomó un buen número de cañones, tras feroces combates.

Pero aquí se produjo el segundo error: los franceses no se llevaron estas piezas de artillería a sus propias líneas, ni siquiera las inutilizaron, como solía hacerse en estos casos, sino que continuaron combatiendo, despreocupándose de ellas. La consecuencia fue que, cuando se produjo el contraataque de los británicos, estos recuperaron los cañones intactos, y los utilizaron contra el avance de la infantería francesa.

Los combates prosiguieron sin interrupción a lo largo del día. Pero el equilibrio se rompió con la irrupción de treinta y un mil prusianos, que tomaron el pueblo de Plancenoit. Napoleón tuvo que retirar tropas de la batalla para recuperar el pueblo a punta de bayoneta, desvío que fue aprovechado por los británicos para contraatacar.

Alrededor de las ocho de la tarde, las tropas francesas se vieron forzadas a iniciar la retirada.

Cuando la derrota de los hombres de Napoleón era ya un hecho, la Guardia Imperial, cuyo comandante en jefe era el general Pierre de Cambronne (1772-1842), fue conminada por sus enemigos ingleses a rendirse.

—¡Franceses! —les dijo un enviado británico—, ya habéis demostrado vuestro valor en el campo de batalla, así que ahora podéis rendiros manteniendo vuestro honor a salvo.

La respuesta de Cambronne difiere según las fuentes. La historiografía oficial afirma que el general francés contestó:

—¡La guardia muere, pero no se rinde!

Sin embargo, son muchos lo que están convencidos,

como refleja Victor Hugo (1802-1885) en su obra *Los miserables*, de que Cambronne fue mucho más contundente:

—*Merde!* —se limitó a decir el general.

Esta lacónica respuesta, que no necesita traducción, fue interpretada acertadamente por los ingleses como un rechazo a su oferta de rendición.

La anécdota, sea cierta o no, hizo célebre a su presunto autor. Este episodio tuvo tal aceptación que en Francia, para referirse a ese exabrupto, existe el circunloquio «*le mot de Cambronne*».

Fuera cual fuera la respuesta del general francés, la realidad es que el poder de Napoleón se desintegró ese día. Su ejército perdió 25.000 hombres y fueron capturados unos 8.000. Además perdieron doscientos veinte cañones.

Por su parte, las bajas británicas ilustran los encarnizados combates que allí se produjeron: unos quince mil entre muertos y heridos, a los que habría que sumar las más de siete mil bajas sufridas por los prusianos.

La derrota de Napoleón conllevó su segunda abdicación, el 22 de junio, y su posterior destierro a la isla de Santa Elena, en el Atlántico, en donde permanecería hasta su muerte, seis años más tarde.

Hemorroides fatales

Mucho se ha escrito sobre las reales o supuestas dolencias que sufría Napoleón. De hecho, algunos achacan la derrota de Napoleón en Waterloo a las hemorroides que sufría. Esa dolencia le impedía montar a caballo, y no le permitió la movilidad necesaria para dirigir eficientemente la batalla, lo que pudo ser la causa última de su derrota ante el duque de Wellington.

Pero el corso no sufría solo esta molestia; las hemorroides venían acompañadas de estreñimiento crónico. Cuando la falta de regularidad intestinal desaparecía era para peor, puesto que caía víctima de la gastroenteritis. En los días previos a la batalla de Waterloo, Napoleón se vio obligado a tomar potentes medicamentos para atajar un brote de disentería.

Esta circunstancia también pudo tener su influencia en el planteamiento de la batalla, puesto que normalmente el corso dormía muy poco; en cambio, antes de Waterloo durmió mucho más de lo habitual, debido a los efectos secundarios de esas medicinas. Este problema le impidió dirigir las escaramuzas que se produjeron entre franceses y prusianos en la noche del 15 al 16 de junio.

Estos combates marcarían el posterior desarrollo del choque decisivo, puesto que las tropas prusianas supervivientes de esos combates fueron las que después servirían como cebo para que Napoleón enviase parte de sus fuerzas tras ellas.

Tampoco era extraño que Napoleón presentase cuadros febriles, además de úlceras pépticas, infecciones en la orina o exceso de líquidos en los pulmones.

Por último, no se puede dejar de señalar una característica propia de Napoleón: su anormalmente pequeño miembro viril, de tan solo una pulgada. Durante la autopsia le fue amputado el miembro y se le sometió a un proceso de conservación. Aunque se intentó subastar en la galería Christie's en 1972, no hubo nadie dispuesto a pujar ni siquiera por el precio de salida.

Un anillo muy importante

Al día siguiente de la batalla de Waterloo, un joven subalterno de Wellington, lord Fitzroy Somerset, que después sería conocido como *lord* Raglan,[28] sufrió la amputación

---

28. Lord Raglan aparecerá de nuevo en el capítulo dedicado a la guerra de Crimea. Este veterano de Waterloo desempeñaría en Crimea, casi cuarenta años más tarde, el cargo de comandante en jefe de las fuerzas británicas. Curiosamente, aunque en ese conflicto los franceses eran aliados de los ingleses, lord Raglan solía referirse al ejército francés como el «enemigo».

de un brazo, a consecuencia de las heridas sufridas durante la lucha.

Cuando volvió en sí, lo primero que dijo fue:

—¡Devuélvanme mi brazo! ¡Llevaba el anillo que me regaló mi esposa!

Taxi a Waterloo

Casi siglo y medio después de la célebre batalla, el mariscal británico de la Segunda Guerra Mundial Bernard Montgomery protagonizaría una anécdota relacionada con el enfrentamiento que supuso la derrota definitiva de Napoleón a manos del duque de Wellington.

Montgomery subió a un taxi londinense:

—¿Dónde quiere ir? —le preguntó el conductor.

—A Waterloo, por favor —indicó el mariscal.

—A la estación de Waterloo, ¿no?

—Sí. Para presentarme en la batalla ya llego un poco tarde...

Los impacientes soldados rusos

Tras la derrota de Napoleón, los soldados rusos formaban parte de las tropas ocupantes de París. Bien es sabido que los rusos son grandes aficionados a la bebida durante sus celebraciones: su estancia en la capital parisina se convertiría en una fiesta permanente y, por lo tanto, el alcohol debía estar presente a todas horas.

Los soldados rusos acudían a los bares de la ciudad, dando muestras de su impaciencia: continuamente gritaban ¡*vystro, vystro!* (¡deprisa, deprisa!), pidiendo un vaso de vino tras otro.

Al final, su «grito de guerra» se incorporaría al léxico francés. Así el típico restaurante parisino empezó a conocerse como *bistro*.

Las espaldas de los franceses

En 1815, se celebró el Congreso de Viena, en el que se reunieron las potencias que habían vencido a Napoleón para establecer un nuevo equilibrio de fuerzas entre los diversos Estados. Entre los presentes estaba el duque de Wellington.

El acta final estableció que Francia debía volver a las fronteras anteriores a 1789. Italia veía sancionada su división, al igual que Alemania. Rusia y Gran Bretaña confirmaban su primacía en Europa oriental y en el mar, respectivamente.

Contrariados por la derrota de Napoleón, varios oficiales franceses, al encontrarse con Wellington, le dieron la espalda. En esos momentos, una dama francesa que contemplaba la escena se dirigió al británico para pedirle excusas:

—Lo siento, no tienen educación.

Wellington, que sabía lo que era vencer a los ejércitos franceses, a los que había visto en retirada, le contestó:

—No se preocupe, *madame*, ya he visto sus espaldas en otras ocasiones.

El hombre que derrotó a Napoleón recibiría hasta el final de sus días el reconocimiento de sus conciudadanos. Presidió el Gobierno británico entre 1828 y 1830, y posteriormente sería ministro de Asuntos Exteriores en dos ocasiones, en 1834-35 y 1841-46.

Capítulo 7

La última cruzada: Crimea (1853-56)

La guerra de Crimea enfrentó entre 1853 y 1856 a Rusia y Turquía. Esta última fue apoyada por Francia y Gran Bretaña. El motivo de la disputa era la intención rusa de proteger a los súbditos cristianos que vivían en el Imperio otomano. El zar Nicolás I, que consideraba que Rusia era la heredera del Imperio romano de Oriente, pretendía establecer un protectorado sobre los Santos Lugares, por lo que algunos historiadores consideran este conflicto como *la última cruzada.*

El *casus belli* escogido por Nicolás I para enfrentarse a los turcos no pudo ser más absurdo. A principios de 1853 se produjo una disputa en la Iglesia del Santo Sepulcro, en Jerusalén, entre los monjes de las Iglesias ortodoxa griega y católica romana. Parece ser que la razón del altercado fue dirimir quién debía estar en posesión de las llaves del recinto sagrado y el lugar exacto que debía ocupar una estrella de plata.

Mientras tanto, la policía turca prefirió permanecer fuera del templo para no inmiscuirse en esas desavenencias entre cristianos. Sin embargo, el incidente degeneró en una serie de agresiones que acabarían costando la vida a varios monjes ortodoxos.

Cuando las noticias de estos luctuosos sucesos llegaron a oídos del zar, este vio ante sí la oportunidad de achacar la muerte de los religiosos a la inoperancia de los musulmanes encargados de mantener el orden en la Ciudad Santa. Entonces, en el Imperio otomano residían unos catorce millones de cristianos ortodoxos, por lo que Nicolás I proclamó la necesidad de protegerlos: él mismo sería su guardián.

Para ello se dirigió al sultán y le exigió una serie de garantías para la seguridad de la población ortodoxa. Plantearon unas inaceptables medidas que suponían una humillación para un Estado soberano. Pese a que el Imperio otomano se encontraba en franca decadencia (era conocido entre los diplomáticos como «El enfermo de Europa»), el sultán no se avino a aceptar los requerimientos del zar.

De todos modos, las preocupaciones rusas por los cristianos que se encontraban bajo dominio musulmán no eran el principal argumento para justificar el choque con los turcos. La razón más determinante era la disputa por el control estratégico de los Balcanes.

La flota rusa del mar Negro se veía obligada a atravesar el Bósforo, bajo dominio turco, para acceder al Mediterráneo. Si el zar lograba someter a los otomanos y forzaba la desmembración de su decrépito imperio, Rusia obtendría por fin una salida al mar sin estar pendiente de los hielos que a menudo impedían a sus barcos zarpar desde los puertos bálticos. Si además, tal como pretendía, obtenía una posición de fuerza en los Balcanes, podría conseguir que el Mediterráneo oriental se convirtiera en un lago ruso.

Evidentemente, Francia, pero sobre todo la principal potencia marítima, Inglaterra, no podían ver con buenos ojos tal posibilidad. Para justificar su intervención, los franceses recurrieron también a razones vagamente religiosas, al recordar que, desde los tiempos de las Cruzadas, eran los encargados de proteger a los católicos romanos en Tierra Santa. Por lo tanto, en esa disputa con los ortodoxos, Francia se veía obligada supuestamente a acudir en su auxilio.

Así pues, en esta nueva e insólita *cruzada*, franceses e ingleses se aliaban con las fuerzas musulmanas contra los cristianos ortodoxos: se demostraba que los imperativos geopolíticos estaban por encima de los históricos y religiosos.

Para presionar al sultán, las tropas de Nicolás I ocuparon las provincias turcas en Rumanía, pero el prometido apoyo anglofrancés animó a Turquía a rechazar las exigencias rusas. El inminente envío de la flota aliada decidió por fin al sultán a declarar la guerra a Rusia el 4 de noviembre de 1853.

Dio comienzo así una breve campaña terrestre en la que los otomanos obtuvieron algunos éxitos; sin embargo, antes de que acabase el mes de noviembre, los rusos ya habían destruido la flota turca casi por completo. En enero llegó la escuadra anglofrancesa al mar Negro para proteger la costa turca y, finalmente, el 28 de marzo los aliados declaraban la guerra a Rusia.

Equipaje extraviado

Una contienda que había comenzado por un motivo tan rocambolesco como la disputa por los Santos Lugares no podía presentar unos objetivos claramente definidos. Esto es lo que sucedió tras la decisión de Nicolás I de abandonar sus objetivos en los Balcanes en el mes de abril, tan solo un mes después de recibir la declaración de guerra anglofrancesa, por temor a la entrada en liza de Austria, que había amenazado con atacar a Rusia, contando con el apoyo de Prusia.

El zar, que ya debía afrontar la enemistad de Francia e Inglaterra, no deseaba tener enfrente a toda Europa en su litigio con Turquía, por lo que accedió a las presiones austriacas. Dejó sus ambiciones sobre los Balcanes para mejor ocasión.

Mientras tanto, los aliados ya habían reunido un ejército de más de cincuenta mil hombres, dispuestos a poner fin al expansionismo ruso. En ese momento, la decisión más adecuada hubiera sido alcanzar algún acuerdo de paz y cancelar la operación militar, pero se optó por aprovechar la fuerza expedicionaria para destruir el poder naval ruso.

Para ello se escogió como objetivo del ataque aliado la base naval de Sebastopol, situada en la costa de Crimea, en el mar Negro.

El 13 de septiembre, británicos y franceses desembarcaron en la bahía de Calamita, sin encontrar resistencia por parte de los rusos. Una vez asegurada la posición, los soldados iniciaron el despliegue en dirección a Sebastopol. La bahía no era un lugar adecuado para recibir suministros, por lo que los británicos acabarían apoderándose del puerto de Balaklava, tras superar una breve resistencia de las tropas locales.

Los soldados británicos que comenzaron a desembarcar en el puerto de Balaklava llegaban dispuestos a resolver el conflicto lo más rápido posible. Ansiosos por avanzar de inmediato hacia Sebastopol, en donde sus compatriotas ya habían iniciado el asedio, la mayoría de los integrantes del cuerpo del ejército no quisieron esperar a que fueran descargadas sus pesadas mochilas del barco. De inmediato, tomaron el camino del frente, que distaba tan solo doce kilómetros del puerto.

Por lo tanto, cada soldado contaba únicamente con lo que llevaba puesto en ese momento. Una vez llegados a las puertas de Sebastopol, se dispusieron a descansar de la extenuante caminata, que había discurrido por un camino convertido en un lodazal, y a esperar la llegada inminente de sus mochilas. Sin embargo, los días fueron pasando sin tener noticias de sus pertenencias. Finalmente, enviaron un mensajero al puerto para que se interesase por su paradero.

La sorpresa de la tropa fue mayúscula cuando el mensajero les comunicó que los barcos que los habían transportado a Crimea habían partido de regreso rumbo a la otra orilla del mar Negro con todas las mochilas en las bodegas: no se esperaba la vuelta de los buques ¡hasta dentro de seis meses!

La rabia y la indignación entre los soldados fue tremenda: no entendían cómo se había podido alcanzar ese nivel de incompetencia mientras ellos se estaban jugando la vida. Las consecuencias de ese desafortunado olvido fueron desastrosas para los soldados, que tuvieron que mantener el asedio a Sebastopol. Sin poder mudarse, tuvieron que dormir con sus ropas húmedas e infestadas de piojos sobre un suelo permanentemente embarrado. Muy pronto, las fiebres y las enfermedades causadas por los parásitos provocaron más víctimas entre los soldados ingleses que las balas rusas.

Mientras tanto, ¿qué había sucedido con las mochilas extraviadas? Medio año después, los barcos regresaron a Crimea transportando más tropas. En sus bodegas se guardaban aún las pertenencias de los soldados que se encontraban en Sebastopol. No obstante, no se pudieron enviar a sus propietarios por la sencilla razón de que bien poco quedaba de ellas, pues la mayor parte de su contenido había sido saqueado.

Intendencia desastrosa

Tal como hemos visto en el caso anterior, los errores de la intendencia británica alcanzaron durante la guerra de Crimea proporciones colosales. La preocupación más importante para los soldados era combatir el frío. Al principio de la contienda no se tuvo en cuenta tal factor, pero más tarde, cuando los hombres morían víctimas de las bajas temperaturas, desde Londres se resolvió poner fin a las penurias de los soldados.

Para ello se procedió a reunir todo tipo de prendas de abrigo. Desde los puertos británicos partieron buques que transportaban grandes cantidades de capotes, mantas y jergones.

Aunque la mayoría de estos barcos llegaron a Crimea sin novedad (tan solo hubo que lamentar el hundimiento en el mar Negro del *Prince*, con cuarenta mil capotes en sus bodegas), allí esperaba un enemigo mucho más poderoso que los rusos: la burocracia militar.

Todo el material que llegó al puerto de Balaklava fue debidamente inventariado y transportado a los almacenes del ejército. En tierras rusas, tan solo podía ser expedido una vez que se hubieran cumplimentado las peticiones correspondientes por los oficiales al mando de cada regimiento. La consecuencia de esta rigidez administrativa fue que, al llegar los meses de diciembre y enero, nueve mil de los doce mil capotes que habían llegado a Balaklava permanecían todavía en los almacenes.

Los sacos de tela que se habían enviado para que, una vez rellenos de paja o heno, los soldados pudieran utilizarlos para no tener que dormir sobre el suelo húmedo, no corrieron mejor suerte. Aunque se enviaron unos veinticinco mil, a los soldados no les llegaron más de un millar por culpa de los obstáculos burocráticos.

Naturalmente, estos jergones los habían enviado desde Gran Bretaña sin el correspondiente relleno, convencidos de que, una vez en Crimea, no habría ningún problema para obtenerlo. Pero no fue así: la mayoría de los afortunados soldados que pudieron hacerse con uno de ellos se encontró con la desagradable sorpresa de que no tenía a su alcance paja ni heno para rellenarlos. Así pues, tuvieron que continuar durmiendo en el suelo.

La falta de previsión de las autoridades militares británicas afectaría no solo a las personas, sino también a los animales. La mayor parte de los caballos que enviaron a Crimea murieron a consecuencia de la falta de forraje. Los ingleses habían llegado a un acuerdo con una empresa turca para que les suministrase el heno necesario para la alimentación de los caballos. Al poco tiempo, esta empresa quebró, por lo que el suministro quedó seriamente afectado.

Una vez restablecido el envío de heno a Crimea, se comprobó que las cantidades enviadas en los buques de carga a través del mar Negro no eran suficientes. Desde Gran Bretaña se enviaron unas prensas hidráulicas para comprimir el heno y transportar así una cantidad mayor. Pero la idea resultó un desastre; la maquinaria se instaló en Constantinopla, por lo que el heno recogido por toda la geografía turca debía ser primero enviado a la capital para, desde allí, remitirlo a Crimea, con los consiguientes retrasos.

El resultado fue también desastroso: los caballos británicos, enloquecidos por el hambre, acabaron comiéndose sus correas y alforjas. El intenso frío acabó por condenarles a una muerte lenta e inexorable, de la que no les pudieron librar los soldados, puesto que el general Cardigan ordenó que no se rematase a ningún caballo.

Al frente en calcetines

En este conflicto, el suministro de calzado de las tropas dejó mucho que desear. Aunque el ejército británico tenía una dilatada experiencia a la hora de equipar a sus hombres, durante la guerra de Crimea se produjeron algunos errores imperdonables.

Por ejemplo, alguien falló en los cálculos y se encargó una mayor cantidad de botas de número pequeño. La consecuencia fue que muchos no podían calzarse las botas, por lo que acabaron robándoselas a los cadáveres de los soldados rusos, en una práctica que tendría luego su continuidad en la Segunda Guerra Mundial, en este caso de mano de los alemanes.

Sin embargo, hubo un error aún más grave. Tras unas semanas de uso, la mayor parte de las suelas de las botas fabricadas en Inglaterra se desprendían. La razón era la mala calidad del calzado: las autoridades militares británicas deseaban mantener unos costes bajos y los contratistas se habían visto forzados a emplear material de baja calidad.

Así pues, el 1 de febrero de 1855, mientras los hombres del 55.º Regimiento británico estaban atravesando un lodazal con el barro hasta las rodillas, los soldados comenzaron a notar que las suelas se quedaban literalmente pegadas en el fango.

Al salir del cenagal, los soldados decidieron tirar lejos de ellos aquellas inútiles botas sin suela y avanzar hacia el frente calzados solo con los calcetines.

Una tonelada de clavos

Si las normas burocráticas suelen ocasionar no pocas incomodidades a los ciudadanos, en la guerra suelen crear situaciones claramente absurdas.

Eso fue lo que ocurrió en Crimea cuando el mayor Foley, un rico oficial británico que acompañaba al general Rose, necesitó unos clavos para realizar una pequeña reparación. Para ello se dirigió al almacén de material del cuartel de Balaklava y pidió que le vendiesen unos cuantos.

El soldado que estaba a cargo del almacén le dijo que no era posible, ya que las normas que tenían le impedían vender los clavos sueltos, y que tan solo se podían adquirir al por mayor. El mayor Foley le preguntó cuál era la cantidad mínima que se tenía que comprar. El soldado le respondió que una tonelada. «Bien —le contestó Foley sin perder la compostura—, en ese caso, póngame una tonelada de clavos, por favor.»

Deseo satisfecho

En cierta ocasión, un soldado inglés fue capturado cerca de Sebastopol. Cuando lo registraron, encontraron en uno de sus bolsillos una carta que le había enviado su novia. Los rusos leyeron la misiva, en la que, además de las frases en las que la muchacha le expresaba su amor y su deseo de que regresara pronto, le hacía una petición muy especial.

Los captores del soldado británico se sorprendieron

al ver que su amada le pedía que, cuando volviera a Inglaterra, lo hiciera llevando consigo un botón del uniforme del hombre que estaba al mando de las tropas rusas, el príncipe Alexander Sergueiévich Mentschikoff (1787-1869). Aquel sería el símbolo de que habían resultado vencedores.

Los rusos que estaban a cargo del prisionero decidieron enviar la carta al propio Mentschikoff, para su diversión. En un primer momento, el príncipe estalló en una carcajada al leer la original petición de la joven, pero poco después, sorprendentemente, decidió que se cumpliese su deseo.

Así pues, Mentschikoff envió un mensajero para devolver la carta de amor a su propietario, pero acompañada de un valioso obsequio: ¡un botón de su uniforme!

Ejemplo de determinación

El conde de Mac Mahon (1808-1893), francés a pesar de su apellido con resonancias escocesas, fue un decidido militar que llegaría a presidente de la República en 1873. Durante su carrera militar fue acumulando un ascenso tras otro; entró en el Ejército con diecinueve años y a los cuarenta ya era general.

Su consagración llegaría en la guerra de Crimea con la toma del fuerte de Malakoff, el 8 de septiembre de 1855. Mac Mahon y el general Pelissier, al frente de una fuerza de treinta mil soldados franceses, arrebataría esta importante posición a los rusos.

Una vez conquistado este baluarte, que formaba parte del gran complejo defensivo de Sebastopol, hubo una llegada masiva de tropas rusas, que pretendían recuperarlo. Las precarias condiciones en las que Mac Mahon debía defender la fortaleza hicieron que un oficial británico le rogase que abandonase su posición y se retirase, para salvar así su vida y la de sus hombres.

La contestación de Mac Mahon pasaría a la historia

como un ejemplo de determinación: «Aquí estoy y aquí me quedo», le dijo.

El general francés permanecería en el fuerte de Malakoff y resistiría con éxito el empuje de los asaltantes, hasta que finalmente los rusos tuvieron que desistir.

A punto de perder la cabeza

La flema británica también quedó demostrada en la guerra de Crimea. En la batalla de Inkermann, el 5 de noviembre de 1854, un ejército de cincuenta mil rusos al mando del príncipe Mentschikoff atacó las posiciones ocupadas por los británicos, defendidas por unos ocho mil soldados.

Sobre el campo de batalla bajó una espesa niebla, lo que provocó que el choque se convirtiese en una serie de violentos combates cuerpo a cuerpo, sin posibilidad de emplear una táctica determinada por culpa de la nula visibilidad.

Un sargento del Séptimo de Infantería se presentó ante lord Raglan para informar de cómo transcurrían los combates. Cuando estaba a punto de realizar el saludo militar, una bala de cañón pasó tan cerca de su cabeza que se le cayó la gorra al suelo.

Lejos de ponerse nervioso por haber estado a punto, literalmente, de perder la cabeza, el sargento completó su saludo como si nada hubiera pasado. Ante el impresionante aplomo demostrado por el oficial, lord Raglan tampoco se quedó atrás, pues se limitó a decir: «Parece que esa bala pasó cerca».

La llegada de refuerzos franceses obligó a los rusos a retirarse. Dejaron atrás a mil doscientos hombres, entre muertos y heridos. Por su parte, los británicos sufrieron dos mil quinientas bajas, mientras que los franceses perdieron un millar de hombres.

«Ce n'est pas la guerre»

Antes de la batalla de Inkermann se había producido el choque de armas más célebre de toda la guerra de Crimea. Los días 25 y 26 de octubre de 1854, en Balaklava se enfrentaron los turcos, ingleses y franceses, por un lado, y los rusos por el otro. El propósito de las fuerzas rusas era cortar el camino que unía el puerto de Balaklava con Sebastopol; si lo lograban, las tropas anglo-francesas se quedarían sin posibilidad de ser abastecidas y la victoria se decantaría del lado del zar.

En la lucha por romper esa vital línea de suministros se produciría la célebre Carga de la Brigada Ligera: ha pasado a la posteridad como una gesta heroica, inmortalizada en poemas, pinturas de carácter épico y posteriormente en el cine,[29] pero en realidad fue una bochornosa derrota del Ejército británico, fruto de la incompetencia y la falta de coordinación de sus mandos.

La causa del desastre fue un trágico malentendido. Lord Raglan estaba siguiendo la batalla desde una colina. Ante la presión de los cañones británicos, los rusos emprendieron la retirada, y se llevaron consigo sus piezas de artillería.

Raglan envió un mensaje a la caballería ligera, con lord Luncan al mando, en la que les ordenaba que lanzasen un ataque contra las tropas rusas que estaban retrocediendo,

---

29. El episodio lo inmortalizó el poeta lord Alfred Tennyson en su poema titulado precisamente «La carga de la Brigada Ligera». Hollywood también contribuiría a alimentar la leyenda con la película del mismo título, dirigida por Michael Curtiz en 1936. En ella, Errol Flynn dirigía la caballería británica contra los cañones rusos, en una carga tan heroica como suicida. En 1968, la famosa acción de la Brigada Ligera sería objeto de un *remake*, dirigido por Tony Richardson: *La última carga*. Este *film* se vería influido por la corriente antimilitarista de los años sesenta, y se mostraba crítico con el imperialismo británico.

para evitar que arrastrasen consigo su artillería. El mensaje, que había redactado un asistente de Raglan llamado Airey y se le había confiado al capitán Nolan, insistía en que el ataque debía lanzarse «inmediatamente».

Cuando Luncan recibió la orden en mano, se quedó perplejo. ¿A quién debía atacar? Desde su posición, en la parte baja de un valle, no podía ver a las tropas rusas en retirada. El capitán Nolan insistió en que debía atacar de inmediato.

El único ejército que Luncan podía ver desde su posición era el que estaba situado en la parte más alejada del valle, que luego se conocería apropiadamente como «valle de la muerte». Allí los rusos estaban desplegados con todo su potencial, por lo que una carga de caballería era un suicidio.

Aun así, Luncan ordenó a su caballería ligera que se lanzase contra la artillería rusa. Los jinetes británicos nada pudieron hacer frente a la tormenta de metralla y fuego de infantería con que los recibieron. De un total de seiscientos hombres, solo sobrevivieron ciento ochenta y cinco, que debieron retirarse inmediatamente.

De todos modos, existen varias versiones sobre estos hechos. La que aquí contamos eximiría de responsabilidad a lord Raglan, pero las investigaciones posteriores apuntaron a la posibilidad de que este hubiera cometido un error, ordenando que la carga se lanzase en dirección este, que era en donde se encontraba la artillería rusa.

Las declaraciones de su asistente Airey, así como del capitán Nolan, confirmaron que el mensaje de Raglan mandaba cargar hacia el este. Sin embargo, la versión oficial dictaminaría que Airey era algo sordo o que lord Raglan habló con un tono de voz muy bajo, por lo que el asistente interpretó defectuosamente sus palabras. Gracias a esta rebuscada explicación, el honor de Raglan quedaba a salvo.

Si los británicos no fueron totalmente aniquilados, fue gracias a la intervención de sus aliados franceses. Al ver aquella matanza, los *Chasseurs d'Afrique* del general francés Canrobert efectuaron un movimiento de diversión para atraer la atención de los artilleros rusos. Gracias a esta providencial intervención, el exterminio de los jinetes ingleses no fue total.

Un veterano oficial francés, al contemplar el inútil sacrificio de la caballería británica, había exclamado con lágrimas en los ojos: «¡Por Dios! Soy viejo y he visto muchas batallas ¡pero esto es demasiado!».

Aunque sería otro francés, el general Pierre Bosquet (1810-1861), el que, al contemplar la masacre desde un altozano, dejó para la posteridad el mejor epitafio de la Brigada Ligera: «*C'est magnifique, mais ce n'est pas la guerre*» (Es magnífico, pero esto no es la guerra).

Una paz incompleta

Pese a esta casi total aniquilación de la Brigada Ligera, los rusos no supieron aprovechar aquella inesperada ventaja. Otras operaciones secundarias, en las que los anglo-franceses y los turcos demostraron gran valor, lograron alejar a los rusos del camino que aseguraba la llegada de suministros a las fuerzas que asediaban Sebastopol.

El 5 de noviembre, cincuenta y siete mil rusos intentarían tomar el puerto de Balaklava, pero tuvieron que retirarse tras perder más de doce mil hombres en el campo de batalla, mientras que los aliados tan solo sufrieron tres mil bajas.

La clave de la victoria aliada en la guerra de Crimea sería a la postre la construcción de una línea de ferrocarril que logró unir el puerto de Balaklava con las colinas de Sebastopol, donde las tropas anglo-francesas mantenían el asedio.

El riguroso invierno ruso había bloqueado el camino de doce kilómetros que unía ambas ciudades, lo que hizo imposible el traslado de alimentos, agua y medicinas a los soldados que permanecían a las puertas de Sebastopol.

Sin embargo, un constructor de ferrocarriles, que era miembro del parlamento británico, se puso a disposición de su Gobierno para intentar tender una línea que asegurase el abastecimiento a los soldados. Se formó así un destacamento voluntario de ingenieros, capataces y peones, bregados en la construcción de líneas férreas en Estados Unidos y Canadá, dispuestos a trasladarse a Crimea. La expedición salió de Liverpool el 21 de diciembre de 1854.

A lo largo del mes de enero de 1855, fueron llegando los barcos al puerto de Balaklava. En los primeros diez días de trabajo, ya se construyeron ocho kilómetros de vías, ante la admiración y el entusiasmo de los soldados, además de un campamento listo para acomodar a los expedicionarios.

A las seis semanas ya se habían cubierto los doce kilómetros con doble vía desde el puerto de Balaklava hasta las puertas de Sebastopol, aunque tan importante como este trayecto eran las diferentes derivaciones y vías secundarias, que completaban una red de cuarenta y siete kilómetros. Lo escarpado del terreno obligó en algunos tramos a emplear un sistema de funicular.

Una vez que las tropas pudieron disponer del ferrocarril, se garantizó plenamente el envío de ropa y alimentos a las tropas que se encontraban en las proximidades de Sebastopol, a un ritmo de más de cien toneladas diarias. A partir de abril, las condiciones del ejército anglofrancés ya eran óptimas para intentar el asalto a Sebastopol, que acabaría cayendo, tras una durísima resistencia rusa, en septiembre de 1855.

La paz se firmaría en París el 30 de marzo de 1856. Según el tratado, se reconocía la neutralidad del mar Negro y se estipulaba una garantía de integridad para Turquía. De este modo, franceses y británicos se aseguraban la renuncia de Rusia a sus ambiciones en los Balcanes, además de confinar a la flota del zar en sus puertos del mar Negro, lo que les impedía el ansiado paso libre a través de los Dardanelos.

La guerra de Crimea tuvo un gran impacto popular en toda Europa; la prensa la siguió intensamente, pero el tiempo se ha encargado de diluir su recuerdo hasta sumirla prácticamente en el olvido.[30]

La importancia de este conflicto no ha sido suficientemente destacada. Crimea se puede considerar, junto a la guerra de Secesión norteamericana, como la primera guerra que adelantó los conflictos a gran escala del siglo XX.[31] Además, Crimea sirve para entender mejor otras guerras posteriores, como los conflictos de Bosnia y Kosovo de la década de los noventa, en los que las potencias occidentales se alinearon con los musulmanes para frenar así la influencia eslava de raíz ortodoxa en un área tan sensible como los Balcanes.

De todos modos, el Tratado de París de 1856 dio lugar a un curioso episodio que extendió sus efectos hasta 1966. La anécdota tuvo como protagonista la ciudad inglesa de Berwick-upon-Tweed, situada en la costa del mar del Norte, justo en el límite con Escocia.

---

30. Por ejemplo, en París existen hoy en día varias calles y alguna estación de metro (como la de Sebastopol o Malakoff) cuyos nombres recuerdan lugares y hechos de aquella lejana guerra, pero que ya no dicen nada a los franceses del siglo XXI. Incluso el puente de Alma es célebre, no por conmemorar la primera batalla ganada por las fuerzas anglo-francesas en Crimea, sino porque es el lugar en donde falleció en accidente de tráfico la princesa Diana de Gales.

31. De hecho, fue en Crimea donde nació la fotografía de guerra. Roger Fenton (1819-69) fue el primero en tomar imágenes de un área en conflicto: destacan sobre todo sus instantáneas del puerto de Balaklava. En total tomó trescientos cincuenta negativos, que mostró personalmente a Napoleón III y a la reina Victoria. Fenton no creyó oportuno captar con su cámara heridos o muertos, al considerarlo de mal gusto, una apreciación que, evidentemente, ha cambiado con el curso del tiempo. Pese al interés que atesoraban, a Fenton no le fue fácil vender entonces sus fotografías, mientras que, en la actualidad, algunas de ellas alcanzan en subasta un precio de hasta veinte mil euros.

Esta disputada localidad perteneció alternativamente a ambos reinos por la importancia de su estratégica situación, hasta que en 1482 pasó de manera definitiva a manos de Inglaterra. Pese a estar ya integrada en territorio inglés, a causa de su particular localización y de su convulsa historia, Berwick sería considerada como una entidad con derecho propio, y así constaría en todos los documentos oficiales. Por este motivo, cuando el Reino Unido declaró la guerra a Rusia, lo hizo la reina Victoria como soberana de Inglaterra, Irlanda, Escocia, Berwick-upon-Tweed y todos los dominios británicos.

Al firmarse la paz en París, un descuido hizo que en el tratado se hiciera mención de todos esos territorios, a excepción de Berwick, por lo que, en rigor, esa ciudad continuaba en guerra con Rusia. Así pues, la localidad inglesa permanecería oficialmente en guerra con Rusia durante los ciento diez años siguientes.

Se dio la curiosa circunstancia de que, durante las dos guerras mundiales, mientras que Gran Bretaña tenía como aliados a los rusos, Berwick estaba en guerra con ellos, por lo que, técnicamente, esa ciudad fue aliada de los alemanes durante ambas contiendas...

Tan estrambótica situación duró hasta 1966, cuando un funcionario soviético se dirigió a Berwick para iniciar «conversaciones de paz». El alcalde de la ciudad, Robert Knox, no puso demasiados obstáculos para alcanzar un acuerdo amistoso con el plenipotenciario ruso. Y así se selló la paz entre Berwick y la Unión Soviética.

La nota de humor la pondría el alcalde al contestar las conciliadoras palabras del enviado de Moscú: «Por favor, diga a los ciudadanos soviéticos que ya pueden dormir tranquilos».

Capítulo 8

Norte contra Sur (1861-1865)

La guerra civil norteamericana enfrentó a una confederación de estados del Sur con los del Norte entre 1861 y 1865. Los motivos del conflicto fueron de tipo económico y social. Mientras que el Norte había alcanzado un importante desarrollo industrial, el Sur era fundamentalmente agrario y su economía se basaba en el bajo coste del trabajo de los esclavos negros.

La elección de Abraham Lincoln en 1861 desencadenó las hostilidades, al abogar por la abolición de la esclavitud. Once estados del Sur se separaron de la Unión y formaron una confederación con capital en Richmond. Los sudistas, con el general Lee al frente, lograron en su primera ofensiva invadir el territorio de la Unión ese mismo año.

Pero al año siguiente, el general nordista Ulysses S. Grant penetró por el valle del Misisipi y la flota se apoderó de Nueva Orleans, aislando así a los estados secesionistas del este de los del oeste.

Los confederados cayeron derrotados en Gettysburg en 1863. Las tropas de la Unión avanzaron por el valle del Tennessee y después de la victoria en Mobile Bay en 1864 llegaron a la costa atlántica.

Las tropas de Grant, nombrado general jefe de las tropas nordistas, tomaron Petersburg en 1865 y obligaron a los sudistas a capitular en Appomattox el 9 de abril de ese mismo año.

Según los historiadores, esta fue la primera ocasión en la que se empleó el concepto de guerra total. Si Crimea había sido la pionera en mostrar la importancia del apoyo logístico a un cuerpo expedicionario, el conflicto estadounidense llevó la guerra a la retaguardia. Por desgracia, se demostró que la destrucción de casas, vías férreas, caminos y puentes dañaba el potencial militar del enemigo. Esa misma idea se desarrollaría durante la Segunda Guerra Mundial mediante los bombardeos aéreos masivos.

Un ejemplo de la aplicación práctica de este novedoso concepto fue la marcha del general nordista Sherman por Virginia. Para él no era necesario ocuparla, sino simplemente destruir todas sus infraestructuras. Además, logró crear el pánico entre la población civil, un objetivo que también se había planteado como fundamental para socavar el esfuerzo militar confederado.

Asimismo, la guerra civil norteamericana vería un buen número de innovaciones técnicas. La más importante fue la aparición del fusil de repetición, aunque también hubo otros elementos que marcarían las guerras del siglo XX: alambradas, minas, granadas, morteros, lanzallamas, submarinos, artillería montada en ferrocarriles o la ametralladora.

Las tácticas empleadas por ambos bandos también supondrían un prólogo de las guerras del siglo siguiente. Por primera vez se produjeron ataques anfibios y se emplearon globos para llevar a cabo observaciones aéreas; asimismo ganó presencia el recurso del sabotaje en la retaguardia enemiga. Los nordistas otorgaron una gran importancia a las comunicaciones; se tendieron un promedio de trescientos kilómetros de cable diarios. Los confederados, incluso, estuvieron a punto de conseguir utilizar gases asfixiantes.

Los militares europeos no supieron apreciar que en el futuro las guerras adoptarían la forma que se había dado en el conflicto estadounidense. Anclados aún en los principios de las guerras napoleónicas, las novedades que trajo consigo la Primera Guerra Mundial los sumiría en el desconcierto, algo que podían haber evitado si hubieran analizado en detalle el nuevo concepto de guerra total que, cinco décadas antes, había nacido en los frentes de batalla norteamericanos.

Calzado poco variado

La guerra civil norteamericana fue la primera ocasión en la que ese país tuvo que movilizarse masivamente para sostener un conflicto armado. Mientras que las potencias europeas habían acumulado una amplia experiencia a la hora de aprovisionar a sus ejércitos, Estados Unidos no sabía cómo afrontar este reto.

En un aspecto aparentemente tan simple como el del suministro de calzado a las tropas, el Norte evidenció su falta de preparación. Pese a contar con la mayor parte de la industria del país, las fábricas de calzado tan solo pudieron proporcionar al ejército de la Unión botas del mismo número; la urgencia en entregar los pedidos los llevó a tomar la decisión de fabricarlas todas iguales. Por su parte, las autoridades militares, necesitadas de recibir lo más pronto posible las equipaciones para sus hombres, creyeron que tal hecho no ocasionaría demasiadas incomodidades.

Sin embargo, como era de prever, aquella impuesta uniformidad provocó no pocos problemas entre los soldados. Las ampollas e inflamaciones en los pies dificultaron enormemente las marchas; muchos de ellos quedaban rezagados.

Entre las tropas sudistas no se dio tal problema. Pero no fue porque las autoridades militares confederadas demostrasen una mayor previsión que sus enemigos. La falta de industria en los estados del Sur hacía imposible que pudieran fabricar calzado en serie, por lo que un buen número de soldados sudistas iban descalzos.

Aunque se intentó remediar tal escasez con métodos

artesanales, el plan resultó un fracaso. Se confeccionaron botas que tenían la suela de madera; el resto, de papel teñido de color negro. Naturalmente, los soldados sudistas se sintieron defraudados por las prestaciones de este calzado tan incómodo como poco resistente y prefirieron continuar caminando descalzos. Al parecer, el aprecio hacia estas botas de madera y papel era tan escaso que incluso un teniente coronel decidió quitárselas y marchar descalzo junto a sus hombres.

Burnside, el peor general

Existe cierta coincidencia en designar al nordista Ambrose Everett Burnside (1824-1881) como el peor general de la guerra de Secesión, pues condujo a sus hombres a la derrota en Fredericksburg (1862) y Petersburg (1864). Los soldados que tenía a sus órdenes no confiaban en su talento militar, pero, aun así, Burnside mantuvo el mando.

Su incompetencia le llevó a causar una inútil carnicería durante la batalla de Antietam (1862). Decidido a atravesar el río Potomac, ordenó a sus hombres que pasaran a la otra orilla por un puente que estaba bajo el fuego de los confederados. Sin querer escuchar a otros oficiales que le desaconsejaron esa acción casi suicida, Burnside dio la orden de que marchasen por el puente en línea de a dos.

Naturalmente, los confederados dispararon a placer contra los soldados yanquis: causaron numerosas bajas. Pese a la masacre sufrida por los hombres de Burnside, lograron atravesar el Potomac y asegurar la otra orilla.

Cuando el fuego cesó, se descubrió que el paso por el peligroso puente había sido totalmente innecesario. En todo ese tramo, el Potomac tan solo tenía unos centímetros de agua, por lo que los soldados nordistas habrían podido atravesarlo por el cauce sin correr ese riesgo y manteniéndose a salvo de las balas confederadas.

Sus hombres no perdonarían la precipitación de Burnside, que había costado tantas vidas: a partir de entonces insistirían en proclamar la incompetencia de su general.

En Fredericksburg, Burnside no supo aprovechar su gran superioridad numérica sobre el ejército del confederado Lee. Pese a que contaba con más de ciento cincuenta mil hombres para combatir a menos de ochenta mil sudistas, Burnside desperdició su ventaja al atacar el 13 de diciembre de 1862 a los hombres de Lee cuando estos ocupaban unas posiciones altas cerca del río Massaponax.

Después de un feroz combate, Burnside tuvo que retirarse al no lograr desalojar a los soldados sudistas de sus trincheras. Perdió 13.771 hombres en el intento, mientras que Lee tan solo sufrió mil ochocientas bajas.

Otro ejemplo llegaría durante la larga batalla de Petersburg, en el verano de 1864. Un experto minero propuso la construcción de un túnel que, saliendo desde las líneas nordistas, avanzase hasta situarse bajo las trincheras confederadas. Una vez colocada una potente carga explosiva en el extremo del túnel, el estallido haría saltar las trincheras por los aires, lo cual posibilitó un arrollador e imparable avance sobre las aturdidas fuerzas sudistas.

Al principio, los altos oficiales se tomaron a broma la propuesta, pero permitieron que se iniciasen los trabajos, con el propósito de que sus hombres tuvieran, de este modo, una ocupación mientras durase la monótona guerra de trincheras.

Con el paso del tiempo, los trabajos en la mina, que comenzaba en la base de un montículo que permanecía oculto a los ojos de los sudistas, fueron desarrollándose a buen ritmo, hasta que fue evidente que la acción podía llevarse a cabo. En ese momento, los oficiales nordistas proporcionaron todo su apoyo al que antes calificaban de descabellado proyecto.

La explosión provocada en el interior de la mina para hundir las trincheras enemigas se produjo el 30 de julio, lo que dio lugar a la que se denominaría Batalla del Cráter. La deflagración causó doscientas setenta y ocho bajas en las líneas confederadas, entre muertos y heridos.

La abertura resultante tenía unos cincuenta metros de longitud y veinticuatro de anchura. Los hombres que debían avanzar hasta el inmenso cráter eran los que estaban a las órdenes del general Burnside. Eso no hacía presagiar nada bueno.

El rápido avance pretendía aprovechar la confusión reinante entre los sudistas para tomar la posición. Los nordistas corrían bayoneta en ristre sin darse cuenta, debido al polvo y al humo, que iban descendiendo por la rampa de la mina que acababa de hundirse, hasta que entraron de lleno en el cráter, convertido en un callejón sin salida.

Nadie había reparado en la posibilidad de que tal cosa sucediese. La realidad era que, en esos momentos, los soldados necesitaban algún elemento para trepar por el borde del cráter, que en algún punto llegaba a tener una profundidad de nueve metros.

Sin embargo, sin escaleras de mano, era imposible superar la distancia que los separaba de la superficie. El general Burnside, pese a haber diseñado con detalle la ofensiva, se había olvidado de esa importante cuestión.

Cuando los primeros nordistas que llegaron a la pared del cráter intentaron retroceder para encontrar la salida que los condujese a la superficie, se encontraron con que era imposible; nuevas oleadas de soldados iban penetrando en el cráter, sin darse cuenta tampoco de que entraban en una trampa mortal.

Los sudistas que habían sobrevivido a los efectos de la explosión, y que permanecían en la superficie, quedaron atónitos ante la escena que contemplaban a sus pies; centenares de confusos soldados yanquis atrapados en un agujero y sin posibilidad de escapar. No se lo pensaron dos veces y decidieron aprovechar una oportunidad que, con toda seguridad, no se daría en otra ocasión. Así pues, los acribillaron a balazos sin que estos pudieran presentar ninguna oposición, al tener que disparar desde el fondo del cráter sin poder ver a sus enemigos. Algunos confederados se permitieron incluso arrojarles fusiles con bayonetas a modo de lanzas, y los atravesaron con ellas.

Finalmente, los soldados del Norte lograron improvisar torres humanas en un punto en el que la profundidad no llegaba a los dos metros y medio, lo que, aun así, resultó enormemente complicado debido al equipo con el que debían cargar. Pero los confederados pudieron hacer frente sin dificultad a los soldados yanquis que iban saliendo de uno en uno del cráter.

Mientras los confederados sufrieron mil quinientas bajas, incluidos los que habían muerto debido a la explosión de la mina, los federales perdieron 3.789 hombres. De nuevo, la incompetencia de Burnside había resultado fatal para sus soldados.

Al parecer, cuando el presidente Abraham Lincoln oyó hablar del desarrollo de esta singular batalla, no pudo contenerse y sufrió un ataque de ira. Cuando recuperó la calma, exclamó: «Solo Burnside es capaz de transformar una victoria segura en una derrota espectacular».

Guerra de bolas de nieve

Posiblemente, la guerra de bolas de nieve más grande de la historia se produjo durante la guerra de Secesión, entre las propias fuerzas confederadas del general Lee.

En diciembre de 1862, después de la batalla de Fredericksburg, en la que los aguerridos hombres de Lee se impusieron a las tropas del incompetente Burnside, las fuerzas sudistas acamparon cerca del río Rappahannock, para pasar allí el invierno.

Los días transcurrían sin ninguna novedad y los soldados comenzaron a acusar la rutina. Además, el hecho de que los campos estuvieran ya cubiertos por una capa de nieve dificultaba la posibilidad de mantener entrenamientos o maniobras, por lo que los soldados se veían condenados a la inmovilidad. Esta situación dio lugar a discusiones y peleas que pusieron en peligro la disciplina de las tropas.

Lee, para evitar que la convivencia se deteriorase aún más, hizo de la necesidad virtud. Se le ocurrió llevar a cabo una monumental batalla entre todas sus tropas, divididas en dos bandos. Se dispusieron las diferentes líneas de combate, las bandas de música y las banderas, mientras que los respectivos oficiales se encargaban de revisar las formaciones.

Pero lo que hizo de este ensayo algo muy especial fue el tipo de munición empleada: inofensivas bolas de nieve. Aunque uno pueda pensar que aquel supuesto combate fue algo parecido a un juego de niños, la verdad es que los soldados de Lee se tomaron la batalla muy en serio.

Lo que comenzó siendo un intercambio de bolas de nieve acabaría convirtiéndose en una pelea cuerpo a cuerpo, en la que se dirimieron algunos de los conflictos personales que habían aflorado durante aquella forzada convivencia. Aquellos multitudinarios combates a golpes y puñetazos trajeron consigo algunas roturas de brazos y piernas, e incluso un soldado llegó a perder temporalmente la visión de un ojo.

Pese a ello, el general Lee quedó satisfecho por tan insólita batalla, gracias a la cual los soldados pudieron mantener intacto su espíritu de lucha durante el periodo invernal.

Cómo obtener información fiable

Abraham Lincoln nombró al general George B. McClellan comandante del ejército del Potomac, que era el grueso de las fuerzas armadas de la Unión. Su misión era enfrentarse al ejército confederado de Virginia del Norte, al mando del general Lee.

La decisión se demostraría errónea, a tenor de los escasos éxitos que cosecharía en el campo de batalla. El gran defecto de McClellan era su excesiva prudencia. No estaba dispuesto a arriesgar lo más mínimo, a no ser que tuviera el convencimiento de que contaba con una aplastante superioridad sobre el enemigo. Esta precaución desmesurada le llevaría a dejar pasar excelentes oportunidades para aplastar a las fuerzas sudistas.

En una ocasión, los confederados se encontraban aislados en la colina de Munson. Eran una presa fácil para los nordistas. McClellan se negó a atacar, temeroso de las numerosas piezas de artillería que se atisbaban entre las fuerzas sudistas, lo que permitió su retirada.

Al ocupar las posiciones que poco antes habían estado en poder de las tropas del Sur, los hombres de McClellan se llevaron la desagradable sorpresa de que los supuestos cañones no eran más que... ¡troncos pintados de negro!

Episodios como este no fueron raros en sus campañas, en las que no se alcanzaba la victoria por culpa de estar en posesión de una información incompleta o claramente defectuosa. Para evitar nuevos errores de este tipo, McClellan tomó la insólita decisión de contratar una agencia de detectives privados.

Para ello acudió a la célebre agencia Pinkerton, experta en seguir la pista de asesinos y forajidos por todo el país, e incluso fuera de las fronteras norteamericanas, y que contaba con una completísima red de informadores.[32] Pero las aportaciones de Pinkerton tampoco solucionaron esas carencias.

---

32. La Pinkerton se convirtió en la primera agencia privada de detectives norteamericana y la segunda del mundo, después de la francesa Bureau de Renseignements Universels dans l'Intérêt du Commerce, que se había fundado en 1832. Un inmigrante escocés, Allan Pinkerton, que se dedicaba a la fabricación de barriles de madera, la fundó en 1850. Su símbolo (un ojo abierto) se haría célebre, y su prestigio llegaría a ser mítico. Esta agencia elaboró el fichero más completo de criminales del país e introdujo la costumbre de hacer fotos de frente y de perfil a los delincuentes que capturaban. Su éxito más conocido sería la localización de dos forajidos del oeste, Butch Cassidy y Sundance Kid, a los que siguieron la pista hasta dar con ellos en la Patagonia argentina.

McClellan encargó a los detectives descubrir el número de efectivos con los que contaba el general Lee. El informe reflejaba que sus fuerzas constaban de ochenta mil hombres, lo que hizo que McClellan evitara un enfrentamiento directo. En realidad, las cifras de Pinkerton estaban infladas en un cien por cien: Lee tan solo contaba con la mitad, unos cuarenta mil soldados.

Sin embargo, no toda la actuación de los detectives de Pinkerton fue tan desastrosa. Un agente infiltrado en las líneas sudistas consiguió un documento extraordinario: la totalidad del plan de combate de los confederados. Aunque resulte difícil de creer, el espía lo había encontrado casualmente, pues el plan servía de envoltorio a un puñado de puros habanos.

Según tales documentos, las fuerzas sudistas se dividirían en dos partes, una dirigida por Lee y la otra por Jackson. Era la gran oportunidad para el Norte; siguiendo una táctica que se ha demostrado exitosa desde los inicios de la historia militar, podría asestar un golpe a una de las columnas y luego atacar a la otra.

Cualquier otro militar hubiera hecho un buen uso de esos planes secretos, pero McClellan no era precisamente la persona adecuada para tomar una decisión rápida. Así pues, cuando el prudente general reaccionó, lo hizo tarde y mal.

Atacó a Lee en Antietam Creek, pero manteniendo todo un cuerpo de reserva en previsión de una posible derrota, por lo que no pudo alcanzar una victoria que hubiera resultado decisiva. La prudencia de McClellan volvió de nuevo a ser el mayor enemigo de las fuerzas nordistas.

Venganza personal

Los hombres del timorato general McClellan sufrieron los ataques continuos de las fuerzas sudistas cerca de Richmond, en 1862. Fueran donde fuesen, siempre tenían enfrente a las tropas del general Hill, que los perseguía sin descanso.

El acoso al que Hill sometía a las columnas encabezadas por McClellan hizo sospechar a los nordistas que esa fijación tenía que deberse a algún tipo de odio personal contra el general de la Unión.

No se equivocaban. Unos años antes, ambos generales habían compartido el periodo de instrucción en la academia militar de West Point. De hecho, llegaron a ser amigos. Pero un día estalló la rivalidad entre los dos a consecuencia de una bella mujer, Nellie Marcy, hija de un general.

Ambos le pidieron matrimonio y Nellie tuvo muchas dudas al escoger con quién casarse, pero finalmente eligió a McClellan. Naturalmente, la amistad entre los dos se quebró de golpe: surgió una enemistad que se vería reflejada en las decisiones del general Hill durante la guerra de Secesión.

Entre los soldados de McClellan pronto se extendió la explicación del odio que Hill sentía por su general. Un día, poco antes del amanecer, los soldados nordistas tuvieron que salir apresuradamente de sus tiendas de campaña porque la artillería de Hill había comenzado a disparar contra el campamento.

Según recordaría más tarde uno de los oficiales allí presentes, el mayor Henry Douglas, un agudo soldado exclamó: «¡Por Dios, Nelly! ¿Por qué no te casaste con él?».

Error burocrático

El general norteamericano Ulysses S. Grant (1822-1885), que alcanzaría sus mayores éxitos militares durante la guerra de Secesión, no estaba muy versado en la historia europea.

Se cuenta que, en cierta ocasión, le presentaron al segundo duque de Wellington, hijo del primer duque de Wellington, quien se había ganado su lugar en la historia al derrotar a Napoleón en Waterloo el 18 de junio de 1815.

A Grant no se le ocurrió otra cosa que decir: «Me han dicho que su padre también era militar...». Su conocimiento tan superficial de la historia no sería un obstáculo para alcanzar la presidencia de su país, cargo que desempeñaría de 1868 a 1876, tras ser reelegido en 1872.

Curiosamente, Ulysses S. Grant no era el nombre auténtico de este militar. Su verdadero nombre era Hiram Ulysses Grant, pero, cuando ingresó en la academia militar de West Point, un error burocrático provocó que, en lugar de su nombre auténtico, apareciese en su ficha de ingreso el de Ulysses S. Grant.

Al detectar el fallo, el futuro presidente solicitó amablemente que se subsanara aquel error, pero el funcionario encargado de certificar su ingreso le espetó: «Lo siento, pero el Ejército no comete errores».

Grant asumió con resignación su nuevo nombre: renunció a «Hiram», sin tener ni idea de qué significaba la S que le habían agregado, convencido de que era mucho mejor aceptar aquello que pretender que el Ejército norteamericano corrigiera un error.

Cacería en mitad de la batalla

El 2 de mayo de 1863, cincuenta y tres mil confederados a las órdenes del general Lee se enfrentaron a ciento veinte mil federales dirigidos por el general Hooker, en la que sería conocida como la batalla de Chancellorsville.

Lee envió al general Stonewall Jackson con la mitad de sus fuerzas para que, amparados en la oscuridad de la noche, rodeasen a las tropas nordistas. Desgraciadamente para los hombres de Jackson, un regimiento confederado de Carolina del Sur no estaba al corriente de este plan y los confundió con los federales, por lo que comenzaron a dispararles. El propio Jackson resultaría herido de muerte a consecuencia del «fuego amigo» de tres soldados pertenecientes a aquel desorientado regimiento.

De todos modos, la maniobra ideada por el hábil Lee

surtió efecto y los soldados de Hooker se vieron rodeados. Los confederados no dejaron pasar la oportunidad que se les ofrecía y atacaron con decisión a los nordistas. Quien tampoco dejó pasar su oportunidad fue un soldado sudista que vio como un pavo salvaje se posaba sobre un árbol.

Olvidándose de la batalla en la que se encontraba inmerso, el soldado dejó de disparar a sus enemigos y apuntó al ave. Con gran puntería, abatió al pavo y se internó en tierra de nadie para apoderarse de él, antes de que los nordistas lo vieran.

El pavo salvaje cazado en mitad de la batalla serviría para celebrar la brillante victoria de los hombres de Lee en Chancellorsville; los sudistas, pese a su gran inferioridad numérica, se impusieron sorprendentemente a los federales. El general Hooker pudo huir junto con la mayor parte de su ejército atravesando el río Rappahannock, pero sufrió más de dieciocho mil bajas, entre las que había que contar cerca de ocho mil prisioneros.

Hijo de un disparo

Durante la guerra de Secesión, tuvo lugar uno de los casos más increíbles de la historia militar y, a su vez, de la historia de la medicina. Aunque muchos lo dan como verídico, cuesta creer algo como lo que se relatará a continuación, pues desafía todos los cálculos de probabilidades y, lo que es más importante, todos los principios de la biología.

Un joven soldado nordista, durante una refriega con tropas sudistas, recibió un disparo en sus genitales: una bala que continuó su trayectoria los destrozó.

Mientras tanto, a unos cientos de metros, una joven de diecisiete años se protegía de los disparos encerrada en la cabaña en la que vivía junto con sus padres, esperando el fin de la batalla.

La bala que había herido al soldado, al seguir su camino, entró por la ventana de la cabaña e impactó en el vientre de la joven: quedó alojada en su interior.

Al finalizar las hostilidades, el doctor del regimiento se encargó de practicarle al soldado las curas necesarias; posteriormente, se le requirió para que atendiese a la muchacha.

Una vez en la cabaña, extrajo la bala que tenía la joven en el interior de su cuerpo, aunque en esos momentos no podía sospechar ningún tipo de relación entre ambas heridas.

La sorpresa llegó tres meses más tarde, cuando la muchacha descubrió que estaba embarazada, pese a que ella afirmaba, ante la lógica incredulidad de su familia, que no había hecho nada que hubiera podido conducir a esa situación...

El extraño caso llegó a oídos del doctor que la había atendido anteriormente. Al comprobar que, en efecto, ella decía la verdad, llegó a la insólita conclusión de que la bala que había herido al soldado en su aparato reproductor había hecho una labor de «mensajero», llevando la semilla de una nueva vida al vientre de la joven.

El soldado, que se encontraba muy apesadumbrado por el hecho de que nunca iba a experimentar la sensación de la paternidad, recibió esta noticia primero con perplejidad, pero después con una enorme alegría.

Esta historia, que pese al testimonio del doctor presenta demasiadas dudas para que pueda ser considerada como cierta, no pudo terminar de un modo más feliz, si es que ocurrió realmente: en cuanto se conocieron, el soldado y la muchacha decidieron casarse para criar juntos a un niño concebido de forma tan original.

Capítulo 9

Flechas contra cañones

La segunda mitad del siglo XIX fue la del auge del colonialismo. Las potencias europeas se lanzaron a obtener nuevos territorios en todo el mundo en busca de materias primas y de mercados para colocar sus productos manufacturados. La expansión económica conllevaba la extensión de la cultura y la lengua propia, por lo que se convirtió en un elemento vigorizante del nacionalismo.

Sin embargo, era necesario justificar esa preeminencia del hombre blanco para dirigir los destinos de los habitantes de las nuevas posesiones de ultramar. Aplicando de forma interesada las teorías de Darwin sobre la selección natural y el triunfo de los mejores, se pretendió demostrar que algunas razas eran inferiores y que otras estaban destinadas a dirigir el mundo. Así, el colonialismo apareció como una doctrina que defendía la expansión colonial de las grandes potencias como un factor positivo de civilización.

Habitualmente, la aplastante superioridad de los ejércitos coloniales se impuso a los intentos de los nativos de resistirse a ser sojuzgados. Pero hubo episodios esporádicos en los que los guerreros indígenas lograron derrotar, aunque solo fuera momentáneamente, a los bien pertrechados soldados europeos.

Desde la batalla de Isandhlwana, en la que los zulúes humillaron a los británicos, a la de Adowa, en la que el emperador etíope Minilik derrotó a las fuerzas italianas del general Baratieri, las potencias europeas pagaron caro su exceso de confianza ante unos ejércitos formados por nativos pobremente armados.

Aunque no puede hablarse propiamente de una guerra colonial, pues se dio en el mismo ámbito geográfico, los enfrentamientos entre el ejército norteamericano y las distintas tribus indias también estuvieron justificadas según los principios del colonialismo. Estados Unidos no supuso una excepción y sufrió una amarga derrota a manos de los indios, en la batalla de Little Big Horn.[33]

Sin embargo, la lógica acabaría imponiéndose en todos los casos y los indígenas, más pronto o más tarde, caerían. Como ejemplo de esa diferencia insalvable entre las fuerzas en lucha, basta señalar la conquista de Etiopía a manos de la Italia de Mussolini en 1936: el ejército invasor no dudó en utilizar masivamente gas mostaza contra los guerreros etíopes, en su mayoría apenas armados con lanzas.

Aunque China no se convirtió en una colonia, el gigante asiático también sufrió las apetencias de las potencias occidentales, que influyeron decisivamente en su política interior. Las revueltas contra la presencia de extranjeros, como la de los Taiping, las guerras del Opio o la rebelión de los Bóxers, fueron aplastadas a sangre y fuego, lo cual provocó millones de víctimas, que hay que anotar también en el trágico balance del colonialismo.

De todos modos, como en el pecado va la penitencia, el hambre colonial de las distintas naciones europeas sería uno de los factores clave que explicaría la Primera Guerra Mundial. Francia y Gran Bretaña estuvieron a punto de

---

33. El campo de batalla de Little Big Horn, en el estado de Montana, fue declarado Parque Nacional en 1946. En él se encuentra un cementerio y un monumento de mármol que recuerda a los soldados muertos en el ataque de los indios. Se puede visitar Last Stand Hill, la colina en la que resistieron hasta el último momento Custer y sus hombres, desde donde se divisa el río Little Big Horn, que dio nombre a la batalla.

enfrentarse militarmente durante su expansión territorial por África, pero al final sería Alemania, que había llegado tarde al reparto colonial, la que encendería la chispa que haría saltar por los aires el continente europeo.

«Yo, indio bueno»

A comienzos de 1869, el general supremo de las tropas del Gobierno estadounidense en las Grandes Praderas, Philip Sheridan, se reunió con un grupo de jefes indios pertenecientes a la tribu de los comanches.

Los representantes indios buscaban congraciarse con él para evitar que se siguieran sucediendo las matanzas que se habían producido en los años anteriores. En 1864, el coronel Chivington había matado a un centenar de indios, la mayoría de ellos mujeres y niños, en la aldea de Sand Creek.

En noviembre de 1868, el célebre general Custer tomó por sorpresa a los cheyenes en el río Washita. Entonces, emulando a Chivington, segó la vida de ciento tres indios, de los que solo once eran guerreros.

Así pues, durante la reunión celebrada en el fuerte Cobb entre el general Sheridan y los comanches, uno de los jefes, llamado Tosawi, como muestra de buena voluntad afirmó solemnemente:

—Yo, indio bueno.

—Los únicos indios buenos que he conocido estaban muertos —le espetó el general Sheridan.

Custer no era general

Aunque todo el mundo se refiere a él como el general Custer, el conocido militar norteamericano que murió el 25 de junio de 1876 a manos de los indios en la batalla de Little Big Horn no lo era.

Los inicios en la carrera castrense de George Armstrong Custer (1839-1876) no presagiaban la brillante carrera que luego llevaría a cabo. Se graduó en la academia militar de West Point en 1861, pero obteniendo el último puesto de su promoción. Además, su expediente no estaba precisamente impoluto: setecientas veintiséis faltas cometidas durante los cuatro años que estuvo en la academia, la mayoría de ellas causadas por su afición al whisky.

Sin embargo, durante la guerra de Secesión, que estalló el mismo año en el que se graduó, Custer demostraría una valentía fuera de lo común. Sus actos de heroísmo le valieron sucesivos ascensos, hasta alcanzar en tan solo un año el grado de general de brigada. Así, por méritos propios, se convirtió en el general más joven del bando nordista.

No obstante, tras el final de la guerra y para adaptarse al tiempo de paz, el Ejército norteamericano sufrió una reorganización que alteró toda la estructura militar. Custer fue uno de los más perjudicados, puesto que se vería rebajado a capitán. En ello también influyó que fuera sometido a un consejo de guerra en 1866: se le acusó de haber abandonado su puesto para encontrarse con su esposa.

Posteriormente, en 1868, volvería a ascender, en este caso a teniente coronel, tras la recomendación del general Sheridan, que había combatido junto con Custer durante la guerra civil. Ese sería el rango que tenía cuando murió en la famosa batalla, que se dio durante la segunda guerra sioux.[34]

A Custer lo enviaron con seiscientos hombres del Séptimo de Caballería a explorar el río Little Big Horn. Tenía previsto reunirse con otras dos columnas del Ejército. Sin embargo, al llegar al río se encontró con tres mil quinientos guerreros sioux, ayudados en esta ocasión por cheye-

---

34. El nombre original de la tribu sioux era *oceti sakowi oyate*, que en idioma ojibwa significa «el pueblo de las siete luces, o siete fuegos». Pero su nombre cambió con la llegada del hombre blanco; unos exploradores franceses del siglo XVII los denominaron despectivamente sioux, que en ojibwa significa «serpiente tramposa», quizás tras ser víctimas de algún embeleco urdido por los nativos. Curiosamente, a partir de entonces, esta tribu adoptó con orgullo el nuevo nombre, abandonando el anterior.

nes y arapahoes, con los míticos jefes Toro Sentado y Caballo Loco al frente.

Custer cometió el error de dividir su pequeña fuerza en tres grupos: encabezó una de ellas y dejó a las otras dos al mando del comandante Reno y el capitán Benteen.

Los indios impusieron su superioridad numérica y aplastaron a los tres grupos. La imagen que ha pasado a la historia es la de Custer rodeado de guerreros indios. Resistió una hora los ataques hasta que, agotada la munición, cayó muerto. De todos modos, se desconocen las circunstancias exactas de su muerte, puesto que hasta nueve guerreros se arrogaron el honor de haber matado a Custer, al que los indios llamaban «Cabello Largo».

Un arapahoe llamado Waterman explicó que vio «a Custer en el suelo, apoyado en sus manos y rodillas, con una herida de bala en el costado. Le salía sangre de la boca a borbotones, mientras contaba tan solo con la protección de cuatro de sus hombres y miraba desafiante a los indios que le tenían rodeado».

El primer hombre blanco que vio el cadáver de Custer fue el teniente James Bradley, que llegó al lugar poco después de la batalla. Según su testimonio, «la expresión del rostro de Custer no expresaba odio o terror, sino más bien una inmensa paz».

Bradley confirmó la apreciación del indio Waterman, al comprobar el orificio de bala que tenía en el costado izquierdo, cerca del corazón. Además, presentaba otra herida de bala en la sien izquierda. Según el perspicaz Bradley, la bala del costado la dispararon a cierta distancia con un rifle Henry o Winchester (probablemente, le ocasionó la muerte); mientras, el disparo en la sien pudo haber sido un tiro de gracia. ¿Quién disparó? ¿Un indio, uno de los hombres de Custer para evitarle más sufrimientos o, por qué no, el propio Custer? Nunca se sabrá.

Otro oficial, el sargento Knipe, describió también lo que halló en el campo de batalla. Según él, «el cuerpo de Custer estaba desnudo; solo conservaba los calcetines. El cadáver descansaba sobre los cuerpos de tres soldados; apenas una parte de su espalda estaba en contacto con el suelo». Curiosamente, la suela de una de sus botas estaba cerca de él; probablemente, un indio había arrancado el cuero del calzado para confeccionarse unos mocasines.

El cadáver de Custer no sufrió las mutilaciones de que fueron objeto otros de sus compañeros. Pero, al parecer, unas mujeres indias perforaron sus tímpanos para que no pudiera oír nada en la otra vida.

Una cuestión interesante es saber si a Custer se le arrancó la cabellera. La versión oficial asegura que no fue víctima de esta costumbre india. Un guerrero indio llamado Lluvia en la Cara afirmó que no se le cortó el cuero cabelludo en reconocimiento al valor que demostró en la batalla.

En realidad, lo más probable es que su cabeza conservase el cabello gracias a que Custer se lo había cortado poco antes de marchar a esa campaña. Aunque la iconografía siempre lo muestra resistiendo los ataques indios con su larga cabellera rubia, en realidad ese día llevaba el pelo muy corto: tal vez eso disuadió a los guerreros indios de llevarse consigo un trofeo tan poco lucido.

¿Vencidos por el alcohol?

Según algunos historiadores, que se basan en el supuesto testimonio de guerreros indios, la inesperada derrota de Custer en Little Big Horn no se debió tan solo a la táctica empleada por los sioux, sino también a la falta de firmeza de los soldados.

Siempre según esas versiones, los hombres de Custer habían ingerido grandes cantidades de alcohol antes de la batalla, cosa que les hizo oponer una escasa resistencia ante los decididos ataques de los sioux.

Lo más probable es que esta explicación sea falsa. En primer lugar, no hay que olvidar que los hombres del capitán Benteen y el comandante Reno resistieron las acometidas de los indios durante un día y medio. Si algún guerrero indio advirtió síntomas de cansancio en los soldados norteamericanos ya antes de comenzar el combate, es probable que se debiera a la extenuante marcha de cincuenta kilómetros que habían realizado el día anterior.

Un caballo, único superviviente

El único superviviente de la batalla de Little Big Horn fue un caballo llamado *Comanche* y que pertenecía a un oficial, el capitán Myles Keogh. Unos días después de la batalla, lo rescataron y lo transportaron en un barco de vapor, bajando el río Missouri, hasta Fort Lincoln. Viajó junto a los heridos y los cuerpos sin vida de los soldados que se habían enfrentado también a los indios, formando parte de las columnas de Reno y Benteen.

Al llegar a su destino, un soldado que había servido a las órdenes de Keogh, Gustave Korn, se encargó de cuidar del animal. Al comienzo de la batalla de Little Big Horn, este soldado había luchado junto a Custer y Keogh, pero poco después su caballo huyó desbocado y él marchó detrás para atraparlo, alejándose tanto del campo de batalla que acabó uniéndose a la columna de Reno. Así logró salvar la vida.

Durante los siguientes catorce años, el soldado Korn, que luego ascendió a sargento, se ocuparía de que no le faltase nada a *Comanche*, primero en Fort Lincoln y luego en Fort Meade, en Dakota del Sur, a donde había sido trasladado el Séptimo de Caballería, la unidad a la que pertenecía.

Desde el día de la batalla, nadie volvió a montar a *Comanche*. Ese fue el honor que el Ejército norteamericano tributó al animal, un privilegio que nunca, ni antes ni después, ha sido concedido a ningún otro caballo. Ni siquiera el propio Korn estaba autorizado a montarlo.

En 1880, el sargento Korn murió en combate, en la última batalla librada contra los indios, en Wounded Knee. Aunque aquel desigual choque fue sobre todo una masacre contra nativos pobremente armados, acompañados de mujeres y niños, Korn fue una de las contadas víctimas que se produjeron en el lado estadounidense.

Al parecer, *Comanche* acusó la ausencia de su atento cuidador, porque quedó sumido en la tristeza, esperando inútilmente el regreso de Korn. Falleció un año más tarde. Y así desapareció el único testigo de la derrota de Custer en Little Big Horn.

Los homenajes a *Comanche* continuarían después de su muerte: lo disecaron (un trabajo por el que el taxidermista cobró cuatrocientos dólares de la época). Además, enterraron sus órganos internos con honores militares.

El cuerpo de *Comanche* quedó expuesto en el Museo de Ciencias Naturales de la Universidad de Kansas, en la ciudad de Lawrence, donde, aún hoy, puede admirarse.

Caja de municiones con sorpresa

Aunque se cree que las batallas las ganan o las pierden los soldados que participan directamente en ellas, en algunas ha tenido un papel determinante la intendencia.

El 22 de enero de 1824, las tropas británicas destinadas en África occidental, con sir Charles Macarthy al frente, tuvieron que enfrentarse a diez mil guerreros ashanti, cerca de la ciudad de Bonsaso.

Los ingleses habían quedado rodeados por las fuerzas indígenas, pero la utilización de armas de fuego por parte británica, ante la que los valerosos ashanti tan solo podían oponer sus escudos de cuero, fue desequilibrando inexorablemente la balanza.

En un momento del combate, las municiones iban escaseando y fue necesario recurrir a las cajas de repuesto, que acababan de llegar de Ciudad del Cabo. Al abrirlas, los soldados británicos se llevaron la desagradable sorpresa de que no estaban llenas de balas, ¡sino de galletas!

Parece ser que un civil encargado del aprovisionamiento, un tal Brandon, se había confundido al enviar las cajas: cuando se dio cuenta del error, ya era demasiado tarde y las galletas ya habían salido rumbo a Bonsaso.

Naturalmente, los hombres de Macarthy, sin munición, no tuvieron ninguna opción para resistir el ataque de los ashanti. Fueron arrollados y no hubo supervivientes.

¿Dónde hay un destornillador?

Pocas veces un humilde destornillador ha sido tan necesario como en la batalla de Isandhlwana, el 22 de enero de 1879, durante las guerras zulúes que enfrentaron a los guerreros de esta tribu sudafricana con el ejército británico.

Aunque los campesinos y granjeros bóers de la región habían advertido al oficial inglés que estaba al mando, lord Chelmsford, para que rodease el campamento con sus carros y así poder defenderse mejor del ataque zulú, el inglés no hizo caso de este consejo y optó por dispersar sus tropas, seis compañías del 24.º Regimiento, además de una pequeña fuerza de voluntarios de la región de Natal.

Los zulúes, con el jefe Matyana al frente, atacaron a los británicos con sucesivas oleadas de guerreros; las tropas de reserva parecían no agotarse nunca. Las cifras dan idea de la enorme superioridad con la que contaban aquellos impetuosos nativos; más de veinte mil guerreros zulúes se enfrentaron a unos mil ochocientos británicos.

Pese a la extraordinaria presión de los indígenas, los ingleses lograban mantener sus líneas gracias al empleo masivo de su fusilería, que abatía una tras otra las formaciones de ataque de los nativos. También contaban con dos cañones de apoyo.

Cuando las municiones para sus rifles comenzaban a agotarse, acudieron a sus reservas, que estaban almacenadas en cajas metálicas, cuyas tapas se encontraban cerradas por gruesos tornillos. En ese momento, los soldados se dieron cuenta de que no tenían ningún destornillador a mano. Naturalmente, en medio de una batalla en la que miles de zulúes trataban de ensartar a los ingleses con sus lanzas, no era el momento más apropiado para ponerse a buscar uno...

Poco a poco, los fusileros británicos fueron quedándose sin munición y nadie fue capaz de abrir las cajas que contenían lo que podía haber supuesto su salvación. Al final, el campamento cayó arrasado y unos mil trescientos soldados ingleses fueron aniquilados. Probablemente, nunca se habrá echado tanto en falta un destornillador.

Nadie se queda atrás

Una de las claves del éxito de los guerreros zulúes fue su gran disciplina. Pese a que aparentaban ser una fuerza desorganizada, según los cánones de un ejército occidental, en realidad estaban sometidos a una férrea jerarquía.

Buena prueba de ello era el sistema que encontró el rey zulú Shaka para acelerar el ritmo de marcha de sus guerreros. Cuando consideraba que el ritmo no era suficientemente rápido, se acercaba al final de la columna y mataba al que caminaba en último lugar, clavándole su lanza.

A partir de ese momento, ningún zulú se quedaba rezagado: todos caminaban a buen paso, evitando ocupar el fatídico último puesto.

Franceses contra amazonas

El nombre de «amazona» para designar a las mujeres soldado proviene del griego antiguo y significa «sin pecho». Los historiadores griegos relatan la existencia de una tribu que vivía en el Cáucaso, entre el mar Negro y el mar Caspio, a lo largo del río Thermidon, en la que a las muchachas, antes de convertirse en guerreras, se les cortaba el pecho derecho, que cauterizaban con un hierro candente. De este modo, podían manejar mejor el arco.

A lo largo de la historia ha habido numerosos casos de mujeres guerreras. Herodoto describe una tribu asentada en las orillas del río Don, en la actual Rusia, en la que a sus mujeres no se les permitía tener hijos hasta que no acababan con la vida de tres enemigos.

En la Antigüedad también ha quedado constancia de ejércitos de mujeres en la cordillera del Atlas, en la región situada entre el Nilo y el mar Rojo, o incluso en Babilonia. Más recientemente, los exploradores portugueses del siglo XVI sufrieron el ataque en varias ocasiones de mujeres, precisamente en el río Amazonas.

La última vez en la que aparecieron las mujeres guerreras fue en 1892, en el transcurso de una campaña militar francesa, en el, por entonces, reino de Dahomey, actualmente Benín. Allí, las fuerzas coloniales galas se vieron las caras con un ejército formado solo por mujeres.

Se formó en el siglo XVII y estaba integrado por unas dos mil quinientas mujeres; todas ellas consideradas como esposas del rey. Los franceses tuvieron que enfrentarse a este insólito ejército de amazonas, que acudió al combate armado con arcos y flechas, así como con algunas armas de fuego.

Pese a la animosidad de las guerreras, los franceses no tuvieron demasiados problemas para derrotarlas, y así tomaron posesión del reino de Dahomey y lo convirtieron en un protectorado.

La guerra más breve

La guerra más breve de la historia fue la que enfrentó el 27 de agosto de 1896 a Gran Bretaña con el sultanato de Zanzíbar. La guerra se declaró a las 9.02 de la mañana y finalizó a las 9.40: treinta y ocho minutos.

Ese día, la flota británica, al mando del contralmirante Harry Holdsworth Rawson, presentó un ultimátum a Salid Jalid, que acababa de deponer al sultán nombrado por los británicos. Los ingleses exigían a Jalid que se rindiese y que saliera del palacio.

Jalid rechazó el ultimátum y se dispuso a entrar en

guerra contra la flota británica. Para ello contaba solamente con un mercante, el *Glasgow*, que era el único integrante de la Marina de guerra de Zanzíbar.

Cuando pasaban dos minutos de las nueve, los cañones británicos comenzaron a disparar contra el *Glasgow*: lo hundieron. El siguiente objetivo era el palacio ocupado por el sultán rebelde. Al impactar el primer proyectil contra el edificio, inmediatamente apareció una bandera blanca. Sin embargo, los barcos británicos continuaron disparando contra el palacio, hasta destruirlo.

Una vez que el hombre que había osado enfrentarse a la primera potencia colonial del mundo se rindió, los británicos nombraron un nuevo sultán, Hamud ibn Muhammad, que tuvo que hacerse cargo del coste de la munición que habían empleado los barcos ingleses.

El valor de la literatura

La Rebelión de los Cipayos, también conocida como el Gran Motín, estalló en la India en 1857 como reacción ante la dominación británica. La sublevación tuvo su origen en el malestar social que crearon las amenazas a los valores tradicionales de la India. Todo desembocó en el amotinamiento de los soldados nativos del ejército de Bengala al servicio de los británicos, conocidos como cipayos.

Los británicos habían intentado mantenerse al margen de la vida doméstica en la India, limitándose a su administración, pero en determinados casos se vieron forzados a intervenir. Por ejemplo, prohibieron la cruel costumbre de incinerar a la viuda en la misma pira funeraria del esposo muerto o los asesinatos rituales en honor de la diosa Kali.

Aunque estas medidas estaban justificadas y la población las comprendió, la expansión del cristianismo, auspiciada por los británicos, no fue tan bien recibida. Para muchos hindúes, especialmente los brahmanes, ese proceso podía socavar la base del sistema de castas, por lo que fue creciendo cada vez más el rechazo a la presencia británica en la India.

La chispa que hizo estallar la revuelta fue el rumor que se extendió entre los cipayos que aseguraba que los cartuchos para el nuevo fusil Enfield, que debían morderse para romper el papel y efectuar la carga, estaban recubiertos con grasa de cerdo y vaca. La supuesta utilización de esta grasa animal afectaba doblemente a los nativos: los musulmanes consideran al cerdo un animal impuro, mientras que para los hindúes la vaca es un animal sagrado. El contacto con ella obligaba a los cipayos a someterse después a una serie de purificaciones rituales.

Al parecer, el rumor lo inició algún agitador que trabajaba en el arsenal de Calcuta; desde ahí se propagó rápidamente a todas las guarniciones. Las autoridades británicas, al principio, no dieron demasiada importancia a las protestas de los cipayos y se limitaron a prometer que se tomarían en cuenta las particularidades religiosas de los soldados. Sin embargo, en realidad no se hizo nada para evitar su desconfianza. Este aparente desprecio de los ingleses por las costumbres religiosas de los indios, en última instancia, daría lugar al levantamiento.

En enero de 1857, algunos regimientos de soldados locales se negaron abiertamente a la utilización de los cartuchos. Para evitar males mayores, se optó por licenciar a esos soldados, pero, al extenderse las protestas, en el mes de abril se comenzaron a tomar duras medidas disciplinarias, que incluían penas de trabajos forzados.

La disyuntiva que se ofrecía a los cipayos era terrible: o violaban sus convicciones religiosas, o se les sometía a un severo castigo. Este callejón sin salida se resolvió el 10 de mayo, cuando, finalmente, estalló la revuelta. Aprovechando que los soldados británicos estaban asistiendo a la celebración de la misa, los cipayos de la guarnición de Meerut, situada a cincuenta kilómetros de Delhi, se amotinaron violentamente. El estallido de sangre y destrucción que se desató a partir de ese momento fue dantesco.

Los soldados y los oficiales británicos de la guarnición, junto con sus familias, perecieron cruelmente asesinados. Después de liberar a los compañeros que estaban en los calabozos, los cipayos marcharon en dirección a Delhi, donde su guarnición se sumó con entusiasmo al levantamiento. Las noticias se extendieron rápidamente por toda la India, lo que animó a las tropas locales a amotinarse en otros lugares. Ese fue el origen de una rebelión generalizada.

Mientras que los soldados británicos se encargaban de sofocar la revuelta, se demostró el principio de que la pluma es más poderosa que la espada: durante la defensa de Lucknow, los libros protegerían eficazmente a sus ocupantes. Tapiaron las puertas de la casa con montañas de libros procedentes de la bien nutrida biblioteca. Uno de los defensores salvó su vida gracias a un tomo de la Enciclopedia Lardner's, y es que una bala de mosquetón quedó incrustada en él.

Otros lograron mantenerse ilesos gracias a Lord Byron y sus *Poemas completos*. Los gruesos volúmenes que formaban la colección sirvieron, ni más ni menos, que ¡para detener una bala de cañón!

Desgraciadamente, los libros del poeta inglés quedaron destruidos por completo, pero no hay duda de que a aquel batallador escritor, amante de las aventuras bélicas, le hubiera gustado saber que un día sus libros lograrían semejante hazaña.

Estas anécdotas llegaron a oídos del comisionado financiero británico, Martin Gubbins, que ordenó de inmediato que protegiesen su edificio oficial con las existencias de libros que había en su biblioteca.

Menos afortunado fue un comerciante francés, llamado Depratt, que se intentó proteger de las iras de los cipayos atrincherándose, en este caso, con manuscritos orientales. Este tipo de documentos no se mostró demasiado útil para detener las balas enemigas: el francés no pudo sobrevivir. Además, en medio de la refriega, los manuscritos acabaron por arder e incendiaron irremisiblemente toda la casa.

Los cipayos, gracias a su entrenamiento militar, habían sido capaces de tomar Delhi y Kanpur: asesinaron sin piedad a los militares británicos. Pero la represión de las tropas inglesas no se quedaría atrás en crueldad, pues ejecutaban a cualquier rebelde que capturaban.

Pese a su extraordinaria resistencia, los cipayos no consiguieron convencer a la población local para que se sumase a su levantamiento, por lo que los soldados ingleses acabarían ahogando la revuelta. En este sentido, no hay que desdeñar la valiosa ayuda que recibieron los británicos de las tropas nativas que permanecieron fieles; sin ellas, es muy probable que la rebelión hubiera triunfado.

No obstante, la lucha de los cipayos no sería totalmente inútil, pues se convertiría en el germen del nacionalismo hindú, que lograría su objetivo de expulsar a los colonizadores ingleses casi un siglo más tarde.

Bobbie, héroe de Afganistán

En 1880, una unidad colonial británica destacada en Afganistán y perteneciente al 66.º Regimiento, al mando del general George Burrows, cayó aniquilada a manos de las fuerzas del jefe de tribu Ayub Khan.

Bobbie, un perro mestizo perteneciente al sargento Kelly, que falleció en la refriega, caminó durante un centenar de kilómetros por montañas y desiertos hasta llegar al campamento británico, en Kandahar, pese a haber recibido graves heridas durante el combate. Allí lo acogieron como a un auténtico héroe y lo curaron de sus heridas.

Cuando el 66.º Regimiento regresó a Gran Bretaña, La reina Victoria condecoró a *Bobbie* con la *Afghan Medal* (Medalla Afgana). Sin embargo, el can no pudo disfrutar durante mucho tiempo de su condición de héroe, pues un taxista londinense lo atropelló.

Pese a este triste final, la memoria de *Bobbie* recibiría el tratamiento que merecía. Su cuerpo fue disecado y colocado en una vitrina del Regimiento, junto con su medalla.[35]

El hermano chino de Jesucristo

Una de las guerras más mortíferas de la historia, pero a la vez más desconocida, es la denominada como Rebelión de los Taiping, una revuelta social que se produjo en China entre 1851 y 1864.

Aunque este conflicto se ha de calificar con mayor propiedad de guerra civil que de guerra colonial, las potencias occidentales también harían su aportación a la terrible ola de muerte y destrucción que trajo consigo.

Durante esos sangrientos años, los campesinos del sur de China se enfrentaron a la dinastía manchú, y tuvieron como lema, paradójicamente, *T´ai-p´ing* («Gran Paz»). La rebelión popular estaba liderada por Hung Hsiu-Chuang, que encabezó este movimiento contra la dinastía manchú afirmando que él era ¡el hermano menor de Jesucristo!

Los campesinos, con este «hermano» de Jesucristo al frente, organizaron un estado independiente en el sur del país, como protesta contra los abusos de los extranjeros. El Gobierno de Pekín se enfrentó a graves dificultades para poner fin a la rebelión y, al final, tuvo que recurrir precisamente a las potencias extranjeras para sofocarla.

Gran Bretaña y Francia, para asegurarse el control que ejercían sobre la economía china y el mantenimiento de sus concesiones, ayudaron a la dinastía manchú a retomar el control del país, aunque fuera a sangre y fuego. Por ejemplo, del 19 al 21 de julio de 1864, poco antes de acabar definitivamente con la rebelión, las tropas manchúes, junto con las extranjeras, asesinaron a unas cien mil personas en el saqueo de la ciudad de Nanking.[36]

35. El cuerpo de *Bobbie* puede contemplarse en el museo del 66.º Regimiento, en la ciudad de Reading, a cincuenta kilómetros al oeste de Londres.

Los manchúes habían contado también con la colaboración de curiosos personajes que se sumaron a su causa a cambio de dinero. Por ejemplo, los armadores chinos de Shanghái, para combatir al régimen Taiping, financiaron un ejército de mercenarios encabezado por un capitán mercante norteamericano convertido en soldado de fortuna, Frederick Townsend.

Este marino consiguió derrotar en once ocasiones a las fuerzas Taiping en tan solo cuatro meses. En reconocimiento a su labor, el Gobierno manchú le nombró general de las fuerzas imperiales chinas. Sin embargo, Townsend murió en el exitoso ataque que su ejército lanzó contra la ciudad amurallada de Tzeki, el 20 de agosto de 1862. Su puesto al frente de ese invencible ejército de mercenarios lo ocupó el capitán Charles G. Gordon, apodado «Gordon Chino» o «Gordon de Jartum».

Gracias a este tipo de ayudas, tan heterogéneas como efectivas, el ejército manchú conseguiría finalmente aplastar a las fuerzas campesinas, y el «hermano menor» de Jesucristo sería capturado y ejecutado.

La rebelión de los Taiping trajo consigo la muerte de entre veinte y treinta millones de personas, es decir, el doble de víctimas de la Primera Guerra Mundial y, aproximadamente, la mitad de las ocasionadas por la Segunda Guerra Mundial. Tales cifras dan idea de la carnicería que trajo consigo este oscuro conflicto.[37]

---

36. Nanking es considerada con toda justicia como una ciudad mártir. En 1937 sufriría un saqueo aún mayor, llevado a cabo por los japoneses. En la ocupación de la ciudad, los soldados nipones llegarían a violar a veinte mil mujeres de entre diez y setenta años, y asesinarían a unos doscientos mil hombres. Esta ola de terror se conoce como la Violación de Nanking.

37. Existe otro precedente de guerra especialmente mortífera en China. Entre 1644 y 1690 se desarrolló un enfrentamiento civil armado en este país que supuso el final de la milenaria dinastía Ming. Su coste en vidas fue de unos veinticinco millones de personas.

¡Abajo la muralla china!

La rebelión de los Taiping podría considerarse la precursora de otro estallido de violencia que, aunque causó un número mucho menor de víctimas, sí que consiguió poner en aprietos a los ejércitos de las potencias europeas.

La guerra de los Bóxers fue una revuelta iniciada en la primavera de 1900, contraria a la presencia extranjera en China. Su episodio más conocido fue el asalto a las legaciones extranjeras en la capital china, que quedaría inmortalizado en la película *55 días en Pekín*,[38] referida a los días que van desde el 20 de junio al 14 de agosto de ese año.

Este conflicto fue la expresión del descontento nacional ante el predominio de las grandes potencias sobre los asuntos internos de China. Durante el siglo XIX, los ingleses habían obligado a los chinos a entregarles té, porcelana y seda a cambio de opio. Los intentos de China de poner fin a ese comercio desigual darían lugar a las guerras del Opio, en 1839 y 1860.

Las imposiciones occidentales en China serían cada vez mayores y más humillantes para los naturales del país. Símbolo de tal desprecio, es un famoso cartel que figuraba a las puertas de un parque de Shanghái: «No se permite la entrada de perros ni de chinos».[39]

---

38. Producida por Samuel Bronston y dirigida por Nicholas Ray, *55 días en Pekín* se rodó en España en 1962. En el municipio madrileño de Las Rozas, en unos terrenos que en la actualidad ocupa un polígono industrial y una urbanización, se erigió una réplica de la Ciudad Prohibida de la capital china para que sirviera de espectacular escenario a esta superproducción. El film contó en sus principales papeles con Charlton Heston, Ava Gardner y David Niven, pero fueron necesarios centenares de extras para representar a las inagotables masas de rebeldes chinos. Para ello se contó mayoritariamente con españoles convenientemente maquillados y provistos de su correspondiente disfraz de oriental, pero para los primeros planos era necesario contar con personas de raza china. Por lo tanto, se reclutó a la casi totalidad de cocineros y camareros chinos que

Como reacción ante actos tan denigrantes, surgieron los bóxers, una sociedad secreta que practicaba las artes marciales. Una de las modalidades de lucha en la que eran expertos era una especie de boxeo con sombras, por lo que ellos mismos se denominaban «Puños de la Virtuosa Armonía» (*I Ho Ch´uan*), aunque los occidentales simplificarían la cuestión y los conocerían simplemente como bóxers.

Este grupo comenzó a ser conocido a partir de 1898. Fue ganando cada vez más adeptos, hasta alcanzar el control sobre varias provincias chinas. Finalmente, en 1900, obtuvieron el apoyo de la emperatriz de la dinastía manchú Tz´u-hsi (que se puede traducir como «madre amable»). En esta decisión, con la que se granjeaba la enemistad occidental, influyó su temor ante la enorme fuerza que había alcanzado ese movimiento.

El 20 de junio, los bóxers mataron al ministro alemán y se produjo el asalto a las legaciones extranjeras, así como el ataque a las iglesias cristianas y, de hecho, a cualquier occidental. De este modo, comenzó la guerra de los Bóxers.

Lo que es menos conocido es que el último detonante de este estallido de ira fue un bulo publicado por cuatro

trabajaban en Madrid. Al no ser suficiente tal aportación, se tuvo que recurrir al personal de los restaurantes chinos de París. Antes de que los estudios fueran demolidos, los restos de aquellos enormes decorados de escayola y cartón piedra, que reproducían los edificios y las calles de Pekín, permanecieron allí durante varios años teniendo como fondo la sierra madrileña.

39. Este significativo detalle no era exclusivo de Shanghái. La ciudad india de Darjeeling, situada al pie de la cordillera del Himalaya y mundialmente conocida por el excelente té que se cultiva en sus laderas, goza todo el año de un excelente clima, por lo que no tardó en convertirse en el lugar de descanso de los oficiales británicos en la India, para escapar así del agobiante calor que sufrían en sus destinos. A la entrada de la parte de la ciudad en la que tenían sus residencias, se podía leer un cartel que decía: «Prohibida la entrada de perros e indios».

periodistas, pertenecientes a cuatro diarios de Denver, que decidieron inventarse una exclusiva. La noticia consistía en que una empresa de ingeniería norteamericana había enviado una comisión de expertos que tenían como misión demoler la Gran Muralla,[40] como símbolo de la apertura de China al mundo.

Una vez publicada por la prensa de Denver, la noticia corrió por todas las agencias de prensa hasta llegar a China. Los nacionalistas chinos se cargaron de razones para justificar el levantamiento de la población contra los extranjeros.

Finalmente, una intervención militar extranjera pondría fin a la revuelta. El 14 de julio, una fuerza expedicionaria formada por soldados de seis naciones desembarcó en Tientsín, con el almirante sir E. H. Seymour al frente: consiguieron abrirse paso hasta llegar a Pekín y liberaron a los occidentales que habían resistido el asedio de los rebeldes.

Inmediatamente después de su derrota, el movimiento de los bóxers se disolvería sin dejar rastro; la emperatriz tendría que huir a Siam, aunque al poco tiempo regresaría a Pekín, ya bajo el control de las potencias occidentales.

Como represalia, China tuvo que pagar una indemnización y conceder a los extranjeros tratados comerciales favorables, así como el derecho de mantener guarniciones en torno a sus legaciones.

40. Aunque la idea de que la Gran Muralla china es la única obra humana visible desde la Luna está muy extendida, esto no es más que un mito. Curiosamente, la afirmación de que esta muralla se podía ver desde nuestro satélite surgió en los libros de texto chinos en 1938, treinta y un años antes de que el hombre pisase la Luna; sin duda, el motivo era alimentar el orgullo nacional del país. La NASA se encargó más tarde de desmontar esta leyenda, para lo que contó, precisamente, con la ayuda de un astronauta chino, Yang Liwei, que confirmó que desde el espacio es imposible ver la Gran Muralla. Esta invisibilidad se da incluso a corta distancia, debido a su escasa anchura y a que el material de que está hecha es casi del mismo color que el área en la que se sitúa. Curiosamente, la estructura artificial más visible desde el espacio son los invernaderos de Almería.

Capítulo 10

Los bóers retan al león inglés (1899-1902)

*L*a guerra anglo-bóer se desarrolló en los territorios que actualmente conforman Sudáfrica entre 1899 y 1902. Enfrentó a Gran Bretaña con la población de ascendencia holandesa, conocida como bóer o afrikáner.

Durante el siglo XIX, después de que Gran Bretaña consiguiera incorporar a sus posesiones el cabo de Buena Esperanza y expandiera su dominio en el sur de África, surgieron sentimientos encontrados entre la población de origen neerlandés y los colonos británicos. El descubrimiento de oro en las regiones habitadas por los bóers atrajo a numerosos aventureros británicos, que entraron en colisión con la población autóctona.

En 1899, el gobernador británico de la Colonia de El Cabo, muy resentido por el trato bóer a los británicos, promulgó decretos para transformar las tropas británicas compuestas por doce mil efectivos en el sur de África en un ejército de cincuenta mil hombres. El 9 de octubre de ese año, los dirigentes bóers exigieron la retirada de todas las tropas británicas de sus fronteras.

La negativa británica a esa pretensión llevó a los bóers a declarar oficialmente la guerra el 12 de octubre de 1899. Las fuerzas bóers, cuyas acciones iniciales se vieron coronadas por el éxito, invadieron los territorios británicos de Natal y la colonia de El Cabo. Los bóers sorprendieron a los ingleses con sus novedosas tácticas ofensivas, alejadas de las que se impartían en las escuelas militares europeas.

Como una buena parte de los soldados bóers estaban acostumbrados a la caza, destacaron especialmente en el uso que hacían de los fusiles de largo alcance. Otro aspecto importante fue la original utilización de su artillería. Hasta entonces, los ejércitos disponían sus piezas en baterías de seis cañones, en campo abierto, tal como hacía Napoleón un siglo atrás. En cambio, los bóers disparaban con cañones aislados que cambiaban rápidamente de posición.

Pese a los triunfos iniciales de los bóers, favorecidos en muchos casos por la pésima estrategia del enemigo, en mayo y junio de 1900 los británicos tomaron la iniciativa, capturando Johannesburgo y Pretoria, gracias a su aplastante superioridad en efectivos y material.

Debido a estas derrotas, los principales dirigentes bóers huyeron a Europa. La guerra parecía ganada para Inglaterra y, de hecho, el comandante en jefe de las tropas británicas, el general Roberts, regresó a Londres en enero de 1901 creyendo que ya había alcanzado la victoria.

Sin embargo, la guerra aún no estaba ganada. Los líderes bóers que habían permanecido en Sudáfrica lanzaron una extensa y bien coordinada guerra de guerrillas contra las tropas de ocupación británicas. La lucha continuó hasta 1902 y solo fue sofocada a través de la severa táctica del nuevo comandante en jefe británico, lord Horatio Herbert Kitchener. Agotó al enemigo devastando las granjas bóers que mantenían y escondían a las guerrillas, trasladando por la fuerza a población civil, principalmente mujeres y niños, a campos de concentración y construyendo una cadena estratégica de fortines blindados para sus tropas.

Las negociaciones de paz comenzaron el 23 de marzo de 1902, y el 31 de mayo los líderes bóers firmaron el Tratado de Vereeniging. El acuerdo concluyó las hostilidades y otorgó el autogobierno al Transvaal y al Estado Libre de Orange, como colonias del Imperio británico, y permitió la utilización del afrikáans en las escuelas y en los tribunales. Inglaterra acordó a cambio pagar tres millones de libras esterlinas de indemnización y concedió la amnistía y la repatriación a los soldados bóers que prometieran su lealtad al monarca británico.

Como resultado de la guerra, los ingleses perdieron a unos veintiocho mil hombres, y los bóers, a unos cuatro mil; además, unos veinte mil civiles murieron de enfermedades y desnutrición en campos de concentración.

Sorprendente carga de caballería

Una fuerza compuesta por doce mil soldados británicos, con sir George White al frente, llegó el 2 de noviembre de 1899 a la ciudad de Ladysmith para protegerla del previsible asalto de los bóers. Estos, bajo el mando del general Joubert, iniciaron poco después el asedio de la ciudad. Desde sus posiciones, los bóers bombardeaban sin descanso a los sitiados.

El 6 de enero, una fuerza británica de apoyo al mando del general De Villiers trató de abrirse paso para intentar liberar Ladysmith. Se produjeron violentos combates, en los que varios miles de tiradores bóers, apostados en las alturas, pudieron acribillar a placer a los soldados ingleses.

Así pues, el general De Villiers se vio obligado a ordenar la retirada, a la espera de poder contar con mayores refuerzos. Una de las columnas de las que constaban las fuerzas británicas estaba comandada por el teniente Frank Carleton. Al frente marchaban los fusileros irlandeses, junto con un centenar de mulas que cargaban con los víveres y la munición. La retaguardia estaba protegida por el regimiento de Gloucester, que marchaba separado del resto de la columna.

La marcha se desarrollaba sin ningún incidente. Pero, de repente, los soldados del Regimiento de Gloucester oyeron el inconfundible sonido de decenas de caballos al galope. Sin duda, interpretaron que debía de tratarse de la caballería de los bóers. El ruido fue haciéndose cada vez más fuerte, hasta que se convirtió en un estruendo.

En efecto, una espesa polvareda anunciaba la inminente irrupción de la temida caballería. Los soldados británicos comprobaron con horror que la nube de polvo procedía de la posición que debían ocupar los fusileros irlandeses, por lo que se suponía que sus compañeros no habían podido detener la imparable carga de los bóers.

Ahora era el turno para ellos. Se dio la orden de montar las bayonetas y de disponer una línea de defensa para hacer frente a la caballería al galope. Cuando los caballos ya estaban a tiro, los ingleses comenzaron a disparar. Sin embargo, otros soldados demostraron tener menos valor, o más sentido común, y emprendieron una veloz huida para ponerse a salvo.

Cuando los primeros equinos llegaron a las líneas británicas, todos se quedaron estupefactos: no eran caballos, sino mulas. Y además, eran sus propias mulas, las que marchaban junto con los fusileros irlandeses. Fue imposible detener a las mulas en su estampida y la mayoría de ellas continuaron corriendo, a través de las líneas inglesas.

Al cabo de unos minutos, algunos irlandeses llegaron corriendo al lugar para recuperar los animales y explicaron lo sucedido. En un punto del camino en el que el trayecto era especialmente empinado, las mulas se habían negado a continuar. Sin una razón aparente, el pánico se apoderó de aquellos tercos animales y comenzaron a descender corriendo por el camino. A los soldados irlandeses les fue imposible poder controlarlas; al poco tiempo, el centenar de mulas ya se encontraba lanzado al galope, «convertido» en un regimiento de caballería bóer.

Los sitiadores de Ladysmith creían que el peligro había pasado, pero no era así. Los ingleses lograron reagrupar sus fuerzas gracias a las fuerzas de refresco que llegaron con sir Redvers Buller al frente. Con un fuerte apoyo de la artillería, emprendieron nuevamente el ataque contra los bóers que rodeaban la ciudad.

El 27 de febrero de 1900, el ejército británico hacía su entrada triunfal en Ladysmith, tras soportar un asedio que había durado ciento dieciocho días.[41] Los bóers hicieron recuento del precio que habían pagado por el intento de tomar la ciudad: ochenta y nueve oficiales y ochocientos cinco soldados.

Se cumplían así las palabras de la reina Victoria al conocer los reveses que habían acompañado a las acciones de su ejército en los primeros compases del conflicto: «No nos interesan las posibilidades de derrota en esta guerra. Simplemente, no existen».

Rápida retirada

El general británico que estaba al mando de la fuerza expedicionaria sudafricana al inicio de la contienda, sir Redvers Buller, era un personaje singular. Siendo el responsable de un centro de instrucción, ordenaba hacer un alto en las maniobras para tomar el té. Además, no permitía que sus soldados se tirasen cuerpo a tierra, para evitar que se manchasen los uniformes.

En una ocasión, Buller se vio obligado a retirarse de sus posiciones ante un ataque de los bóers. Una vez en Londres, explicó orgullosamente la acción a sus superio-

---

41. En la actual Ladysmith (bautizada así en honor de la mujer de un gobernador de El Cabo, llamado Harry Smith) existen numerosos vestigios de este asedio. En un edificio que sirvió entonces como depósito de víveres y munición se aloja el Siege Museum (Museo del Asedio), que contiene una interesante muestra de objetos y documentos relativos a ese heroico episodio. En la acera de una calle cercana a este museo se conservan dos cañones, llamados Cástor y Pólux, que los británicos emplearon en la defensa de la ciudad. Aunque en Ladysmith también puede visitarse el denominado «Fuerte Zulú», una torre de defensa construida en 1869, en realidad esta construcción no guarda ninguna relación con esa belicosa tribu, pero se llama así, sin duda, para acrecentar su atractivo turístico.

res, asegurando que la retirada se había llevado a cabo «sin perder ni un caballo, ni una bandera y ni un cañón».

Uno de los presentes, que no consideraba a Buller precisamente como un oficial valiente, comentó: «y sin perder ni un minuto, creo».

Problemas de orientación

Tal como se ha indicado antes, las fuerzas británicas acudieron en socorro de los sitiados de Ladysmith. Pero llegar hasta esa ciudad no fue nada fácil. Los bóers intentaron por todos los medios cerrar la posibilidad de que llegasen a Ladysmith esas tropas de refresco que podían decantar definitivamente la balanza a favor de los ingleses.

El gran obstáculo físico para el avance de las tropas de Buller era el río Tugela. Los bóers intentaron atraer a los ingleses a una trampa. El caudaloso río tan solo podía ser atravesado por dos puentes, uno era el ferroviario, metálico, y el otro era el de la carretera. El general bóer Louis Botha ordenó destruir el puente del ferrocarril para forzar a los ingleses a intentar el paso a través de la carretera, en donde organizarían una emboscada.

Los británicos no cayeron en la trampa preparada por Botha. Los bóers dedujeron que sus enemigos habían sido lo suficientemente listos como para no caer en ella. En realidad no era así; lo que había salvado a los ingleses no era su supuesta astucia, sino su incompetencia, puesto que, pese a que intentaron alcanzar por todos los medios el puente de la carretera, no pudieron encontrarlo.

Los problemas de orientación para los británicos continuarían. Una vez destruido el puente ferroviario, e incapaces de hallar el puente de la carretera, las únicas alternativas que quedaban para atravesar el río Tugela eran llegar hasta alguno de los dos vados, el de Potgieter o el de Trichardt. Pero ambos se encontraban muy lejos, río arriba, de las posiciones que en ese momento ocupaban los británicos.

Redvers Buller observó en su mapa que existía otra posibilidad. Cerca de Colenso, una pequeña población situada a veinte kilómetros al sur de Ladysmith, el río formaba un amplio meandro, conocido como vado de Bridle. Los bóers, al otro lado del río, se preparaban para impedir a los británicos que pudieran poner el pie en su vigilada orilla.

El 15 de diciembre de 1900, Buller ordenó al general de división Hart que avanzase junto a sus hombres en dirección al río. Este condujo a sus tropas en formación napoleónica, presentando una abigarrada masa de cuatro mil soldados, lo que fue aprovechado por los tiradores bóers para poner a prueba su endiablada puntería, escondidos en sus trincheras.

La artillería británica acudió a proporcionar apoyo a este avance de Hart y permitió unos minutos de respiro a sus hombres. Una vez llegados a la orilla, el general no localizó claramente el lugar por el que debían atravesar el río. Consultó en su anticuado mapa y observó un signo que interpretó como el que señalizaba el supuesto vado. Tras un rápido vistazo, creyó haber dado con el lugar exacto. Entonces ordenó a sus hombres que formasen una columna y que comenzasen a vadear el río.

El espectáculo no pudo ser más tragicómico. Los soldados ingleses se fueron hundiendo en el agua, buscando inútilmente el lecho del río en el que poner pie. En realidad, en ese punto, ¡el río tenía seis metros de profundidad!

Naturalmente, la travesía se detuvo, mientras que Hart, desde su caballo, observaba atónito la escena. Los bóers, tan sorprendidos como Hart, observaron perplejos el hundimiento literal de las tropas inglesas, y volvieron de nuevo a disparar sobre ellas, animados por esta inesperada muestra de incompetencia.

Los ingleses sufrirían más de un millar de bajas en este ataque de los bóers, incluidos más de sesenta oficiales, por lo que Buller ordenó a sus tropas retirarse del río Tugela e intentar atravesarlo en otra ocasión. Por su parte, los bóers no sufrieron más que la pérdida de cuarenta hombres.[42]

Un retraso fatal

Uno de los generales británicos más incompetentes de los que combatieron en Sudáfrica fue sir Charles Warren. Sus opiniones militares eran objeto de burla por parte de sus compañeros, que lo tenían como una persona ridícula y sin criterio. A sus detractores no les faltaban los motivos: en una ocasión, Warren reveló a lord Wolseley, el jefe de las fuerzas británicas, que sus planes para derrotar a los bóers consistían en «darles unos buenos azotes con los pantalones bajados».

Sin embargo, si las palabras del general Warren pueden entrar en el terreno del esperpento, sus decisiones en el campo de batalla sí tenían consecuencias sobre sus propios hombres, y ellos fueron los que sufrieron en mayor medida las escasas aptitudes de este militar.

La columna de Warren llegó hasta el río Tugela, un mes después del desastre protagonizado por Buller. En este caso, los británicos no intentaron el paso por el vado cercano a Colenso, sino por el de Trichard, que ofrecía muchas más garantías.

El objetivo era atacar a un grupo de medio millar de bóers que se encontraban en la otra orilla, para proseguir hasta la montaña de Spion Kop. La posesión de ese punto elevado era fundamental para controlar la ruta hacia Ladysmith. Pero, si se quería asestar un buen golpe al enemigo, era fundamental actuar con rapidez.

42. En Colenso es posible visitar el museo Stevenson, inaugurado en 1974, en donde se muestran todo tipo de objetos referentes a la guerra de los Bóers, sobre todo en relación con la batalla del río Tugela. En las proximidades de Colenso se encuentran pequeños monumentos en recuerdo de las tropas que participaron en las batallas de los alrededores de Ladysmith.

El general Warren decidió que se trasladase a la otra orilla todo su equipaje personal, y supervisó personalmente la operación para que sus pertenencias no sufriesen ningún daño. Las posesiones de Warren debían ser muchas, o el transporte tuvo que hacerse con mucho cuidado, puesto que incluía numerosas cajas de vino de oporto y de champán, ya que el traslado se prolongó durante veintiséis horas.

Mientras tanto, los bóers no salían de su asombro al comprobar que los ingleses permanecían en el río en lugar de atacarlos de inmediato. Los bóers aprovecharon ese retraso para pedir refuerzos urgentes. Al día siguiente, después de cabalgar toda la noche, se habían reunido más de seis mil bóers para impedir a los británicos tomar la colina de Spion Kop.

La preocupación de un herido

En la batalla de Spion Kop, los soldados ingleses, con el general Warren al frente, tuvieron que soportar una dura derrota a manos de los reforzados bóers.[43] El enfrentamiento entre ambos ejércitos no pudo estar peor planificado por parte británica.

Los bóers se encontraban perfectamente atrincherados en la parte superior de la colina, mientras que los atacantes debían asaltarla desde abajo. Además, los ingleses no contaban con picos y palas suficientes para cavar trincheras, y la mayor parte de los sacos terreros se habían quedado en la orilla del río Tugela, puesto que nadie se había acordado de recogerlos. Los bóers dispararon cómoda-

---

43. Los que visitan en la actualidad la colina de Spion Kop, en Kwazulu Natal, pueden contemplar el campo de batalla tal como era entonces. Una cruz de diez metros de altura corona el monte en el que los británicos fueron acribillados por los bóers. Las excursiones a este lugar pueden realizarse desde Mount Alice, el cuartel general de Buller, hoy convertido en un agradable hotel de estilo colonial.

mente a las tropas británicas desde sus posiciones altas.

La valentía de los soldados ingleses está fuera de toda duda. Pese a las pésimas condiciones en las que tuvieron que emprender el ataque, sus cargas a la bayoneta lograron desalojar, finalmente, a los bóers de la cima de Spion Kop. El resto de las fuerzas bóers emprendió entonces una veloz carrera para ocupar las colinas que rodeaban el monte en disputa: Aloe Kop, Conical Kop y Twin Peaks.

Así pues, pese a la heroica conquista de la cima, los ingleses se veían rodeados por los bóers, que disfrutaban de esas posiciones elevadas, desde las que podían dispararles con facilidad. Los bóers situaron sus cañones en esas colinas e iniciaron el bombardeo de Spion Kop.

Los británicos intentaban localizar los cañones de los bóers para destruirlos, pero era una tarea imposible, pues los bóers utilizaban pólvora sin humo. Hasta entonces, era muy fácil detectar el punto en el que se encontraba un cañón, ya que la nube de humo que dejaba el disparo permanecía durante varios segundos. Sin embargo, los bóers obtuvieron de los alemanes una pólvora especial que no dejaba ese rastro delator cuando hacía explosión.[44]

La cima del monte era un blanco fácil para la artillería bóer. Los soldados británicos recibieron órdenes de resistir a cualquier coste, pero la situación era insostenible. Abrasados por el sol del verano austral, incapaces de respirar por el polvo que levantaban las explosiones, y ago-

---

44. La manera en que se descubrió esa sustancia es curiosa; en 1846, un químico alemán, Christian F. Schönbein, creó un tipo de algodón tratado con ácido que se mostró altamente inflamable, lo que le hacía inútil para la industria textil. Sin embargo, la conocida fábrica germana de armamento Krupp descubrió de inmediato las posibilidades que ofrecía el llamado «algodón pólvora». Los bóers recibieron los cañones que utilizaban ese nuevo fulminante y los alemanes pudieron comprobar así su eficacia en combate. A partir de entonces, todos los ejércitos adoptarían el «algodón pólvora» como fulminante para disparar sus obuses.

tada el agua de sus cantimploras, un centenar de soldados ingleses optó por alzar sus fusiles con pañuelos blancos atados en el extremo. Pero muchos otros decidieron resistir, a la espera de unos refuerzos que no llegaban.

Finalmente, varias unidades llegaron hasta la cima para socorrerlos, pero se veían también sometidas al intenso fuego. Los bóers temían que llegasen nuevos refuerzos, por lo que decidieron retirar sus piezas de artillería más valiosas para que no cayeran en manos del enemigo.

Los británicos no se decidieron a sacar provecho de ello: al caer la noche, decidieron retirar sus tropas de la cumbre de Spion Kop. El descenso de la montaña sería conocido como «la larga escalera del sufrimiento»; los heridos, agotados y sedientos, solo pudieron llegar hasta la llanura, donde fueron atendidos, gracias a la ayuda de sus compañeros.

Cierto soldado británico había sufrido heridas en la cara. La metralla le había destrozado la parte izquierda del rostro. Permaneció en el suelo durante horas hasta que alguien pudo trasladarlo a un hospital de campaña. Como no podía hablar, lo primero que hizo cuando llegó fue pedir un papel y un lápiz para escribir. El personal médico se quedó de piedra cuando comprobó que la gran preocupación de aquel hombre que había resultado herido era el desenlace de la batalla. Lo único que escribió fue: «¿Hemos ganado?».

Nadie tuvo el valor de comunicar el resultado de la batalla a aquel valiente soldado. Spion Kop había causado más de mil quinientas bajas entre los soldados británicos, mientras que los bóers habían perdido doscientos veinticinco hombres.

Inusitada cobardía

Los bóers emplearon tácticas de guerrilla para enfrentarse al poderoso ejército británico, que prefería los combates a campo abierto. Esto causaba una gran frustración entre los ingleses, que no eran capaces de imponerse a sus enemigos, pese a disponer de más y mejor armamento.

Como muestra de las ampollas que esas tácticas causaban en la metrópoli, un destacado historiador británico publicó la siguiente queja: «Los bóers se esconden como cobardes detrás de las piedras y solo disparan cuando se encuentran a cubierto». (!)

Lord Kitchener[45] también criticaría duramente las tácticas empleadas por sus adversarios, que pudo comprobar *in situ* mientras estuvo destinado en Sudáfrica:«Los bóers no son como los sudaneses, que permanecen en pie para combatir de forma limpia. Se escapan constantemente montados en sus pequeños ponis...».

Tal como demuestran estas afirmaciones, los británicos consideraban que los bóers no afrontaban la lucha desde una óptica «deportiva», en la que predominaría el *fair play*. Por su parte, los bóers no se sentían muy ofendidos por estos comentarios y continuaron con su táctica de guerrillas, que ellos consideraban la única que podían oponer ante el enorme potencial de las fuerzas británicas.

Paradójicamente, los británicos se enfrentaron a estas tácticas «cobardes» empleadas por los bóers con unas actuaciones que no se veían precisamente regidas por la valentía.

---

45. Horatio Herbert Kitchener (1850-1916) fue un prestigioso militar británico que sirvió en Egipto y en Sudán, además de combatir en la guerra de los Bóers. Tras la campaña sudafricana lo destinaron a la India y más tarde lo nombraron cónsul en Egipto. Su puesto de mayor responsabilidad lo desempeñó durante la Primera Guerra Mundial, al acceder al cargo de ministro de la Guerra en 1914. Su popularidad se multiplicó enormemente cuando su rostro sirvió para ilustrar los carteles que animaban al alistamiento en el ejército británico. Murió ahogado en el mar del Norte al hundirse el crucero en el que viajaba, el *Hampshire*, tras la explosión de una mina alemana. Al conocerse la noticia, el impacto fue tal que muchos se negaron a creer que hubiera muerto, convencidos de que no era más que una estratagema para confundir al enemigo.

Lord Kitchener puso en funcionamiento un plan para impedir que los bóers pudieran recibir el apoyo de la población civil. Para ello se crearon campos de concentración destinados a encerrar a mujeres y niños en recintos provistos de alambradas. Los británicos rodeaban los pueblos y trasladaban a todos sus habitantes a estos campos, ante la impotencia de los combatientes bóers, que contemplaban cómo sus familias eran maltratadas sin poder hacer nada para remediarlo.

Las condiciones de vida en estos campos provocaron muchas bajas entre aquella masa de personas inocentes: causaron una mortalidad por desnutrición cercana al veinte por ciento. La aberración que suponía la existencia de tales campos levantó críticas incluso en la propia Cámara de los Comunes británica.

Aunque, finalmente, el Imperio británico logró imponer su ley en Sudáfrica, la guerra de los Bóers supuso, en cierto modo, una derrota moral para los ingleses, que vieron cómo la época dorada colonial llegaba a su fin. La dura resistencia que ofrecieron los bóers cuando tuvieron la posibilidad de atrincherarse, confiando en el gran alcance de sus fusiles Mauser, demostró que un grupo reducido de defensores podía rechazar sin demasiado esfuerzo las valerosas cargas a la bayoneta a las que estaban acostumbrados los soldados británicos.

Esta fue una lección que no aprendieron los británicos, pese a haberla sufrido en numerosas ocasiones en los campos de batalla sudafricanos. Ignorarla tendría fatales consecuencias en la Primera Guerra Mundial.

Capítulo 11

Duelo en Oriente (1904-05)

𝓛a guerra ruso-japonesa estalló en 1904 a raíz de la rivalidad existente entre los dos países por el control de Corea y Manchuria.

Tanto el emperador japonés, Matsu-hito, como el zar ruso, Nicolás II Romanoff, deseosos de ampliar su territorio, albergaban sueños expansionistas. El más necesitado era el zar, puesto que su flota en Extremo Oriente requería un puerto que no quedase bloqueado por el hielo durante el invierno.

El expansionismo ruso había obtenido sus frutos, consiguiendo ocupar Manchuria y el arrendamiento de Port Arthur, pasando por encima de los acuerdos firmados en 1900 por los que Japón devolvía esas posesiones a China. Los nipones consideraron estos avances como una amenaza a su seguridad y exigieron la retirada rusa.

Las conversaciones diplomáticas se alargarían durante más de dos años, acabando con la paciencia nipona. El 6 de febrero de 1904, Japón rompería las relaciones diplomáticas con Rusia.

La guerra ruso-japonesa comenzó la noche del 7 al 8 de febrero de 1904, cuando los japoneses atacaron por sorpresa a la flota rusa fondeada en Port Arthur, en una acción que guarda un evidente paralelismo con el ataque a Pearl Harbor del 7 de diciembre de 1941. Los torpederos nipones penetraron en el puerto amparados por la oscuridad y lograron hundir o dañar gravemente a la mitad de los barcos rusos. Solo se salvaron cuatro acorazados y algunos cruceros.

A los pocos días, cuatro ejércitos japoneses desembarcaron en Corea y en los alrededores de Port Arthur. En Corea, los japoneses ocuparon rápidamente el territorio y llegaron hasta la frontera con Manchuria.

En las proximidades de Port Arthur, los japoneses derrotaron a los rusos en las sangrientas batallas de Wafang y Liao Yang. Port Arthur quedó completamente cercada. Mientras tanto, los restos de la flota rusa del Pacífico, tanto de Port Arthur como de Vladivostok, quedaron destruidos tras diversos encuentros navales.

Los ejércitos japoneses se lanzaron al asalto de Port Arthur, cuya guarnición se defendió heroicamente. En un último intento de rescatarles, ciento sesenta mil rusos con más de ochocientos cañones atacaron a doscientos sesenta mil japoneses, que disponían de mil doscientos cañones.

A pesar de que el inicio de la batalla fue prometedor para las tropas del zar, los japoneses rechazaron su ataque. Los rusos sufrieron una dolorosa derrota, y perdieron un tercio de sus hombres. Finalmente, Port Arthur caería en poder de los japoneses en febrero de 1905.

La flota japonesa interceptó cerca de la isla de Tsushima a la flota rusa del Báltico. El almirante Togo destruyó por completo el poderío naval ruso. La revolución de 1905, que estalló en Rusia, los obligó a pedir la paz.

Japón obtendría así derechos ferroviarios en Manchuria, los puertos de Dairén y Port Arthur, la península de Liao-Tung, la mitad de la isla de Sajalin y el reconocimiento ruso de sus derechos sobre Corea.

Las consecuencias de la guerra ruso-japonesa se podrían observar en las décadas siguientes. El germen del descontento social en Rusia acabaría fructificando en 1917, con la caída del zar y la Revolución de Octubre.

Por su parte, Japón irrumpía con fuerza en la escena

internacional. La confianza nipona en sus propias fuerzas le llevaría a buscar la hegemonía en Extremo Oriente y en el Pacífico contra las potencias occidentales, en un desafío creciente que alcanzaría su punto álgido en la Segunda Guerra Mundial.

Un campo de batalla muy caluroso

Las tropas rusas y japonesas se enfrentaron en la batalla de Yoshirei, en Manchuria, en el primer año de guerra. Según el testimonio del coronel Hume, que se encontraba como observador junto a las fuerzas rusas, a media mañana se produjo una pausa en la batalla, que ambos bandos aprovecharon para recuperar el aliento, debido al intenso calor.

Poco a poco, se comenzó a sentir un extraño temblor en el aire. Era como si miles de pájaros batiesen sus alas a la vez. El sonido se extendía por todo el valle, aunque parecía proceder de las líneas niponas.

Al mirar hacia allí con los prismáticos, los rusos descubrieron el origen de ese misterioso ruido: la mayoría de los soldados japoneses ¡se estaban dando aire con abanicos!

La especial orografía del valle había hecho que el eco llegase con claridad a oídos de los también acalorados rusos, que contemplaban a sus enemigos con envidia.

Un viaje demasiado accidentado

Si Japón quería obtener una victoria total sobre Rusia, era necesario acabar con la amenaza de la potente flota del Báltico. Para ello, los nipones decidieron plantear la batalla en su propio terreno e imponer sus condiciones.

La flota japonesa era moderna y disfrutaba de las últimas innovaciones técnicas, pero el mariscal Togo Heihachiro consiguió hacer creer a los rusos que sus barcos tenían mucha menos potencia de fuego de la que disponían en realidad y que podrían destruirlos por completo en un breve ataque.

El cebo ya estaba puesto ante los rusos, que no dudaron que era necesario desplazar a la flota del Báltico hasta Japón para asestar allí un golpe mortal a los insolentes nipones.

Aunque los barcos rusos eran temibles en apariencia, en realidad no eran más que «bañeras flotantes», tal como afirmó un testigo de la época. Los mejores buques acorazados eran los de la clase Suvoroff; sin embargo, presentaban unos imperdonables errores de diseño que ponían en peligro su estabilidad.

Los Suvoroff, con el armamento secundario al completo, corrían el riesgo de volcar si la mar estaba agitada. Como solución de urgencia se decidió eliminar todo peso superfluo, incluidos banderines y estandartes.

Dar a los buques rusos la orden de zarpar equivalía a suicidarse, conduciéndolos a un sacrificio inútil. Los japoneses lograron que los ingleses advirtieran a los rusos que no se les permitiría el paso de la flota del zar a través del canal de Suez. Por lo tanto, los barcos tendrían que rodear todo el continente africano por el cabo de Buena Esperanza, añadiendo casi diez mil kilómetros al ya de por sí inacabable viaje.

Con estos prolegómenos, el comandante de la flota, el vicealmirante Zinovy Petrovitch Rozhestvenski, no partía con los mejores augurios. Además, en su ruta hacia Japón, los rusos no contaban con bases intermedias para repostar carbón. Para ello tuvieron que llegar a un acuerdo con una compañía privada alemana, que les proporcionaría el combustible a lo largo del trayecto.

Las preocupaciones del almirante se trasladaron a las tripulaciones, que tampoco confiaban demasiado en el éxito de la empresa. Fruto de este nerviosismo se produjo un tragicómico episodio en el mar del Norte, algo que ocurrió nada más partir. Un grupo de pesqueros ingleses estaba faenando en la zona cuando los confundieron con la flota nipona al completo. Los cañones rusos abrieron fuego contra ellos. Cuando ya habían hundido varios de estos barcos, se dieron cuenta de que habían cometido un lamentable error.

La prensa británica se hizo eco de este suceso, e inmediatamente toda la prensa mundial: el viaje de la flota rusa se convirtió en un hazmerreír general.

Los despropósitos seguirían acompañando a la flota del Báltico en su viaje hacia Extremo Oriente. El almirantazgo de San Petersburgo, consciente de que su escuadra no estaba ofreciendo la imagen más adecuada, decidió reforzarla con otros buques que se habían quedado en los puertos rusos. Para ello comunicaron a Rozhestvenski que esperase la llegada de esos buques.

Al conocer las intenciones de sus superiores, el almirante prefirió evitar el encuentro con los barcos de refuerzo, puesto que se trataba de los barcos más anticuados de la flota rusa. Según Rozhestvenski, no eran más que «una colección arqueológica de arquitectura naval».

Mientras Rozhestvenski hacía todo lo posible por esquivar el convoy que llegaba para unirse a su flota, uno de sus propios barcos se enredó con un cable submarino, cerca del estrecho de Gibraltar. Los rusos tuvieron que cortarlo, sin saber que se trataba de un cable de comunicaciones entre África y Europa. Los técnicos tardaron cuatro días en repararlo: dejaron ambos continentes sin comunicación.

Este desastroso viaje continuaría por los mismos derroteros. A lo largo del recorrido seguirían produciéndose incidentes similares. El buque *Kamchatka* mantuvo un combate contra tres supuestos barcos japoneses. Después de disparar trescientos obuses, sus tripulantes se dieron cuenta de que estaban atacando a un mercante sueco, a un pesquero alemán y a una goleta francesa.

En cierto punto del trayecto, Rozhestvenski ordenó realizar unas prácticas de tiro para romper con la monotonía que ya estaba haciendo mella en la disciplina de sus hombres. Los rusos compraron en un puerto africano un buque destinado al desguace y lo utilizaron como blanco en las maniobras.

La artillería de sus destructores hizo fuego repetidas veces apuntando hacia el buque. Al volverse a reunir la flota, el almirante comprobó con desesperación que el barco que servía como objetivo no había sido tocado ni una sola vez. El único acierto había sido ¡contra el barco ruso que lo arrastraba!

Todos estos sucesos acabarían castigando duramente la salud de Rozhestvenski. Aquejado de fuertes dolores de cabeza, el almirante pasaría días enteros encerrado en su camarote sin querer ver a nadie.

Una vez que la flota se adentró en el océano Índico, los japoneses consiguieron hacer creer a los rusos que habían enviado sus barcos a salir a su encuentro para establecer batalla a mitad del recorrido. Esto supuso permanecer en alerta durante el resto de la singladura, lo que provocó una gran tensión entre los marineros.

La flota rusa del Báltico avanzaba ya entre Japón y China cuando los barcos japoneses la interceptaron cerca de la isla de Tsushima,[46] el 27 de mayo de 1905. Aunque las fuerzas en liza eran similares (medio centenar de buques por cada bando), lo cierto es que mientras que los japoneses estaban descansados, tranquilos y confiados, los rusos se encontraban fatigados, abatidos y desmoralizados.

El resultado del duelo no podía ser otro que el de la victoria de la flota nipona, puesto que sus barcos eran más rápidos y tenían mayor potencia de fuego, lo que contras-

---

46 Curiosamente, en este mismo lugar, una escuadra japonesa consiguió también una victoria decisiva, en este caso contra una flota invasora de naves chinas y coreanas, en 1419. Después de aquel triunfo japonés, nunca más se intentó una invasión por mar desde el continente.

taba espectacularmente con la obsoleta escuadra del zar.

El almirante Togo supo aprovechar esas ventajas al máximo. En primer lugar se aproximó en ángulo a la flota rusa, que navegaba en línea. Después aisló a la vanguardia: en el primer intercambio artillero, hundió un acorazado e inutilizó otro.

La escuadra rusa se dispersó, presa del pánico. Antes del anochecer, los cañones japoneses mandaron al fondo del mar a otros tres acorazados, por lo que el almirante ruso, para evitar perder toda la flota, ordenó poner rumbo inmediatamente hacia Vladivostok.

Rozhestvenski no pudo dirigir peor la batalla. Según sus propios hombres, las órdenes del almirante causaron «perplejidad y consternación», y provocaron un «estado de caos». En cambio, la táctica empleada por el almirante Togo desarticularía por completo las líneas rusas.

Sin embargo, Togo no quedó satisfecho y decidió perseguir a la escuadra enemiga en fuga. Los veloces destructores nipones, acompañados de buques lanzatorpedos, lograron darles alcance; durante toda la noche y hasta el amanecer, se dedicaron a hundir barcos prácticamente sin oposición: dejaron fuera de combate a veintiocho más.

Al final, Rozhestvenski fue hecho prisionero. Tan solo doce barcos rusos pudieron salvarse, mientras que los nipones únicamente tuvieron que lamentar la pérdida de tres torpederos. El viaje que tan mal había comenzado en aguas del Báltico no pudo acabar peor.

Brindis con agua

Tras la guerra ruso-japonesa, saldada con la inesperada victoria nipona, uno de los triunfadores de este conflicto, el almirante Togo, acudió a Washington en visita oficial.

Los norteamericanos agasajaron al ilustre marino. Tras una cena celebrada en su honor, llegó el momento de los brindis. Sin embargo, uno de los asistentes, William Jennings Bryan (1860-1925), que luego sería secretario de

Estado, no quería brindar porque era abstemio. Para evitar un incidente diplomático, Bryan tomó la palabra y dijo:

«Como Togo ha conseguido una victoria en el agua, brindaré con agua. Cuando logre otra victoria en champán, brindaré con champán…».

Capítulo 12

Muerte en las trincheras (1914-18)

El conflicto de 1914-18 fue el resultado de las tensiones que se habían fraguado en las décadas anteriores. Alemania y Gran Bretaña rivalizaban por convertirse en la principal potencia europea, mientras que Francia albergaba deseos de revancha contra los alemanes tras la pérdida de Alsacia y Lorena en 1870. Por su parte, Austria temía la expansión rusa en los Balcanes, una región convertida en un auténtico polvorín.

Tales ingredientes acabaron explotando en 1914, tras el asesinato en Sarajevo del archiduque Francisco Fernando, heredero del trono de Austria, a manos de un extremista serbio. A partir de ese momento se inició una absurda cadena de despropósitos; Austria declaró la guerra a Serbia, Rusia se alineó con los serbios enfrentándose así a los austriacos, Alemania acudió en apoyo de Austria, Francia entró a favor de Rusia y, al final, Gran Bretaña declaró la guerra a Alemania. El 4 de agosto la contienda ya estaba en marcha.

Curiosamente, todos los participantes en el conflicto estaban convencidos de que la guerra se resolvería al cabo de unas semanas. Austria pensaba que aplastaría a Serbia rápidamente y los alemanes creían que alcanzarían París en pocas semanas, lo mismo que aseguraban los franceses respecto a Berlín.

Sin embargo, el conflicto se alargaría durante más de

cuatro años. Nadie había previsto que la guerra tomaría el cariz que luego tomó, pues no se analizaron con detenimiento los resultados de la extraordinaria evolución armamentística que se había dado en las décadas anteriores; el mayor alcance de los fusiles de repetición o la aparición de la ametralladora, capaz de disparar diez proyectiles por segundo. Aunque los campos de batalla de la guerra de los Bóers o incluso de la guerra de Secesión norteamericana ya habían visto la aparición de este armamento, no se adoptaron estrategias para compensar este aumento de la solidez defensiva.

Las nuevas armas, disparando desde posiciones organizadas, creaban una barrera de fuego mortífera que hacía inútil cualquier intento de asalto frontal. Esta circunstancia condujo a la terrible guerra de trincheras que paralizó el frente occidental. Los intentos para tratar de romper esas redes defensivas provocaron grandes carnicerías, en las que oleadas de soldados de ambos bandos caían bajo el fuego de las ametralladoras mientras atravesaban penosamente un terreno removido por las bombas y obstaculizado por las alambradas.

Este estancamiento llevó a los estrategas a idear un sistema para romperlo: se recurrió a la «batalla de desgaste», por la que se aplicaba una gran concentración de fuego de artillería, seguida de un avance limitado de la infantería. Las reservas enemigas que acudían a taponar la brecha eran nuevamente batidas por el fuego intenso, y la operación se repetía con el objetivo de que el enemigo agotase sus reservas. Una vez que esto sucedía, ya se podía lanzar el ataque final para romper la línea defensiva. Tal estrategia fracasó estrepitosamente, y resultó muy costosa en vidas humanas.

Más éxito tuvo el otro sistema empleado para acabar con la guerra de trincheras: la «batalla profunda» logró una penetración rápida y por sorpresa que pretendía llegar hasta la retaguardia para golpear los centros vitales del enemigo. Para ello, los británicos recurrieron a los carros de combate, y los alemanes echaron mano de pequeñas unidades de infantería que se infiltraban en los huecos creados por la preparación artillera.

Estos métodos innovadores lograron por fin en 1918 la ruptura del frente, que había permanecido prácticamente inalterado desde 1914, y anticiparon los aplastantes medios de combate utilizados por los alemanes al comienzo de la Segunda Guerra Mundial.

Salvadores en retirada

Tras la violación de las fronteras de la neutral Bélgica por parte de las tropas alemanas, el 4 de agosto de 1914, la población local recibió como héroes a los soldados británicos, que acudían para ayudar a los belgas a defender su país.

No obstante, el arrollador avance germano hizo retroceder también a los británicos, que se sintieron impotentes para contener la ofensiva de las tropas del káiser.

En su retirada, los soldados ingleses vieron con amargura cómo en los pueblos que atravesaban en su huida hacia el oeste aún había extendidas grandes pancartas en las que se podía leer: «Bienvenidos nuestros salvadores británicos».

Un ángel se aparece a los británicos

El 23 de agosto de 1914, el ejército alemán intentó atravesar las líneas aliadas en la localidad belga de Mons, defendidas en ese punto por dos unidades británicas, comandadas por el general Horace Smith-Dorrien, veterano de las guerras zulúes. Los soldados germanos se estrellaron una y otra vez contra las defensas aliadas, bien atrincheradas.

Pero los alemanes lanzaron un intenso bombardeo que permitió a su infantería iniciar una maniobra cuyo objetivo era envolver a los británicos. Gracias al apoyo de la artillería propia, Smith-Dorrien organizó una ordenada retirada general.

Esta batalla se puede considerar como menor, ya que causó solo mil seiscientas bajas entre los británicos y aproximadamente el doble entre los alemanes. Sin embargo, Mons pasaría a la historia por la irrupción de un inesperado refuerzo entre las tropas británicas…

Dos semanas después de la batalla, comenzó a circular en la prensa británica una información según la cual se había aparecido en el campo de batalla un ángel vestido de blanco y montado en un caballo del mismo color, con una espada envuelta en llamas. Según los periódicos, tan increíble suceso lo contemplaron miles de soldados de ambos bandos.

Al parecer, el desafiante espectro, conocido a partir de entonces como el Ángel de Mons, se enfrentó a los alemanes y les impidió continuar con su avance, lo que permitió la retirada de los soldados británicos. De todos modos, las versiones difieren, ya que algún periódico aseguraba que no se trataba de un ángel, sino que era el patrón de Inglaterra, San Jorge, quien había acudido a socorrer a los soldados británicos enarbolando una larga lanza, en lugar de la espada flamígera.

En realidad, nadie vio al supuesto Ángel de Mons, pero sí que se dieron casos de visiones colectivas. La razón era el agotamiento que sufrieron los soldados británicos al retirarse de Mons. Tras cinco días de marchas continuas, sin tiempo para descansar ni dormir, los soldados sufrieron alucinaciones. Casi todos los que protagonizaron esa marcha vieron ángeles, castillos o ejércitos fantasmales, que se desvanecían tan rápidamente como aparecían.

Es probable que alguno de estos testimonios llegara a oídos de la prensa británica y, convenientemente adornada, daría lugar a la célebre leyenda del Ángel de Mons.

Taxi, ¡al frente!

La extraordinaria resistencia de las tropas francesas en la batalla del Marne, del 6 al 8 de septiembre de 1914, salvó a París del avance de las fuerzas alemanas. Gran parte del mérito hay que anotarlo en el haber del general Joseph Gallieni, que en ningún momento dudó que las tropas del káiser serían detenidas antes de llegar a la capital gala.

El primer ejército alemán, dirigido por el general Alexander von Kluck, había llegado a orillas del río Marne el 3 de septiembre, y lo atravesó al día siguiente con la intención de lanzar su ataque contra París el 5 de septiembre. Pero el general en jefe alemán, Helmuth von Moltke, al ver que el ala derecha de su ejército quedaba expuesta, ordenó a Von Kluck que se replegara hacia el norte.

En la mañana del 6 de septiembre, los franceses lanzaron un sorprendente contraataque bajo las órdenes del general Gallieni, el gobernador militar de París. Entre el primer y el segundo ejércitos alemán se había creado una separación de unos cincuenta kilómetros, lo que los franceses aprovecharían para lanzar un ataque en forma de cuña. En esos momentos trascendentales, en los que estaba en juego el destino, no solo de París, sino de Francia, era necesario enviar al frente todo lo que fuera capaz de enfrentarse al avance germano.

Con el objetivo de llevar el máximo número posible de hombres al río Marne, en donde se estaba desarrollando una fiera lucha, ¡llegaron a utilizarse los taxis de París!

En efecto, los soldados llegaron al frente en taxi, en una acción sin precedentes y que desde entonces no ha vuelto a suceder.[47] Para homenajear a estos «taxis del

---

47. Los británicos también recurrieron al transporte público para trasladar los soldados al frente, pero en unas circunstancias muy diferentes a las de los franceses. Ante la escasez de vehículos de motor para transportar a los soldados una vez llegados al continente, se recurrió a los autobuses urbanos de Londres, que fueron embarcados rumbo a Francia para cumplir con este cometido. Una vez que llegaban al puerto belga de Ostende, los soldados británicos no salían de su asombro al ver que les esperaban los típicos autobuses londinenses de dos pisos, que aún mostraban los letreros que in-

Marne» que transportaron providencialmente a los soldados franceses, en la actualidad uno de esos históricos taxis se expone en un lugar de honor en el museo militar de Los Inválidos.

La aportación de estos vehículos resultaría decisiva para la suerte de la batalla. Von Moltke tuvo que suspender el avance sobre París el 9 de septiembre, y entonces comenzó la retirada alemana en dirección al río Aisne.

La batalla del Marne supuso el enfrentamiento de más de dos millones de hombres: novecientos mil alemanes, un millón cien mil franceses y setenta mil británicos. El ejército francés sufrió doscientas cincuenta mil bajas, mientras que los alemanes perdieron doscientos mil hombres y los británicos un millar.

¿Quién ha de abrir el telegrama?

En el ejército ruso se dieron varios casos de fuerte rivalidad entre oficiales. Uno de los más curiosos se dio entre el comandante Ivanov y su jefe de Estado Mayor Alexeiev. Sus discusiones eran continuas y de ello se resentía el ejército que tenían a sus órdenes.

El odio que sentían el uno por el otro les hizo intentar apropiarse de cualquier pequeña competencia. Esta lucha los llevó a mantener una acalorada disputa por dirimir quién tenía derecho a abrir los sobres que contenían los telegramas que llegaban del Estado Mayor.

Como no se aclaró quién de los dos tenía derecho a leer primero los telegramas, exigieron que cada uno de ellos recibiese un ejemplar del mismo mensaje, para evitar así más discusiones.

Pero lo que parecía una solución salomónica acabaría

dicaban su recorrido. Así pues, las líneas de Piccadilly o Trafalgar Square les llevaban directamente al frente. En el Imperial War Museum de la capital británica se expone uno de estos autobuses.

convirtiéndose en una nueva fuente de problemas. Tras recibir los dos telegramas, tanto Ivanov como Alexeiev se apresuraban a impartir las órdenes oportunas, aunque en la mayoría de las ocasiones estas eran contradictorias, lo que causaba la consiguiente perplejidad entre sus oficiales.

El plan de un general incompetente

Con el fin de romper el frente estático en el que se había convertido la defensa rusa ante la ofensiva germana, el general Kuropatkin tuvo una idea con la que pretendía asaltar sin problemas las trincheras alemanas.

Kuropatkin ordenó que se colocaran cientos de potentes focos en las líneas propias, en dirección al enemigo. Según su plan, cuando llegase la oscuridad de la noche, los soldados rusos podrían atacar a los alemanes protegidos por los focos, con los que pretendía deslumbrar a los alemanes.

Sin embargo, el plan no salió exactamente como había previsto el general ruso. Para su sorpresa, comprobó cómo sus hombres, aunque avanzaban teniendo detrás la cegadora luz de los focos, caían como moscas bajo los disparos de los soldados germanos, que no tenían ninguna dificultad para abatirlos.

Aun así, no dio órdenes de detener ese avance suicida y los alemanes continuaron masacrando a los hombres de Kuropatkin. En total, esa noche murieron unos ocho mil soldados rusos.

Más tarde, el incompetente general descubrió el motivo del fracaso, que podría haber previsto si hubiera aplicado el sentido común o si se hubiera hecho algún ensayo: así hubiera evitado que miles de sus hombres perdiesen la vida inútilmente.

Al poner en práctica su plan, se demostró que la potencia de los focos no era la suficiente para deslumbrar al enemigo. Pero además, y lo que era más importante, lo único que conseguía la luz era marcar con exactitud la silueta de los soldados rusos, con lo que apuntarles se convertía en un juego de niños para los tiradores alemanes.

Pies demasiado grandes

En 1914, el Ejército británico no disponía aún de todo el equipo necesario para pertrechar adecuadamente a sus soldados. Un ejemplo fue el que ocurrió con un soldado llamado Beale, alistado en infantería, al que no se le encontraron botas de su número debido a que tenía los pies muy grandes.

El problema no pudo resolverse, y al final se le entregaron unas botas que resultaron ser demasiado pequeñas. Sin embargo, para evitarle al soldado Beale los sufrimientos que en las largas marchas propias del cuerpo de infantería le ocasionaría tan inadecuado calzado, ¡se le destinó al de artillería!

Cómo ablandar unas botas

El sistema empleado por los soldados británicos en la Primera Guerra Mundial para ablandar las botas e impedir que apareciesen ampollas y rozaduras era un tanto desagradable, pero muy efectivo. El método consistía en llenar las botas con orina y dejarlas así toda la noche.

A los reclutas recién llegados se les solía gastar una broma al respecto. Cuando uno de ellos se quejaba de la dureza y rigidez de sus botas, siempre había un veterano que le recomendaba utilizar un guisante (*pea*, en inglés).

Esto provocaba la confusión del recluta, hasta que se le aclaraba que se estaba refiriendo a la acción de orinar (*pee*, en inglés coloquial).

Adiós a los calcetines

El alistamiento de jóvenes ingleses procedentes de zonas

rurales dio lugar a algún que otro curioso episodio. Acostumbrados a utilizar letrinas en sus lugares de residencia, cuando llegaron a los cuarteles se encontraron con los, para ellos, sorprendentes inodoros.

Muchos de ellos supieron enseguida su utilidad, pero hubo otros que no fueron tan agudos. Un muchacho creyó que se trataba de un lavadero, y se dispuso a lavar sus calcetines en el retrete. Los compañeros que ya habían descubierto su finalidad no quisieron sacarle de su error y, entre risas ahogadas, contemplaban cómo el recluta refregaba los calcetines con jabón, agachado junto al inodoro.

Entonces, el joven preguntó cómo se podía obtener más agua, a lo que alguien respondió: «Tirando de la cadena». El inocente recluta lo hizo y, naturalmente, los calcetines se fueron enseguida por el desagüe.

Lo peor llegó cuando el joven tuvo que solicitar que le entregasen un nuevo par de calcetines: tuvo que convencer al oficial al mando de que su increíble historia sobre cómo los había perdido era cierta.

En defensa de la civilización

Durante la Primera Guerra Mundial, las muchachas de la clase más acomodada de Londres solían acercarse a los jóvenes que estaban en edad de alistarse, pero que aún no lo habían hecho, y les entregaban una pluma blanca, como símbolo de cobardía.

En una ocasión, un joven alemán que se encontraba estudiando en Gran Bretaña llamado Karl Wehner fue interpelado en plena calle por una de estas damiselas:

—¿Por qué no se ha alistado en el ejército?

—Hay una razón de peso para ello —le contestó el joven—, soy alemán.

La contrariada dama, de todos modos, no renunció a su deseo de humillarle y le obsequió con la pluma de la vergüenza.

Otro caso parecido fue el de un joven estudiante británico que no había querido alistarse. Caminaba tranquilamente por la calle con su ropa de civil cuando una de estas damas le paró y le ofreció una pluma blanca, a la vez que le decía con voz altanera:

—Me sorprende que usted no esté luchando por defender a la civilización.

—Señora —replicó el joven—, más bien creo que yo soy la civilización, que está luchando por defenderse.

Partido de fútbol en tierra de nadie

La Navidad de 1914 pasó a la historia porque en el frente occidental se dio un hecho sin precedentes en la historia militar. Aquella Nochebuena, las tropas alemanas comenzaron a entonar canciones, mientras colocaban sobre los parapetos de las trincheras árboles decorados con luces, enviados a miles por decisión expresa del káiser, junto con un buen cargamento de licores y salchichas.

Al amanecer del día de Navidad, algunos soldados alemanes comenzaron a salir desarmados de sus trincheras. Los aliados, primero con desconfianza pero después con decisión, salieron a su encuentro fundiéndose con ellos en abrazos de amistad, compartiendo tabaco y chocolate, y mostrándose mutuamente sus manoseadas fotografías de novias, esposas o hijos.

Sin embargo, el episodio más emblemático de esta insólita tregua fue la disputa de algunos partidos de fútbol en tierra de nadie. Tal como recordaba Bertie Felstead, un soldado inglés que falleció en julio de 2001 a los ciento seis años, al alba de ese 25 de diciembre de 1914 «los alemanes comenzaron a salir desarmados de sus trincheras hacia nosotros y salimos a abrazarlos». Ingleses y alemanes cantaron juntos y se intercambiaron cigarrillos hasta que, de repente, apareció un balón y se improvisó un partido de fútbol en que cada equipo contaba con una cincuentena de soldados. No se sabe quién ganó, puesto que, según Bertie, «nadie se encargó de contar los goles».

Sin embargo, tras una media hora de juego, el partido acabó de golpe cuando un comandante inglés gritó: «¡Hemos venido a matar *hunos*, no a jugar al fútbol con ellos!». Una salva de artillería rubricó las palabras del oficial y poco después cada uno volvía a estar en su trinchera.

Improvisada barbería

Las inesperadas muestras de compañerismo de la Navidad de 1914 alarmaron a los cuarteles generales de ambos bandos. Inmediatamente, se impartieron órdenes a los oficiales para que informasen con detalle de lo ocurrido y tomasen drásticas medidas para impedir que esa «peligrosa» confraternización pudiera volver a ocurrir.

Las unidades que participaron en la tregua fueron desmembradas e incluso algunos soldados franceses acabaron ejecutados. Las cartas en las que los soldados explicaban a sus familias esa insólita celebración navideña fueron interceptadas y destruidas. También se requisaron todas las fotografías que habían inmortalizado el encuentro amistoso, aunque una de ellas burló los controles y acabó por publicarse en la portada del diario londinense *Daily Mirror*, antes de que la censura militar pudiera reaccionar.

La tregua navideña se convirtió así en un recuerdo difuso. El frente occidental volvió a vivir el enfrentamiento despiadado entre las tropas enfrentadas. En la Navidad siguiente, nadie se sintió con ánimos para desafiar las consignas oficiales y no se dieron casos destacables de tregua tácita.

Aun así, en algunos puntos en los que no había demasiada actividad bélica, sí que se dio algún caso aislado de confraternización. Según el testimonio de un soldado británico llamado Bruce Bairnsfather, el día de Navidad de 1915 se dio una curiosa escena: uno de los ametralladores de la compañía, que era barbero en la vida civil, se dispuso a cortarle a pelo... ¡a un alemán!

En efecto, el soldado germano se puso de rodillas en el suelo y el británico, con total profesionalidad, sacó unas largas tijeras y, durante unos minutos, tuvo ante sí la posibilidad de acabar limpiamente con uno de sus enemigos. Sin embargo, el barbero hizo su trabajo; a cambio, su «cliente» alemán le obsequió con unos cigarrillos.

Ruido de cañones

La batalla más sangrienta de la Gran Guerra fue la primera del Somme, en Francia, entre el 1 de julio y el 19 de noviembre de 1916. En total hubo más de un millón de muertos.

El bando aliado perdió unos cuatrocientos mil británicos y unos doscientos mil franceses; los otros cuatrocientos mil eran alemanes, pese a que las cifras iniciales hablaban de seiscientos setenta mil soldados germanos muertos.

Como datos escalofriantes, basta señalar que tan solo en el primer día de la ofensiva se produjeron 57.470 bajas británicas y que un batallón, el 10.º West Yorks, fue aniquilado por completo cuando no se había cumplido ni un minuto desde que había comenzado su avance, masacrado por las ametralladoras alemanas.

Para hacerse una idea de la colosal ofensiva que llevó a cabo la artillería aliada, hay que tener en cuenta que desde Londres era posible percibir en la lejanía el retumbar de los cañones y que, en ocasiones, los cristales de las ventanas llegaban a vibrar.

En las noches despejadas, incluso se podía ver en el horizonte el resplandor de las explosiones del otro lado del canal de la Mancha.

La aparición tardía del tanque

La primera ocasión en la que se emplearon tanques[48] en la guerra fue el 15 de septiembre de 1916, en la batalla del

Somme. Los británicos contaban con treinta y seis unidades, aunque tan solo la mitad de ellos llegaron a funcionar.

Sin embargo, no fue hasta el 20 de noviembre de 1917 cuando los tanques protagonizaron una gran batalla en la Primera Guerra Mundial. Ese día, el comandante en jefe británico, sir Douglas Haig, utilizó trescientos veinticuatro carros blindados como fuerza de choque para romper la línea del frente germano en Cambrai, en ese punto a cargo del segundo ejército alemán, comandado por el general Von der Marwitz.

Pasando sobre las alambradas, los tanques británicos abrieron un amplio agujero de casi diez kilómetros de anchura, por el que pudo penetrar la infantería. Esta penetración inicial se hizo pública el 23 de noviembre, lo que extendió la euforia entre la población británica: las campanas de todas las iglesias tañeron para celebrar la victoria.

Sin embargo, el hecho de que los blindados avanzasen con exasperante lentitud (unos cinco kilómetros por hora), unido a que no se habían ensayado tácticas de avance junto con la infantería, facilitó la respuesta alemana, que logró taponar la brecha con tropas procedentes del frente oriental. Además, los soldados germanos aprendieron rápidamente a combatir a los tanques: ataban varias granadas juntas y las arrojaban a los bajos del vehículo, que quedaba destruido.

Otro punto débil que descubrieron los alemanes era la

---

48. El origen de la palabra «tanque» (en inglés, *tank*) para referirse a los carros blindados es un engaño llevado a cabo por el ministerio de Guerra británico para mantener en secreto su fabricación. Los envíos de estos vehículos blindados al frente eran registrados como depósitos o «tanques de agua». Cuando los carros eran embarcados en los puertos británicos rumbo al continente, iban cubiertos con lonas en las que se podía leer *tanks* (depósitos), para evitar que algún espía pudiera identificar estos ingenios. El nombre hizo fortuna y a partir de entonces se los conocería de este modo.

dificultad del tanque para combatir en zonas pobladas: eran atraídos a pequeñas aldeas, en donde no podían maniobrar en sus estrechas calles, lo que aprovechaban los soldados germanos para darles caza.

El 27 de noviembre, los británicos tuvieron que detener la ofensiva. Dos días más tarde, los alemanes iniciaron el contraataque tras una potente preparación artillera. Cuando Haig ordenó la retirada, el 4 de diciembre, la línea del frente era la misma que al principio de la ofensiva. De todos modos, en la batalla de Cambrai los tanques demostraron que poseían un gran potencial que merecía ser explotado.

Sin embargo, tal «descubrimiento» del tanque pudo haberse producido mucho antes si el Gobierno británico hubiera prestado atención a los que habían planteado alguna respuesta a este reto. No es necesario remontarse al siglo XVI, cuando Leonardo da Vinci diseñó un vehículo acorazado, tirado por bueyes y provisto de cañones. Pero sí que en 1912 un ingeniero civil llamado Mole presentó ante el Ministerio de Guerra un proyecto de vehículo blindado, con ruedas de oruga, capaz de transportar en su interior a varios hombres. El ministerio ignoró tan revolucionaria propuesta.

Mole volvió a presentar su idea en 1915, cuando los soldados británicos caían a miles bajo las ametralladoras alemanas, pero el ministerio no contempló la posibilidad de adoptar el invento del ingeniero.

Sería más tarde, bajo el decisivo impulso de Churchill, cuando el general Swinton ideó un prototipo similar al proyecto propuesto por Mole, pero basándose en el diseño del tractor norteamericano Holt. El primer tanque aceptado por la comisión encargada de poner en marcha esta nueva arma, un carro de combate Mk 1, se bautizó con el nombre de *Little Willie*.

Queda en el terreno de la especulación lo que hubiera ocurrido si los británicos hubieran contado con este decisivo elemento de ruptura del frente desde el comienzo del conflicto, pero es posible que la guerra no se hubiera prolongado durante cuatro años.

El fuego se queda corto

El sistema de avance de la infantería durante la Primera Guerra Mundial se basaba en la cortina de fuego de artillería que se iba creando conforme los soldados se adentraban en territorio enemigo. De este modo, al menos en teoría, la infantería encontraba el terreno libre del temible alambre de espino, destrozado por las bombas, y expedito también de tropas enemigas, que se suponía que habrían retrocedido, abandonando sus posiciones.

No obstante, siempre existía el peligro de que la cortina de fuego no fuera tan precisa como se pretendía y que las bombas que volaban por encima de los soldados acabasen cayendo sobre ellos.

Parece ser que esto era lo que ocurría en las filas alemanas con el 49.º Regimiento de Artillería. Como sus proyectiles solían quedarse cortos, provocando numerosas bajas entre los propios soldados germanos, estos decidieron bautizar al regimiento con el número más apropiado de 48 1/2.

Estos trágicos errores de cálculo no eran exclusivos del ejército del káiser. Se calcula que unos setenta y cinco mil franceses murieron también víctimas de los obuses disparados por su propia artillería.

Aviso de bomba

Conforme transcurría el conflicto, los soldados de ambos bandos presentaban cada vez más síntomas de cansancio. En muchos puntos del frente occidental, atascado en una monótona guerra de trincheras, las ofensivas y los contraataques dieron paso a la rutina.

El paso de los días compartiendo el frío, la lluvia, el hambre o los piojos acabó convirtiendo a los enemigos en compañeros. Un soldado alemán recordaba tras la guerra que, mientras estaban preparando la comida en su trinchera, un francés que estaba en una posición avanzada desde la que observaba las líneas germanas, les gritó si podía ir a comer con ellos. Los alemanes creyeron que se trataba de una broma y le contestaron: «¡Estás invitado!».

En medio del asombro de los soldados del káiser, el francés se acercó y se sentó entre ellos, presentando su escudilla para que se la llenaran con el rancho. El cocinero alemán le sirvió: así se inició un insólito almuerzo de hermandad que se repetiría durante varios días.

A partir de entonces, el francés se presentaba puntualmente a la hora de la comida, hasta que un día un oficial alemán prohibió que aquel soldado se acercase a la trinchera, al considerar que estaban allí para luchar, no para alimentar al enemigo.

Otro ejemplo de la solidaridad espontánea entre los combatientes del frente occidental tendría como protagonistas a los soldados británicos pertenecientes al Regimiento de Lancashire.

En cierta ocasión, cayó sobre una de sus trincheras una piedra, a la que iba atado un mensaje que alguien había lanzado desde las líneas alemanas. En el papel se podía leer lo siguiente:

> Queremos advertiros de que esta tarde os dispararemos un obús. No es nuestra intención haceros ningún daño, pero el oficial nos obliga a disparar al menos uno al día. El disparo será a las seis, pero avisaremos poco antes con un silbato para que os pongáis a cubierto.

Los sorprendidos soldados ingleses comprobaron como, en efecto, los alemanes hicieron sonar el silbato antes de las seis: a esa hora, un obús cayó sobre sus trincheras. Gracias al aviso de los alemanes, los británicos pudieron ponerse a cubierto y no tuvieron que lamentar ninguna baja.

Reciclaje de cadáveres

Una confusión lingüística dio lugar en abril de 1917 a una truculenta historia. La prensa británica se hizo eco de una noticia aparecida en un periódico alemán: se explicaba el proceso por el que los cadáveres resultantes de la campaña militar en el oeste se trataban para extraer la grasa para la fabricación de lubricantes. Por otro lado, los huesos se molían en molinos especiales y se añadían a la comida para los cerdos.

Los británicos se escandalizaron ante tan macabro reciclaje. Eso les confirmó en su convencimiento de la brutalidad germana, que no tenía piedad ni de sus propios soldados caídos en la guerra.

Aunque durante el conflicto abundaron historias de este tipo, inventadas para proyectar una imagen lo más negativa posible del enemigo, en este caso se trataba simplemente de una confusión.

El término *kadaver* que aparecía en la prensa alemana se refería exclusivamente a los cuerpos de los animales: una traducción apresurada de los británicos identificó esta palabra con «cadáver», aplicado a restos humanos, lo que dio lugar al siniestro malentendido.

Este tratamiento industrial de los animales muertos era habitual también en el bando aliado. En la costa francesa se instaló una planta para extraer la grasa animal, que llegó a producir más de nueve mil toneladas de grasa, que era enviada luego a Gran Bretaña. Allí se transformaba en glicerina, un compuesto necesario para fabricar explosivos.

Las biblias, agotadas

Los ejemplares de bolsillo de la Biblia se agotaron en Gran Bretaña durante la guerra. Llevadas en unos casos por su fe religiosa y en otras por la superstición, las madres de los soldados que estaban luchando en las trincheras enviaban a sus hijos esos pequeños libros, que creían que les servirían para protegerlos literalmente de las balas enemigas.

Según se comentaba, muchos soldados se habían librado de la muerte al colocarse una de esas pequeñas Biblias en el bolsillo, protegiendo el corazón.

En realidad, durante toda la guerra, tan solo se documentaron dos casos en los que una Biblia detuvo una bala enemiga y salvó la vida de su afortunado poseedor.

Nombres patrióticos

La guerra llegó también a la vida cotidiana de los ciudadanos en aspectos que parecían estar muy alejados de las disputas bélicas.

En Francia se dio un intento serio de eliminar el nombre de «agua de Colonia» debido a la referencia a la ciudad alemana. Las autoridades promovieron su sustitución por la denominación más patriótica de «agua de Provenza», pero la campaña no cuajó entre la población, que siguió llamándola por su nombre tradicional.

Los alemanes tampoco se quedaron atrás en su intento de eliminar de la vida diaria las aportaciones del lenguaje de las naciones enemigas. Las autoridades obligaron a cambiar todos los nombres de restaurantes y hoteles que tuvieran un origen inglés o francés. Con ello, lo único que se consiguió fue crear una gran confusión, puesto que, mientras que los rótulos públicos indicaban un nombre típicamente germano, la gente solía referirse a tales establecimientos por el nombre que habían tenido hasta ese momento.

Un caso extremo fue el que protagonizó el gobernador militar de la ciudad alemana de Breslau, que intentó, sin éxito, que las pastelerías sustituyesen la palabra «bombón» por otra alemana, al ser de origen francés el nombre que designa esos apetitosos dulces de chocolate.

Sin embargo, en Alemania sí que tuvo éxito, tras la entrada de Italia en la guerra en favor de los aliados, el cambio en la denominación de la «ensalada italiana» que servían los restaurantes germanos. A partir de ese momento, en el menú aparecería como «ensalada de los traidores».

Una solución poco sofisticada

En los meses iniciales de la Gran Guerra, la aviación militar se encontraba dando sus primeros pasos. Al principio, su única misión era la de servir de observadores de las líneas enemigas. Cuando los aviones del bando contrario acudían a interceptarlos, se enfrentaban en duelos particulares más propios de las justas medievales que de una guerra del siglo XX, pero utilizando pistolas y fusiles.

Durante el avance por territorio francés en el verano de 1914, los soldados de infantería alemanes se quedaron sorprendidos cuando un avión francés dejó caer una bomba sobre sus líneas; habían comenzado los ataques aéreos a tierra.

La evolución de los aeroplanos ante estos nuevos retos fue enormemente rápida, pero dio lugar a soluciones en las que primaba la imaginación y la improvisación por encima de la superación técnica. Buen ejemplo de ello fue lo que ocurrió el 19 de abril de 1915, cuando tras las líneas alemanas hizo un aterrizaje forzoso el aparato del célebre aviador francés Roland Garros, que más tarde daría nombre al conocido torneo de tenis parisino, ya que era un gran aficionado a este deporte.

Los alemanes habían tenido noticia de que el hábil Garros había conseguido derribar cinco aviones en quince días, y ahora tenían la oportunidad de descubrir si se debía a alguna innovación técnica que había escapado a los ingenieros germanos.

Al examinar el avión, advirtieron que el propio piloto podía disparar una ametralladora a través de la hélice, situada en el morro. Con ello, a la vez podía pilotar el aeroplano y apuntar hacia el enemigo.

La pregunta, no obstante, era obvia: ¿cómo podía disparar a través de la hélice?

Los alemanes suponían que debía existir algún sofisticado sistema que permitiese el paso de las balas a través de la hélice en movimiento, pero nada más alejado de la realidad. Los franceses se habían limitado a proteger con unas gruesas planchas de hierro las palas de la hélice.

Las balas que tropezaban con ellas simplemente eran desviadas, mientras que el resto continuaba su trayectoria hacia el aparato enemigo. Los técnicos germanos se negaron a incorporar una aportación tan primitiva a sus aviones y se pusieron manos a la obra para descubrir un método más acorde con el prestigio de la ciencia teutona.

El constructor holandés Antonius Fokker recordó que, un año antes de que estallase la guerra, había comprado a un ingeniero suizo, un tal Franz Schneider, la patente de un invento que solucionaba este problema. Se trataba de un mecanismo que interrumpía el disparo de la ametralladora cuando una pala de la hélice estaba en posición vertical.

Aunque la aportación ideada por Schneider supuso un avance muy importante en la aviación militar, el invento no estaría falto de inconvenientes. De vez en cuando, el mecanismo fallaba y la hélice volaba en pedazos, mientras que en otras ocasiones el dispositivo provocaba que la ametralladora se encasquillase. Los ingenieros se esforzarían en perfeccionar este adelanto técnico, y al final todos los aviones acabarían adoptándolo.

Prohibidas las sirenas

El 19 de enero de 1915 se produjo el primer bombardeo sobre Londres, que llevó a cabo un dirigible. Aunque los ataques aéreos sobre la capital británica no solían provocar más de una decena de víctimas, este tipo de acciones suponían una novedad respecto a los conflictos armados anteriores, en los que la población civil no se consideraba como un objetivo militar.

Pecando de la lógica inexperiencia, al no existir precedentes, las autoridades británicas creyeron que lo mejor era no avisar a la población cuando los dirigibles alemanes, y más tarde los enormes aeroplanos Gotha, se dirigían a Londres dispuestos a dejar caer su mortífero cargamento. El motivo era evitar crear situaciones de pánico que podían causar más víctimas que las propias bombas.

No obstante, en la Segunda Guerra Mundial, esta actitud cambiaría y las sirenas pasarían a convertirse en el aviso imprescindible para que la población acudiese a los refugios.

Un jamón en paracaídas

Una de las peores consecuencias de la Primera Guerra Mundial para la población civil de todos los países contendientes fue el hambre. Uno de los que más la sufrió fue Alemania. El bloqueo al que la sometió la Marina de guerra británica impidió que llegasen los alimentos necesarios.

Ya en el primer año de guerra, Alemania solo podía hacer frente al ochenta por ciento de las necesidades mínimas de su población, pero esa situación iría empeorando hasta hacerse insostenible en el último año de la guerra, cuando la mayoría de los alemanes debía sobrevivir con una dieta compuesta solamente de pan y sopa de verduras.

Sin embargo, en septiembre de 1915, los alemanes quisieron demostrar a los británicos (que tampoco andaban sobrados de comida) que la falta de alimentos no era un problema para ellos.

Aprovechando un bombardeo sobre Londres llevado a cabo por un Zeppelin en el que se arrojaron setenta bombas y que causó veintiséis muertos, alguien de la tripulación tuvo la ocurrencia de lanzar un jamón en paracaídas. En él iba una nota en la que decía: «Regalo del bien alimentado pueblo alemán».

Así se pretendía minar la moral de los británicos para que creyesen que eran los únicos que pasaban hambre. Se desconoce el impacto propagandístico que pudo suponer el aterrizaje del jamón sobre las calles de Londres, pero lo cierto es que regalos de este tipo no volvieron a darse, quizá porque los alemanes, acuciados por la falta de alimentos, no podían permitirse el lujo de desprenderse de un jamón...

El último vuelo del Barón Rojo

Sin duda, el aviador más famoso de la Primera Guerra Mundial fue Manfred Von Richthofen, más conocido como el Barón Rojo.

El célebre piloto había nacido en el seno de una familia noble de Prusia. Tenía veintidós años cuando se declaró la guerra. Al principio nada apuntaba a que se convertiría en un mito de la aviación: fue capitán de la caballería ligera en el frente ruso y después en el occidental.

En 1915 pasó a la división aérea, en donde no disfrutaría de unos comienzos muy prometedores que se diga. En su primer vuelo en solitario destrozó su avión. Durante todo el año 1916 se limitó a adquirir experiencia. No sería hasta 1917 cuando comenzó a lograr sus primeros éxitos, que le llevarían a obtener el nombramiento de comandante de su unidad.

Consideraba el combate aéreo como un duelo deportivo y caballeresco, en el que consiguió (según reconocieron los propios británicos) un total de ochenta victorias. Von Richthofen era claramente identificable en el aire, al emplear un espectacular triplano *Fokker* de color rojo.

El 21 de abril de 1918, el Barón Rojo despegó junto a sus compañeros para medirse a dos aviones australianos que estaban fotografiando las líneas alemanas cerca de Amiens, en el que a la postre sería su último vuelo. A partir de aquí todo son especulaciones. El observador de uno de los aviones aliados, E. C. Banks, aseguró más tarde haber alcanzado al triplano de Von Richthofen.

Sin embargo, el mérito de derribar al mítico barón correspondió a un piloto canadiense, el capitán A. Roy Brown, que había acudido junto a su escuadrilla a proteger a los dos aviones australianos. Este afirmaría ser el que había derribado al Barón Rojo, y así quedaría registrado en el parte de la Royal Air Force.

Según Brown, que tenía en su haber solo doce victorias, Von Richthofen volaba en esos momentos muy bajo. No tuvo excesivas dificultades para situarse en una posición favorable para atacarlo, siguiendo la misma táctica que solía emplear el alemán. El canadiense aseguraría más adelante: «Yo tenía en mi mano todos los triunfos: iba por detrás y por encima de él. Cayó víctima de su propia técnica».

Sin embargo, aún hubo lugar para una tercera versión: las líneas australianas en tierra se arrogarían el honor de haber acabado con la brillante trayectoria de aquel mítico piloto. En las cercanías de la población de Corbie, el famoso triplano presentaba síntomas de haber sido tocado y volaba a escasa altura. Las ametralladoras y los fusiles de los australianos concentraron su fuego sobre el aparato, que acabaría aterrizando torpemente. Cuando los soldados se acercaron, comprobaron que Von Richthofen estaba muerto.

Sin duda, en el fuselaje del aeroplano se podría haber hallado la respuesta a lo que ocurrió, pero desapareció por completo al cabo de pocos minutos: cuando se corrió la voz de que el famoso barón había caído derribado, acudieron decenas de soldados, dispuestos a llevarse su correspondiente *souvenir*.

En poco tiempo, el triplano germano había sido desguazado completamente: solo quedó la estructura. Todo el fuselaje había sido arrancado en pequeños trozos y estaba ya en los bolsillos y en las mochilas de los orgullosos soldados australianos. Eso hacía imposible las comprobaciones que hubieran arrojado luz sobre el final del piloto alemán.

En 1925, Francia autorizó el traslado de los restos mortales del Barón Rojo a Berlín: fue inhumado en el cementerio de la Invalidenstrasse. Se le honró con funerales de Estado. A partir de entonces, cada 21 de abril se le rendía un homenaje y se depositaba una corona de flores en el mausoleo.

Fue la segunda ocasión en la que a Von Richthofen lo enterraron con todos los honores, puesto que los ingleses ya habían hecho lo propio ocho años antes; en señal de respeto y homenaje, incluso llegaron a volar sobre el aeródromo alemán más cercano para lanzar un mensaje comunicando a sus compatriotas el óbito del heroico guerrero.

Pese a que una pesada losa de color gris cubría ya su ataúd, no faltó quien afirmaba que de vez en cuando el mítico aviador salía a volar a los mandos de su célebre triplano rojo. En el mes de abril de 1943, la prensa británica publicó una curiosa noticia: un teniente británico llamado Greyson aseguraba haberlo visto dos años antes.

El militar inglés explicaba que mientras patrullaba en su aeroplano sobre cielo francés, en las proximidades de Douvres, vio a lo lejos un avión que mostraba una silueta nada habitual. Intentó darle alcance para identificarlo, pero el extraño aparato siempre lograba escaparse con una increíble habilidad. En un momento en que Greyson se encontró lo bastante cerca para poder observarlo a la luz de la luna, se quedó de piedra al comprobar que era un triplano de color rojo, cuyas alas mostraban la Cruz de Hierro: no podía ser otro avión que el del Barón Rojo…

Aunque es altamente improbable que Von Richthofen siguiera pilotando su Fokker después de muerto y es posible que Greyson se viera afectado esa noche por el mal de altura, no cabe duda de que, tal como vemos, el mito ha sobrevivido al hombre, y que permanece vivo en la imaginación de muchos.

Objetivo: raptar al káiser

Un diseñador norteamericano de aviones, William Christmas (1866-1960), logró convencer al Gobierno de su país para que le financiase la construcción de un avión destinado al rapto del káiser Guillermo.

Gracias a su avión, denominado *Bullet*, Christmas pretendía penetrar en Alemania, capturar al monarca germano y escapar rumbo a Inglaterra. El Gobierno de Estados Unidos confió en las promesas del inventor y le proporcionó la suma de cien mil dólares para que llevara a cabo sus trabajos.

El resultado de esa inversión no se pudo ver hasta después de la guerra, cuando el avión era ya innecesario, puesto que Alemania había caído derrotada y el káiser había sido depuesto. Aun así, el vuelo de prueba del *Bullet* se realizó en diciembre de 1918. El experimento no pudo resultar más decepcionante: cuando el aparato intentó levantar el vuelo, las alas se desprendieron del fuselaje y lo que quedaba del avión se estrelló: el piloto encargado de probar el avión de Christmas murió.

Pese a este sonoro fracaso, la capacidad de persuasión de Christmas debía de ser grande, pues obtuvo de nuevo la confianza del Gobierno para diseñar otro avión. En 1919, el aeroplano estaba ya listo para volar. Sin embargo, en esta ocasión tampoco resultó un éxito, ya que el aparato acabó estrellándose contra una granja, aunque esta vez el piloto salvó la vida.

Abundancia de balas

La Primera Guerra Mundial fue el primer conflicto armado en el que tendría una importancia capital la producción industrial. Lo que decidía la oportunidad de llevar a cabo una ofensiva no solía ser la estrategia propuesta por los generales, sino la posibilidad de contar con ingentes cantidades de munición.

Un buen ejemplo de ello: durante la contienda llegaron a fabricarse cerca de cien mil millones de balas, suficientes para matar unas cuarenta y cinco veces a toda la población mundial de aquel momento.

Los alemanes no leen el periódico

El 11 de octubre de 1918, las fuerzas alemanas, agotadas y desmoralizadas, comenzaron a retirarse sistemáticamente del frente occidental. Al día siguiente, el Gobierno alemán aceptó las condiciones para la negociación propuestas por el presidente estadounidense Woodrow Wilson. Aun así, se siguió combatiendo: británicos y franceses iniciaron una ofensiva en Bélgica apoyados por bombarderos norteamericanos.

Las tropas germanas siguieron retrocediendo, mientras continuaban las conversaciones para alcanzar un armisticio. La llegada de la paz era inminente, tal como lo demuestra el hecho de que los marinos alemanes se negasen hasta en cinco ocasiones a zarpar para enfrentarse a la Royal Navy en una batalla desesperada. Aunque se arrestó a un millar de amotinados, la flota alemana quedó inmovilizada, puesto que los fogoneros apagaron el fuego de las calderas y se negaron a volver a encenderlas.

Sin embargo, no todos los alemanes estaban decididos a aceptar la derrota. El que luego sería presidente de Estados Unidos en 1945, Harry S. Truman (1884-1972), era por entonces capitán de artillería. Al mando de una batería se desplazaba de una zona a otra del frente cuando cayó en sus manos un ejemplar en francés del diario *New York Herald* en el que se informaba que el armisticio estaba en marcha.

Los hombres de Truman acogieron con alegría los titulares, pero justo en ese momento estallaron dos obuses alemanes, uno a cada lado de la carretera en la que se encontraban.

El futuro presidente recordaría más tarde que un sargento se dirigió a él diciéndole: «¡Capitán, esos malditos alemanes no han leído nuestro periódico!».

Un clamor recorre Europa

El 10 de noviembre de 1918, el Gobierno alemán aceptó finalmente las condiciones del armisticio. Alemania evacuaría de inmediato las posiciones que ocupaba en Bélgica, Francia y Luxemburgo, además de las regiones de Alsacia y Lorena, que pertenecían a Alemania desde 1870.

Asimismo, las tropas aliadas ocuparían todo el oeste de Alemania hasta la orilla izquierda del Rin, reservándose tres cabezas de puente. El ejército germano se comprometía a entregar a los aliados cinco mil cañones pesados, veinticinco mil ametralladoras y mil setecientos aeroplanos, entre otros tipos de armamento. Del mismo modo, Alemania entregaría a los países vencedores cinco mil locomotoras, ciento cincuenta mil vagones de ferrocarril y cinco mil camiones en un plazo de tan solo treinta y seis días.

El acuerdo para el armisticio se firmó en Compiègne a las cinco y diez minutos de la madrugada del 11 de noviembre y quedó establecido que entraría en vigor a las once de la mañana de ese mismo día. De esta manera, la casualidad quiso que la paz llegase a la undécima hora del undécimo día del undécimo mes de 1918.

Aunque resulte incomprensible, los combates continuarían durante esa mañana. El propio Harry S. Truman recibió la orden de continuar disparando la batería que tenía a sus órdenes hasta las 10.45 h. El motivo era que estaba ensayando un nuevo proyectil con un alcance de once kilómetros, cuando el máximo alcance de los cañones de setenta y cinco milímetros era de menos de nueve kilómetros.

La última acción de cierta importancia que se llevó a cabo antes de las once fue una carga de la caballería británica protagonizada por el general Freyberg en la localidad de Lessines. La excusa era poner a salvo un puente sobre el río Dendre antes de que los alemanes lo volasen. Los hombres de Freyberg tomaron un centenar de prisioneros alemanes poco antes de que el campanario de Lessines tocase las once campanadas. A Freyberg lo condecoraron por ello e incluso una calle de Lessines llevó a partir de entonces su nombre.

A lo largo de todo el frente occidental, los oficiales de ambos bandos permanecían impacientes con el reloj en la mano, esperando que las manecillas alcanzasen las once. Durante el último minuto, un silencio expectante cubrió todas las trincheras.

Al marcar las once, un clamor surgió de toda la línea del frente, desde la cordillera francesa de los Vosgos hasta el canal de la Mancha. Los vítores de los soldados se pudieron oír en la retaguardia, a muchos kilómetros de distancia. Algunos compararon aquel sonido con el de un lejano susurro que llegaba desde el horizonte.

Sin embargo, dos minutos antes de la anhelada hora de la paz, se había producido un hecho trágico, que no fue más que una gota de agua en la inmensidad de la tragedia de la Primera Guerra Mundial, pero que no deja de ser el símbolo más lacerante de la inutilidad de aquel conflicto.

Un soldado canadiense llamado George Price esperaba impaciente la llegada del armisticio en la aldea francesa de Ville-sur-Haine. A falta de tan solo ciento veinte segundos para el final de la guerra, la bala de un francotirador alemán le perforó el cráneo y acabó con su vida.

Probablemente, Price tuvo el triste honor de convertirse en el último muerto de la Primera Guerra Mundial.

Unas condiciones inaceptables

El Tratado de Versalles, firmado el 18 de junio de 1919 entre Alemania y los aliados, puso fin a la Primera Guerra Mundial. Las negociaciones no fueron fáciles: el punto que levantó más fricciones fue el de las reparaciones de guerra, que certificaban la culpabilidad de Alemania en el estallido de la contienda, algo que la delegación germana no estaba dispuesta a admitir.

Una anécdota que refleja lo separadas que estaban las posiciones a la hora de establecer el tratado tuvo como protagonista al mariscal francés Foch, que presentó una retahíla de duras condiciones que los alemanes debían aceptar en su integridad. Estos se escandalizaron ante el abusivo carácter de las cláusulas y las consideraron totalmente humillantes: aseguraron que su sola presentación «no era propio de naciones civilizadas».

Foch, sonriendo, extrajo de su cartera el documento que establecía las condiciones que los alemanes habían exigido en su momento para la rendición de la ciudad francesa de Lille. Los dos documentos eran prácticamente iguales. Aquello dejó estupefactos a los delegados teutones.

Llama eterna

Tras el armisticio, llegó el duro trabajo de localizar las tumbas donde reposaban los cuerpos de los soldados muertos durante la guerra. Muchos de ellos eran totalmente irreconocibles y no existía medio alguno para establecer su identidad.

Un miembro de la Comisión de Tumbas de la Guerra, el teniente coronel británico Henry Williams, consideró que esos soldados anónimos merecían tener un lugar donde sus seres queridos pudieran recordarlos. Así pues, eligió al azar a alguno de los cuerpos no identificados del frente occidental y lo enterró en Londres, en representación de todos los soldados que carecían de tumba conocida.

La propuesta fue aceptada: en otoño de 1920, se procedió a seleccionar por sorteo al que se convertiría en el «soldado desconocido», de entre cinco «candidatos» procedentes de los principales campos de batalla en Francia y Flandes.

A las once de la mañana del 11 de noviembre de 1920, exactamente dos años después de la entrada en vigor del armisticio, el «soldado desconocido» británico era objeto de un multitudinario funeral en Londres.

Por su parte, los franceses también habían decidido llevar a cabo el mismo tipo de homenaje. A esa misma hora, bajo el Arco de Triunfo parisino se procedía a dar sepultura al «soldado desconocido» francés y se encendía la «llama eterna», destinada a mantener su memoria a perpetuidad.

Aquel acto dio lugar a una divertida anécdota que, aunque probablemente sea falsa, merecería ser verídica. Según explicaban después los parisinos, antes de comenzar la ceremonia, una señora intentó abrirse paso hasta las primeras filas, pero un gendarme se encargó de cerrarle el paso: solo se permitía pasar a las más altas autoridades.

La señora se dirigió al policía amablemente, pero con firmeza, diciéndole: «Mire, agente, yo tengo que pasar porque soy la madre del soldado desconocido».

El gendarme, confuso por el aplomo con el que la señora se lo había dicho, se quitó la gorra en señal de respeto y... ¡la dejó pasar!

Aunque la tumba siempre ha sido objeto de gran veneración, la «llama eterna» no siempre ha sido respetada por sus visitantes. En 1958, un francés llamado Claude Figus acudió allí con una sartén e intentó freírse unos huevos utilizando el calor de aquel «fuego sagrado». Lo detuvieron y lo acusaron de violación de sepulcro.

De todos modos, ese fuego ya no era el mismo que se encendió en la inauguración del monumento. Pocos días después de la liberación de París por los aliados, en agosto de 1944, un soldado norteamericano que se encontraba bajo los efectos del alcohol no tuvo otra ocurrencia que apagarlo orinando sobre él.

Capítulo 13

La última gran guerra (1939-45)

*E*l conflicto que se extendió por todo el mundo entre 1939 y 1945 y que causó más de cincuenta millones de muertos, constituye el episodio central del siglo XX. Sus consecuencias fueron de tal magnitud que se siguen percibiendo en este nuevo siglo.

Las causas de la contienda hay que buscarlas en el final de la Primera Guerra Mundial: los alemanes no creyeron en su derrota, pues nadie invadió su territorio; se sintieron humillados por las reparaciones de guerra impuestas por los aliados. En medio de una gran crisis económica, Hitler aprovecharía ese sentimiento revanchista para hacerse con el poder en 1933.

A partir de entonces comenzaría la expansión de la Alemania nazi, ante la permisividad de las potencias occidentales, que asistieron impotentes a la anexión de Austria y Checoslovaquia. El 1 de septiembre de 1939, las tropas de Hitler atravesaban la frontera polaca, y el 3 de septiembre Francia y Gran Bretaña declaraban la guerra a Alemania: daba inicio la Segunda Guerra Mundial.

Sin embargo, no solo Europa sería el escenario del enfrentamiento. El 7 de diciembre de 1941, la base estadounidense de Pearl Harbor, en Hawái, fue atacada por aviones japoneses, sin previa declaración de guerra. Comenzaba así una encarnizada lucha en el Pacífico que se prolongaría durante casi cuatro años.

Las innovaciones militares que se produjeron en este conflicto son tantas y tan variadas que sería imposible reflejarlas aquí. Sin duda, no ha habido otro conflicto armado en el que se hayan dado tantos cambios y tan profundos en el arte de la guerra.

El empleo de la aviación y sus bombardeos en picado para apoyar los rápidos avances de los blindados (la denominada «guerra relámpago») sorprenderían a toda Europa, que caería al cabo de unos meses arrollada por el irresistible avance de los *panzer* de Hitler.

Los británicos lograrían resistir el asedio alemán gracias a la firmeza del que, probablemente, fue el líder político más destacado del pasado siglo: Winston Churchill. A ello también ayudó la utilización de sofisticados medios técnicos como el radar, que revolucionaron la guerra aérea, al igual que los ingeniosos métodos empleados para descubrir las claves de las comunicaciones secretas alemanas.

La aviación sería uno de los campos en los que la tecnología avanzaría más. La creación de grandes unidades de bombardeo pesado por parte de los aliados, con sus correspondientes métodos electrónicos de orientación, o la invención de las bombas volantes de los ingenieros alemanes, que sentarían las bases de los futuros cohetes espaciales, supondrían pasos de gigante en el dominio de los cielos.

Pero la novedad más importante y trágica de la Segunda Guerra Mundial fue el arma más mortífera de la historia: la bomba atómica. Decididos a concluir la guerra, los norteamericanos la lanzaron el 6 y el 9 de agosto de 1945 sobre las ciudades japonesas de Hiroshima y Nagasaki.

La colosal fuerza de destrucción del artefacto cambiaría totalmente los conceptos militares acuñados hasta entonces: se convirtió en el eje alrededor del cual giraría la rivalidad estratégica de las dos superpotencias durante las siguientes cuatro décadas.

Los ingleses no renuncian a sus tradiciones

En los primeros meses de la contienda, los franceses acusaban a sus aliados británicos de no tomarse la guerra muy en serio. Lo cierto es que no les faltaba razón. Algunos oficiales del Cuerpo Expedicionario Británico llegaron a Francia acompañados de sus perros de caza, del mismo modo que, siglo y medio antes, habían hecho los oficiales que llegaron a España al mando de Wellington para luchar contra Napoleón.

A los franceses no les gustó nada tal decisión, que denotaba una actitud relajada, pero aun así permitieron la llegada de los perros. Sin embargo, las autoridades militares galas ya no transigieron con la siguiente petición británica: deseaban que desde Inglaterra les enviasen unos cuantos zorros para practicar su tradicional caza, en este caso por la campiña francesa.

Inesperado homenaje a Churchill

El primer ministro británico, Winston Churchill, acudió a unas maniobras de la Royal Navy en las que se ponía a prueba un nuevo modelo de minas. Para ello se utilizó un viejo carguero, que explotó al contacto con uno de estos artefactos.

Al aproximarse al lugar de la explosión el barco desde el que Churchill asistía a la prueba, comprobaron que los restos del buque flotaban sobre la superficie del agua. Entre ellos destacaba la puerta de uno de los lavabos del carguero, que mostraba claramente las letras W.C.

Churchill, dando muestras de su gran sentido del humor, reparó en que esas iniciales coincidían con las suyas: «¡Hay que reconocer que la Royal Navy siempre ha sabido homenajear a sus invitados!».

Cazadoras de conejos

Las mujeres realizaron tareas muy importantes en Gran Bretaña mientras la mayoría de los hombres prestaban servicio militar. Uno de los sectores más perjudicados por la movilización general fue el campo: la ausencia de hombres conllevaba una falta de mano de obra para trabajar en las granjas, por lo que se recurrió a las mujeres.

Una asociación se encargó de reclutar a muchachas en las ciudades para que se desplazasen al campo. Era el *Women's Land Army* (Ejército rural de mujeres), que recibió un buen número de solicitudes de jóvenes deseosas de conocer la vida en las aldeas y, de este modo, escapar del control familiar.

Sin embargo, las condiciones con las que estas chicas se encontraban no eran tan agradables como habían imaginado. No disponían de ropa adecuada y las instalaciones no estaban preparadas para pasar en ellas largas temporadas. Además, los granjeros no acababan de ver con buenos ojos la presencia de aquellas «intrusas», y no era extraño que se produjesen algunos roces.

A pesar de todo, gracias a la entusiasta presencia de aquellas voluntarias, los campos ingleses pudieron seguir produciendo los alimentos que los habitantes de las ciudades necesitaban.

Aunque, en su mayor parte, las mujeres cumplieron a la perfección con su cometido, en alguna ocasión su rendimiento provocó la admiración de los granjeros. Una labor sacrificada pero necesaria era la de proteger los campos de la indeseada presencia de alimañas que destrozaban las cosechas o que se introducían en las granjas para atacar a las aves.

Un grupo de cuatro chicas, destinadas al norte de Gales, se convirtieron en auténticas expertas en la caza de este tipo de depredadores. Durante los catorce meses en que realizaron esta labor lograron acabar con 7.689 ratas, 1.901 topos y 1.668 zorros.

De todos modos, el récord más impresionante fue el de conejos, que se habían convertido en una plaga, ¡capturaron 35.545!

Las impertinencias de un loro francés

En Francia, tras la invasión alemana de junio de 1940, la población no tuvo otro remedio que convivir con las tropas ocupantes. Aunque los dos primeros años la resistencia armada no fue prácticamente más que simbólica, muchos ciudadanos realizaban a diario pequeñas acciones que perseguían minar la arrogancia germana.

Por ejemplo, de repente, se interrumpían las conversaciones cuando un alemán entraba en una tienda o, incluso, los estudiantes de la Universidad de la Sorbona llegaron a levantarse y marcharse del aula en cuanto un alemán entraba en ella. Los trabajadores de correos hacían desaparecer las cartas de denuncia que algunos ciudadanos franceses enviaban a la Gestapo, mientras que los funcionarios de policía utilizaban los impresos y los sellos oficiales para expedir falsos documentos de identidad a favor de conciudadanos suyos.

Un ingenioso y sofisticado método de resistencia se basó en la acumulación de calderilla: los alemanes fundían las monedas de níquel y bronce para obtener materia prima destinada a sus fábricas de armamento, por lo que los franceses decidieron guardarlas para evitar que cayeran en manos de los nazis. Tuvieron que sacrificarse para no adquirir productos a veces muy necesarios.

Sin embargo, pese a la antipatía que los alemanes despertaban, los civiles no podían negarse a atenderlos cuando entraban en un bar o en un comercio, si no querían enfrentarse a consecuencias poco deseables.

Para mantener la moral alta ante esta violenta situación que hería el orgullo nacional, solían circular relatos en los que los *boches* (el nombre despectivo con el que nombraban a los alemanes) resultaban siempre ridiculizados, aunque la veracidad de tales historias fuera más que dudosa.

Una de ellas aseguraba que un oficial alemán destinado en un pequeño pueblo solía tomarse un café todos los días en un bar, cuyo propietario tenía un loro. Cada mañana, cuando entraba, el ave levantaba la pata y le decía: «¡*Bonjour, grand cochon!*» (¡Buenos días, gran cerdo!).

El alemán no entendía nada de francés, por lo que, cuando estaba de buen humor, respondía a la bienvenida del loro con un saludo militar, mientras que los lugareños que estaban sentados a sus mesas hacían lo posible por reprimir la risa. Sin embargo, el dueño del bar ya no sabía cómo hacer callar al loro, porque, en el momento que el oficial descubriese lo que le estaba diciendo en realidad, se vería obligado a dar a la Gestapo alguna explicación.

Los días fueron pasando y los impertinentes saludos del loro se iban repitiendo, hasta que el oficial, intrigado por el significado del saludo, preguntó a uno de los presentes que sabía algo de alemán lo que quería decir aquello.

El cliente, consciente de que si le confesaba la verdad podía poner en un serio aprieto al dueño, reflexionó durante unos interminables segundos y, aparentando seguridad, le contestó: «Es una manera de honrar al visitante. Aquí en Francia, decir *cochon* significa «conquistador». Así que el loro está diciendo «¡Buenos días, gran conquistador!».

El alemán, halagado con esa respuesta, se marchó satisfecho del concepto que los franceses tenían de él. Al día siguiente, como siempre, llegó al bar y el loro le volvió a decir: «¡*Bonjour, grand cochon!*».

En ese momento, el oficial se puso derecho y, haciendo el saludo hitleriano con el brazo extendido, le respondió en una mezcla de alemán y francés: «No, no..., yo pequeño *cochon*, ¡Hitler sí que es un *grand cochon*!».

Un almirante enfurecido

Durante una fase de la caza a la que los buques británicos *Rodney* y *King George V* sometieron al acorazado germano *Bismarck*, los artilleros de la Royal Navy demostraron no tener demasiada puntería.

De los setecientos diecinueve proyectiles que se dispararon contra el barco alemán, cuando su casco estaba en llamas y se encontraba indefenso, menos de una decena hicieron blanco, pese a encontrarse a poca distancia.[49]

Este ridículo balance encolerizó al almirante John Tovey, que se dirigió al oficial de artillería de su flota y exclamó: «¡Son unos inútiles! ¡Seguro que antes acierto yo lanzándoles mis prismáticos!».

Confianza nipona

Los japoneses, tras su ataque a Pearl Harbor el 7 de diciembre de 1941, consideraban que su territorio estaba a salvo de cualquier posible respuesta norteamericana. Aun así, el almirante Yamamoto estableció una red de barcos-vigía para alertar a las defensas aéreas en caso de que aviones enemigos se acercasen a Japón.

Uno de estos barcos patrullaba a unas setecientas millas de las costas niponas cuando, en la madrugada del 18

---

[49]. Aunque pueda resultar difícil de creer, promedios de acierto tan bajos en la artillería naval no eran extraños. En la Primera Guerra Mundial, en la batalla de Dogger Bank, los cruceros de combate británicos del almirante Beatty dispararon contra los barcos alemanes mil ciento cincuenta proyectiles, y lograron tan solo seis impactos. Los alemanes tampoco estuvieron muy acertados: de los novecientos setenta y seis proyectiles disparados solo hubo veintidós blancos. En el gran combate naval de Jutlandia, en 1916, los mismos cruceros de combate de Beatty demostrarían no haber mejorado su puntería. Para obtener veintiséis impactos necesitaron disparar mil seiscientos cincuenta proyectiles.

de abril de 1942, varios aviones pasaron cerca de él. El marinero que los vio corrió a despertar al capitán del buque. Confiado en que ningún aparato estadounidense podía encontrarse tan cerca de Japón, el capitán tranquilizó al marinero y le dijo que, con toda seguridad, se trataba de aviones nipones. Dicho esto, volvió a dormirse.

Una hora después, con las primeras luces del día, el vigía señaló la presencia de dos portaaviones en el horizonte. Acudió al capitán y le dijo: «Tenemos ante nosotros dos de nuestros fantásticos portaaviones, señor».

El capitán, satisfecho por la presencia de la flota nipona en aquellas aguas, subió al puente de mando. Sin embargo, al mirar por los prismáticos, comprobó horrorizado ¡que eran portaaviones norteamericanos!

Así pues, los aviones que habían sobrevolado el barco una hora antes eran enemigos y, en esos momentos, debían estar ya cerca de las costas niponas.

Avergonzado por no haber sabido cumplir con la misión que el almirante Yamamoto le había confiado, se retiró a su camarote y se suicidó de un tiro en la cabeza.

Los aviones que esa mañana se aproximaban a Japón, y que el capitán ignoró, habían despegado del portaaviones norteamericano *Hornet*. Al no disponer de bases cercanas a territorio nipón, se había ideado una operación de bombardeo sobre Tokio en el que los aparatos despegarían de un portaaviones.

De ello se encargó el coronel James Doolittle, que logró que dieciséis bimotores B-25 consiguieran despegar con tan poco espacio y cargados de bombas. Para ello se esperó a que hubiera un fuerte viento contrario; además, el buque navegó a toda máquina contra el viento para facilitar la elevación de los aviones.

La escuadrilla se dirigió hacia Tokio, soltó su cargamento explosivo y llegó hasta la aliada China para aterrizar, ya que era imposible regresar al portaaviones. En realidad, los destrozos causados por este ataque fueron bastante reducidos. Era algo previsible, ya que tan solo fueron dieciséis toneladas de bombas, una cantidad insignificante, las que se arrojaron sobre la capital japonesa. Pero la operación tenía otro objetivo mucho más importante que el de destruir unas cuantas casas: el efecto psicológico, que fue fulminante.

El pueblo norteamericano, que tan solo había sido informado de desastres y humillaciones desde el ataque nipón a Pearl Harbor, celebró este bombardeo como una gran victoria.

Por su parte, los japoneses acusaron mucho el ataque. Se instaló la sensación de que Japón ya no era inexpugnable y cundió el pánico ante la posibilidad de que, a partir de ahí, los norteamericanos iniciasen una campaña de bombardeo de las principales ciudades niponas.

Tal miedo obligó a mantener escuadrillas de cazas cerca de los posibles objetivos de la aviación aliada. A partir de ese momento, muchos japoneses comenzaron a pensar que quizá no se ganara la guerra.

MacArthur no mira al pasado

Cuando el general Douglas MacArthur (1880-1964) tomó el mando de las tropas norteamericanas en Filipinas para hacer frente a la invasión nipona, un asistente le entregó un libro que recogía las disposiciones de los comandantes anteriores relativas a la defensa de las islas.

MacArthur miró con indiferencia el documento y preguntó al asistente:

—¿Cuántas copias existen de este libro?

—Seis, señor.

—Pues bien, reúna esas seis copias y quémelas.

—¿Que las queme, señor?

—Todas y cada una de ellas —respondió con aplomo MacArthur—. No me atendré a los precedentes. Siempre que surja un problema, tomaré la decisión en el mismo momento, sin tener en cuenta lo que hicieron los que estaban aquí antes que yo.

El secreto de los gatos birmanos

El ejército británico que luchaba en Birmania necesitaba construir una carretera. Para eso requería de la colaboración de los habitantes de este país del sudeste asiático. Sin embargo, los birmanos, influidos por la propaganda japonesa, se negaban a colaborar.

Los oficiales aliados debatieron sobre la manera de ganarse la confianza de los nativos. Según unos, tenían que ofrecerles comida o bebidas alcohólicas, mientras que otros creían que había que convencerlos empleando la fuerza. Un veterano coronel inglés, gran conocedor de las costumbres y las creencias del pueblo birmano, presentó una idea que a todos les pareció absurda, pero la insistencia de aquel experimentado militar logró vencer las reticencias iniciales.

Siguiendo el misterioso plan del coronel, se ordenó pintar gatos blancos en los vehículos militares y en todo el trazado por el que debía discurrir la ruta. Además, se les pidió a los aviadores ingleses y norteamericanos que poblaran de gatos blancos sus bases, situadas en los claros de la jungla.

Así pues, cualquier gato blanco que se cruzaba en el camino de un soldado era inmediatamente capturado y puesto al servicio de la causa: se lo trasladaba a una base aérea o a cualquier campamento que estuviera a la vista de los birmanos.

La estratagema dio resultado. Al cabo de poco tiempo, los naturales del país comenzaron a ofrecerse como voluntarios para construir la carretera. La explicación radicaba en el carácter sagrado que tienen los gatos blancos en Birmania. Como estos felinos se habían asentado cómodamente en las bases aéreas y en los campamentos de los aliados, la población local interpretó que los dioses estaban de su parte, lo cual no dejaba de ser cierto, teniendo en cuenta el resultado final de la contienda...

Un sultán al volante

En la noche del 4 de febrero de 1943, las calles de la ciudad marroquí de Casablanca serían el escenario de un curioso incidente.

Un policía militar norteamericano estaba realizando labores de vigilancia cuando vio aproximarse a gran velocidad un coche descapotable, con un hombre con traje y sombrero blanco al volante. Lo conducía de forma temeraria.

El policía le dio el alto de inmediato y el vehículo se detuvo bruscamente, subiéndose al bordillo. El diálogo fue como sigue:

—¿Cuál es su nombre?
—Sidi Mohammed ben Youssef.
—¿Cuál es su profesión?
—Funcionario.
—¿De qué departamento?
—Concretamente, soy el Sultán de Marruecos.

En efecto, se trataba de Mohammed V (el padre del futuro rey de Marruecos Hassan II), que se estaba divirtiendo un poco con su lujoso coche. Enseguida se le presentaron las excusas pertinentes y el futuro monarca pudo seguir con su escapada nocturna.

Borrachera letal

En noviembre de 1943, tuvo lugar un caso en el que la ingesta desmedida de alcohol resultó letal para las tropas soviéticas.

El 1.er Cuerpo de guardias de caballería había logrado derrotar al 4.º Ejército blindado alemán, en un combate cerca del río Dniéper, en Ucrania. Para festejar el triunfo, los soviéticos se bebieron todas las existencias de licor de los oficiales germanos.

Al día siguiente, tropas germanas llegaron al lugar y acabaron fácilmente con los rusos, que no pudieron ofrecer ninguna resistencia debido al deplorable estado en el que se encontraban.

Nixon, en la Marina

Cuando Estados Unidos entró en la guerra, el futuro presidente Richard Nixon (1913-1994) ejercía como abogado. Se alistó en la Marina, pero como simple asistente: se encargaba de servir comida a la tropa, asando hamburguesas y despachando cervezas en la cantina. La paga que le correspondía por tal labor era mínima, pero, aun así, cuando acabó la guerra, había conseguido ahorrar diez mil dólares.

¿Cuál fue la razón de este rápido enriquecimiento? Nixon era un consumado jugador de póker y no tenía muchas dificultades para «desplumar» a sus compañeros. Lo que no sabemos es si ya entonces hacía honor al sobrenombre que se le adjudicó durante su presidencia: *Tricky Dick* (Dick, el Tramposo).

Carreras de cucarachas

A principios de 1944, el avance de las tropas aliadas por la península italiana se había estancado. Los alemanes, atrincherados en la Línea Gustav, resistían sin demasiados problemas la presión anglo-norteamericana. Era necesario romper esa peligrosa dinámica, que podía provocar una sangría sin fin de las fuerzas aliadas en tierras italianas.

Para ello se llevó a cabo una operación anfibia, que recibiría el nombre en clave de *Shingle*. Fue el 22 de enero de 1944. El desembarco se realizó en Anzio, detrás de las líneas alemanas. De este modo, se evitaba el obstáculo de Montecassino, y quedaba libre el camino hacia Roma. Pero el retraso en el avance aliado desde la cabeza de playa permitió la respuesta germana, que dio al traste con los objetivos aliados.

Tras continuas ofensivas y contraofensivas, ambos bandos quedaron empantanados en una guerra de trincheras más propia de la Primera Guerra Mundial. Los noventa mil soldados aliados se vieron incapaces de romper el cerco formado por sesenta y tres mil alemanes.

Los días fueron pasando según una rutina establecida casi de mutuo acuerdo: por el día se intercambiaban algunos disparos; por la noche, los enfermos o los heridos eran trasladados, se procedía a reparar las alambradas o se transportaban suministros.

A mediados del mes de marzo, la monotonía llevó a los soldados aliados a poner en marcha su imaginación para no caer en el desánimo. Los anglosajones, aficionados a las carreras de caballos, encontraron un motivo para distraerse: improvisaron competiciones de todo tipo de animales en las playas del desembarco.

Para estas carreras se emplearon las mulas que había en el campamento, pero también se recurrió a las vacas de las granjas próximas. Los soldados se convertían en *jockeys* y azuzaban a sus monturas con disparos al aire. Las apuestas se hacían a buen ritmo, una actividad a la que se sumaban también los alemanes que los contemplaban desde los puntos más elevados.

Al moverse cantidades de dinero nada despreciables, era habitual que se produjesen peleas a puñetazos entre los apostantes, cuando se producían llegadas apretadas en la línea de meta y era difícil dilucidar el triunfador.

Mientras que los soldados estadounidenses y canadienses disfrutaban con este espectáculo, los británicos preferían apostar en las carreras de cucarachas. Los soldados participantes colocaban su insecto pintado cada uno de un color diferente dentro de un bote de hojalata, que situaban en el centro de una circunferencia dibujada en la arena. Entonces levantaban el bote: ganaba la cucaracha que conseguía atravesar la línea en primer lugar.

Durante la temporada de carreras de cucarachas hubo una que atraía todas las apuestas: *Grand Champion*, gracias a su velocidad y decisión, solía dominar todas las pruebas en las que participaba.

Pero las gestas deportivas de *Grand Champion* no duraron mucho tiempo. Desgraciadamente, se interpuso en el camino de un soldado distraído que la pisó y puso fin a su fulgurante reinado.

El tedio y la inactividad terminarían el 12 de mayo, cuando las defensas alemanas en Montecassino comenzaron a verse superadas: eso provocó el traslado de parte de las tropas germanas de Anzio en dirección al sur. Aun así, no pudieron impedir que los aliados tomasen la histórica abadía, aunque ya reducida a escombros. Fue el 17 de mayo.

Había llegado el momento de tomar la iniciativa en Anzio: al amanecer del día 23, las divisiones acorazadas estadounidenses atacaron a sus sitiadores y lograron romper el cerco dos días después. Unidos ya a las tropas que llegaban desde Montecassino, aún deberían librarse durísimos combates hasta alcanzar Roma, el 4 de junio de 1944.

Los tanques no flotan

El desembarco de las tropas aliadas en Normandía, que tendría lugar el 6 de junio de 1944, fue un ejemplo de organización y planificación hasta el último detalle. El reto era extraordinario: en tan solo un día debía consolidarse una cabeza de playa con ciento cincuenta mil hombres, para lo que se emplearían trece mil aviones y unos cinco mil barcos de todo tipo. Pese a las dificultades para coordinar esta colosal operación, los aliados lograron un alto nivel de eficacia que hizo posible el éxito final del desembarco.

No obstante, existieron algunos puntos oscuros en el Día D, en los que los expertos aliados no estuvieron demasiado afortunados. Un ejemplo fue lo sucedido con el intento de hacer llegar los tanques a las playas mediante el uso de flotadores.

En teoría, los blindados debían desplazarse por el agua sobre uno de estos artilugios flotantes, dotados de un motor que los propulsaba, hasta llegar a la arena, en donde ya podrían desplazarse por sí mismos.

Durante los ensayos en aguas tranquilas, los flotadores llegaron a funcionar, pero en un mar agitado como el de aquel día el resultado sería muy diferente. Como la playa estaba bien defendida por los alemanes, dejaron los tanques muy lejos de la orilla. El oleaje, propio de las aguas profundas, desequilibraba a los tanques, que acababan hundiéndose con sus tripulaciones.

En total, de los treinta y dos carros blindados dotados con flotador, tan solo cinco lograron llegar a la playa. El resto de los tanques acabó en el fondo del mar, y algunos de ellos con sus tripulantes atrapados en el interior.

Un perro llamado «Día D»

Si se le preguntara a los hombres de la 29.ª División de Infantería norteamericana sobre el Día D, es posible que contestasen que fue una pesadilla. Pero también es probable que no se refieran al desembarco en las playas de Normandía, el 6 de junio de 1944, sino a algo bien diferente.

Del mismo modo que el inefable general norteamericano George Patton (1885-1945) iba a todas partes con su mascota, el bull terrier *Willie*, otro general estadounidense, Charles Gerhart, tampoco pudo resistirse a la tentación de tener siempre a su lado un amigo fiel. Se trataba de un cachorro de perro de raza indefinida, blanco con manchas negras, que había aparecido en el campamento el 12 de junio, casi una semana después de que el Regimiento hubiera pasado por sus horas más difíciles en la sangrienta playa de Omaha.

El general adoptó inmediatamente al animal, y todos sus hombres vieron con simpatía ese gesto. A Gerhart no se le ocurrió otro nombre para él que *D-Day* (Día D). Lo que no sabían los soldados era que, a partir de entonces, el perro se convertiría en el auténtico dueño del campamento. Como si hubiera comprendido el privilegio de ser la mascota de un general, *D-Day* acostumbraba a viajar erguido, en actitud desafiante, en el asiento de atrás del *jeep* de Gerhart.

Las excesivas atenciones del general hacia su perro, a quien le permitía dormir en su misma cama, ponían a prueba la paciencia de sus hombres. Como ejemplo, *D-Day* reaccionaba muy mal cuando veía un soldado con la correa del casco suelta; ladraba insistentemente, dando vueltas a su alrededor hasta que la infortunada víctima se la abrochaba bajo la barbilla, en una escena que Gerhart contemplaba con satisfacción. El perro consiguió que todos los soldados del campamento llevasen asegurado el casco si no querían verse expuestos a su ira.

D-Day era también muy aficionado a escapar corriendo del *jeep*, lo que provocaba que en alguna ocasión entrase en un campo de minas. Cuando esto ocurría, Gerhart ordenaba a su chófer, el sargento Robert Cuff, ir tras él para rescatarlo.

Otra costumbre de *D-Day* era correr tras los vehículos que circulaban por la zona. Los conductores debían estar muy atentos para no atropellarle. No obstante, un camión no pudo esquivar a *D-Day* y le ocasionó graves heridas. Gerhart montó en cólera y amenazó al conductor, gritando: «¡Si este perro muere, voy a acabar contigo!».

Afortunadamente para el causante del atropello, el animal se recuperó de sus lesiones y poco después volvía a correr por el campamento. Aquello no fue muy celebrado por los soldados, que se habían hecho a la idea de que *D-Day* era ya tan solo un mal recuerdo.

La mascota de Gerhart no sufrió más percances y llegó sano y salvo al final de la guerra. El general regresó a casa con *D-Day*. Allí el animal se adaptó perfectamente a la vida civil, aunque es de suponer que echaría de menos sus paseos en *jeep* por el frente.

El momento más triste para Gerhart llegaría diez años después, cuando *D-Day* murió. El general comunicó la noticia inmediatamente a su antiguo chófer. Aunque el sargento Cuff le ofreció algunas palabras de consuelo, es probable que no sintiese mucho la desaparición de aquel tirano de cuatro patas...

Un oficial británico demasiado sincero

En agosto de 1944, el general norteamericano Dwight David Eisenhower (1890-1969) se encontraba en Francia, en una visita de inspección a un puesto avanzado del Ejército británico.

De repente, estallaron en las proximidades varios proyectiles disparados desde las líneas alemanas.

El oficial inglés al mando acudió rápidamente a interesarse por su estado.

—Gracias, muchas gracias, estoy bien —le dijo Eisenhower.

—¿De verdad? ¿Está bien? ¿No le ha ocurrido nada? —le preguntó de nuevo el británico.

—Sí, sí, estoy perfectamente. Pero no es necesario que se preocupe tanto por mí.

—¡Oh, no! Lo que me preocupa —le dijo el inglés en un rapto de sinceridad— es que le puedan matar estando usted aquí, pues soy yo el responsable de este sector.

La flota norteamericana, en retirada

De la misma manera que norteamericanos y japoneses se enfrentaron en el campo de batalla, la lucha también se dio en el terreno de la información.

En octubre de 1944, el Gobierno japonés emitió una nota en la que se aseguraba que la III Flota estadounidense en el Pacífico estaba siendo derrotada en el golfo de Leyte, en Filipinas, y que se estaba retirando, cuando en realidad sucedía todo lo contrario.

La respuesta a esta afirmación tan alejada de la realidad, teniendo en cuenta que veintiséis barcos japoneses fueron hundidos, mientras que los norteamericanos solo perdieron seis, la proporcionó el almirante al mando de la III Flota, William Halsey (1882-1959), apodado *Bull* (Toro) por su agresividad y fuerte temperamento.

El ocurrente William Halsey confirmó irónicamente que la nota japonesa era cierta y que la III Flota se estaba retirando a gran velocidad…, ¡pero en dirección a Japón!

Aburrida sesión de cine

Uno de los escasos momentos de diversión para los soldados norteamericanos destacados en el Pacífico era la sesión diaria de cine al aire libre.

Cuando no había combates, los hombres solían acusar la rutina, lo que daba lugar a tensiones que, en ocasiones, desembocaban en discusiones y peleas. Para mantener la moral alta y garantizar el orden, las autoridades militares realizaron un gran esfuerzo para que los soldados pudieran disfrutar de un par de horas de asueto, evadiéndose de la dura realidad contemplando a las estrellas de Hollywood.

Para ello se organizó un sistema rotatorio, en el que una película se proyectaba en un campamento, y al día siguiente se enviaba a otro, mientras que se recibía la que habían visto el día anterior en otro lugar. De este modo se pretendía garantizar la variedad de los programas.

Sin embargo, en las islas Marianas, se produjo un retraso en los transportes y no fue posible enviar ni recibir películas durante siete días. Por lo tanto, como los oficiales consideraban igualmente que los soldados debían distraerse, los obligaron a ver cada noche el mismo film, *Going my way* (1944), protagonizado por Bing Crosby.

A partir de la tercera noche, las muestras de rechazo por parte de los forzados espectadores ya fueron evidentes, pero, en la séptima, los abucheos durante la proyección se hicieron generales. Los soldados habían acabado odiando la película y al propio Bing Crosby.

Sin embargo, se produjo un suceso inesperado. De repente descubrieron a un grupo de soldados japoneses que, ocultos tras la maleza, asistían a la sesión de cine. Los capturaron enseguida. Cuando los estaban conduciendo a una improvisada celda, alguien propuso que se les permitiera al menos quedarse hasta el final de la película.

Sin embargo, los propios soldados nipones rechazaron esta propuesta: con gestos indicaron que también habían visto el film en siete ocasiones y ¡que lo odiaban tanto como ellos!

Piojos contra los japoneses

De todos son conocidas las terribles condiciones de vida que debieron sufrir los prisioneros británicos en manos de los japoneses. En Tailandia, fueron obligados a trabajar día y noche para construir la línea férrea entre Bangkok y la capital birmana, Rangún.

Este ferrocarril era fundamental para la expansión militar japonesa en Extremo Oriente. En el momento en el que estuviera terminada, no pasaría mucho tiempo hasta que los nipones se hallaran en condiciones de intentar la invasión de la India.

Además de las penalidades físicas, el desgaste mental de los prisioneros era enorme. Como si se tratara de un círculo vicioso, si los hombres se encontraban con el ánimo por los suelos, era más fácil que cayeran víctimas de enfermedades como la disentería o la malaria. En estos casos, el enfermo renunciaba en ocasiones a seguir algún tratamiento y se dejaba morir para poder escapar así a aquellas inhumanas penalidades.

Tal circunstancia fue observada por un doctor que

también se encontraba cautivo, Stanley Pavillard. Experto en el campo de la psiquiatría, luchaba para impedir que algunos de sus compañeros mostrasen esa apatía que los iba a conducir a una muerte segura.

Sabedor de que era muy difícil transmitir entusiasmo vital a unos hombres que casi habían perdido la esperanza de recobrar la libertad, el doctor apostó por seguir una táctica que daba buen resultado a la hora de tratar cuadros depresivos: se trataba de la terapia ocupacional. Si conseguía mantener a sus compañeros inmersos en algún tipo de labor, por absurda que fuera, no pensarían en el infierno en el que estaban obligados a vivir.

Un buen día, Pavillard se dirigió a sus hombres para comunicarles que a partir de entonces debían dedicarse a perseguir sin cuartel a todas las chinches, piojos y parásitos varios que encontraban en sus ropas o en su propio cuerpo.

Naturalmente, tal indicación del médico fue recibida con escepticismo y muchos comentarios mordaces. El doctor, contrariado, pensó que su plan había fracasado antes de empezar, pero un veterano de la Primera Guerra Mundial acudió inesperadamente en su ayuda.

El soldado había estado también en un campo de prisioneros durante la anterior contienda y recordaba que competían entre ellos para ver quién era el que «cazaba» un número mayor de piojos. Para ello empleaban un truco: hacían una pequeña bola de algodón o lana… ¡y se la introducían en el ombligo! Durante la noche, los piojos iban acudiendo a este curioso reclamo y a la mañana siguiente aparecían todos enredados entre los hilos que conformaban la bola.

Los hombres creyeron que todo formaba parte de una broma, pero algunos se animaron a experimentarlo esa misma noche. El éxito fue espectacular: las bolas de algodón recogieron cientos de esos diminutos parásitos. A la noche siguiente, todos los prisioneros del campo durmieron con esa «trampa para piojos» en el ombligo. Por la mañana se despertaron contentos y satisfechos al comprobar su extraña efectividad.

Pero la terapia ocupacional no terminó ahí. Alguien tuvo la gran idea de traspasar el problema de los parásitos a los japoneses. Para ello, los prisioneros encargados de limpiar las cabañas en las que se alojaban sus guardianes llevaron consigo las bolas de algodón llenas de piojos y las depositaron dentro de las camas.

A la mañana siguiente, todos los prisioneros estallaron en carcajadas al ver cómo los japoneses no paraban de rascarse y de maldecir a los piojos que les habían mortificado durante toda la noche, sin poder sospechar el origen de esa repentina invasión.

El doctor Pavillard había conseguido su objetivo: sus compatriotas volvían a tener la moral alta, imprescindible para resistir todas las penalidades hasta que llegase la soñada liberación.

Un poeta y un mafioso en la misma celda

El poeta norteamericano Robert Lowell fue condenado a cinco años de prisión por no alistarse en el Ejército. Le enviaron a una cárcel de Connecticut, pero antes pasó unos días en la prisión municipal de Nueva York.

En la celda coincidió con un delincuente común, Louie Lepke, un conocido mafioso. Lowell le preguntó a Lepke la razón por la que estaba allí, a lo que el criminal le respondió que «por matar a alguien».

A su vez, el mafioso preguntó al poeta por qué había ido a parar a aquella celda. Lowell le contestó: «Pues por no matar a nadie».[50]

---

50. Años después, su pacifismo a ultranza le llevaría a convertirse en un héroe para los jóvenes que rechazaban la presencia militar norteamericana en Vietnam. Lowell correspondería a esta admiración participando en numerosas marchas contra la guerra.

Patton, imparable

Nadie puede poner en duda la valentía del general estadounidense George Patton. Tal como demostró en numerosas ocasiones a lo largo de la guerra, el veterano militar prefería mantenerse de pie, imperturbable, mientras el enemigo disparaba o bombardeaba.

En una ocasión, en el norte de África, mientras unos aviones alemanes ametrallaban la zona donde él se encontraba y mientras todos corrían buscando refugio, Patton permaneció en pie disparando a los aparatos con su revólver.

Cuando las tropas aliadas avanzaban ya por el interior de Alemania, Patton recibió un mensaje que decía: «No intente entrar en la ciudad de Trier. Dé un rodeo y siga adelante; harían falta cuatro divisiones para tomarla».

La respuesta de Patton demostraba que, realmente, era muy difícil frenar a aquel impetuoso general: «Ya he tomado Trier y solo han sido necesarias dos divisiones. ¿Quieren que se la devuelva a los alemanes?».

Cena con Hirohito

Más de cuatro décadas después del final de la Segunda Guerra Mundial, la sombra de la contienda seguía enturbiando la relación entre los países que entonces fueron enemigos. Un ejemplo de ello sucedió en 1989, durante una visita oficial del entonces presidente George H. W. Bush a Japón, poco después de que alcanzase la presidencia norteamericana.

Bush y su esposa, Barbara, fueron invitados a una cena de honor en el Palacio Imperial, en el que el anciano emperador Hirohito (que fallecería ese mismo año) ejercía de anfitrión.

Comentando la bella arquitectura del edificio, la mujer del presidente norteamericano, que estaba sentada junto al emperador, reparó en que era de construcción reciente.

—Así que este palacio es nuevo, ¿no? —preguntó Barbara.

—En efecto, está construido justo en el lugar en el que estaba el antiguo —respondió Hirohito.

—¿Y qué sucedió con el anterior? ¿Se vino abajo por el paso del tiempo?

—Pues no —le respondió el emperador—, lo bombardearon ustedes...

Capítulo 14

Guerras en la paz

*E*l final de la Segunda Guerra Mundial abrió un periodo de paz entre las grandes potencias que se ha mantenido hasta la actualidad. Paradójicamente, el elemento que ha hecho posible esta ausencia de conflictos a gran escala fue la aparición del armamento nuclear.

Al principio, los estrategas militares norteamericanos celebraron el hecho de que la potencia de fuego de la que disponían había aumentado hasta el infinito. Pero enseguida se dieron cuenta, al conocer que la Unión Soviética también disponía de ella, de que este tipo de arma era prácticamente inutilizable, puesto que podía provocar la destrucción completa de los contendientes.

Al no poder emplear el armamento atómico, la única vía para dirimir los conflictos fueron las guerras convencionales limitadas. El mundo se convirtió en un inmenso tablero de ajedrez en el que las dos superpotencias se enfrentaban a diario, tomando nuevas posiciones o sacrificando otras, para conservar o ampliar el radio de influencia política y económica.

Desde la guerra de Corea (1950-53) a la de Afganistán (1979-1989), pasando por la de Vietnam (1946-1975) o las crisis de Hungría (1956), los misiles de Cuba (1962) o Checoslovaquia (1968), norteamericanos y soviéticos sostuvieron un pulso que no acabó hasta la caída del muro de Berlín en 1989.

Sin embargo, no solo las dos superpotencias fueron las protagonistas de los enfrentamientos armados en la segunda mitad del siglo xx. El principal foco de tensión fue Oriente Medio, con los periódicos conflictos armados entre Israel y sus vecinos árabes, pero también hubo conflictos en escenarios tan improbables como las islas Malvinas (1982).

De todos modos, el colapso de la Unión Soviética no dio paso a una época de paz. Como si el fenómeno de la guerra quisiera estar presente a toda costa en la realidad que nos envuelve, los conflictos armados no han cesado en ningún momento.

En 1991, el expansionismo iraquí se vio frenado por una coalición internacional, en una intervención auspiciada por Naciones Unidas. El territorio de la antigua Yugoslavia sufriría en la década de los noventa la última guerra en territorio europeo, en la que se repetirían escenas atroces que parecían entresacadas de las peores pesadillas de la Segunda Guerra Mundial.

Tras los atentados del 11 de septiembre de 2001, Afganistán y, otra vez, Irak se convertirían en escenarios de nuevos conflictos, que se han prolongado con mayor o menor intensidad hasta bien entrado el nuevo siglo, en medio de la incertidumbre sobre las formas que adoptará en el futuro el fenómeno de la guerra.

Acuerdo entre cristianos

Durante la guerra árabe-israelí de 1948, el embajador estadounidense en las Naciones Unidas, Warren Austin, realizó ímprobos esfuerzos para que ambos contendientes renunciasen al uso de la fuerza y acordasen un principio de paz.

Aunque la intención del mediador estadounidense era buena, tanto árabes como israelíes desconfiaron de que conociera en profundidad la realidad del conflicto; en su comunicado, Austin sugería que ambos solucionasen sus discrepancias pacíficamente, «como buenos cristianos».

Apuros en Corea

El siguiente diálogo se hizo famoso entre las tropas estadounidenses que estaban luchando en la guerra de Corea, como muestra de que mantener el buen humor en las situaciones más desesperadas ayuda a superarlas.

En abril de 1953, unos soldados norteamericanos se encontraban resistiendo el bombardeo continuo de la artillería china, en la llamada «colina de la Chuleta de Cerdo» (*Pork Chop Hill*), cuando tuvieron que hacer frente a sucesivas oleadas de la infantería, cargando con la bayoneta:

—¡Dios mío! ¡Esto es peor que la última batalla de Custer! —gritó un soldado.

—¿Acaso estuviste allí? ¡Yo no estaría tan seguro! —replicó un oficial.

Prostitutas condecoradas

No es habitual que dos mujeres dedicadas a alegrarles la vida a los soldados en el frente reciban una condecoración militar.

Eso fue lo que ocurrió durante la guerra de Indochina, el conflicto que puso fin al dominio colonial francés en esta región. Tras la retirada japonesa en 1945, las tropas locales se enfrentaron en una larga guerra con el ejército francés. El conflicto no terminaría hasta 1954, con la derrota de las tropas galas en Diên Biên Phu.

Fue en esta contienda cuando dos prostitutas recibieron la *Croix de Guerre* (Cruz de Guerra) de Francia por recorrer a pie medio centenar de kilómetros en dos días a través de territorio enemigo para relevar a dos compañeras. La vuelta no fue menos heroica, pues consiguieron escapar con vida de una emboscada.

Atención: ¡Berlín va a ser invadido!

En 1962, el conocido escritor Frederick Forsyth, autor de

innumerables *best sellers*, trabajaba como periodista: era el enviado especial de la agencia de noticias Reuters a Berlín Oriental.

El año anterior, las autoridades de la República Democrática Alemana habían ordenado la construcción del muro de Berlín. En esos momentos, la tensión entre las dos superpotencias era máxima y se temía una acción armada de las tropas soviéticas contra la parte occidental de esta ciudad.

Una noche de finales de abril, al regresar a su hotel, Forsyth pudo ver una concentración inusual de camiones, tanques, lanzacohetes y vehículos de todo tipo en las inmediaciones del muro. Sin dudarlo un momento, avisó a la redacción de Reuters en Londres: la invasión de Berlín occidental era inminente.

La noticia llegó rápidamente al entonces primer ministro británico sir Alec Douglas-Home, que enseguida se puso en contacto con Washington y la sede central de la OTAN.

Los expertos militares de las potencias occidentales se quedaron de piedra ante ese despliegue militar soviético. Si era cierto, muy probablemente las horas de Berlín occidental estarían contadas.

Sin embargo, uno de esos expertos reparó en el calendario y llegó a la conclusión de que todo ese armamento no tenía como finalidad invadir la otra parte de la ciudad, sino otra de tipo festivo: participar en el desfile del 1 de mayo.

En efecto, la descripción que Forsyth hizo del armamento coincidía con el que el ejército de Alemania Oriental solía exhibir en sus desfiles militares, y que no era el que presumiblemente se emplearía en una invasión.

Gracias al sentido común de aquel experto, el error del célebre novelista no tuvo más consecuencias y así se evitó una escalada militar de resultados imprevisibles.

Minifaldas en Checoslovaquia

A las once de la noche del 20 de agosto de 1968, los tanques soviéticos penetraron a través de las fronteras checoslovacas para aplastar la campaña de reformas llevada a cabo por el Gobierno de ese país: la *Primavera de Praga*.

Los blindados enviados por Moscú, a los que había que sumar fuerzas simbólicas de los otros países integrantes del Pacto de Varsovia, avanzaron sin oposición por las carreteras checas: en la madrugada del 21, ya habían ocupado prácticamente todo el país.

El ejército checo no disparó ni una sola bala contra los soviéticos, siguiendo las órdenes del Gobierno, pero la población sí que intentó oponer resistencia, pese a estar condenada al fracaso de antemano. Un veterano de la Segunda Guerra Mundial que había perdido ambas piernas durante el conflicto consiguió detener un tanque interponiéndose en su camino y desafiándole a pasarle por encima.

Por su parte, los checos más jóvenes intentaban convencer a los tanquistas, hablando el ruso elemental que habían aprendido en la escuela, para que se marchasen de allí. Como este diálogo no resultaba muy fructífero, acabaron atacando los blindados con cócteles molotov: lograron incendiar algunos tanques.

Sin embargo, la manera más original de atacar a los blindados soviéticos se dio en Bratislava. Un grupo de muchachas de la ciudad, que vestían unas llamativas minifaldas, se acercaron a los tanques, despertando la curiosidad de sus tripulantes, que no estaban acostumbrados a ver una vestimenta tan provocativa en la Unión Soviética. Cuando los tanquistas salían del vehículo para departir con las chicas, otro grupo de jóvenes se encaramaban al blindado y rompían los faros con piedras o, los más audaces, arrojaban cócteles molotov en el interior del tanque.

Pese a esa heroica resistencia, unos seis mil tanques

y medio millón de soldados completarían la ocupación del país. La invasión costaría la vida de cerca de un centenar de checos.[51]

Un plácido desembarco

La guerra de Vietnam comenzó el 8 de marzo de 1965, cuando los marines norteamericanos desembarcaron en Da Nang. Pese a que en este lugar de la costa del mar de China meridional ya existía una base aérea estadounidense, con una pista de aterrizaje de más de tres mil metros, y un puerto de aguas profundas, el Gobierno presidido por Lyndon B. Johnson (1908-1973) decidió que esos primeros tres mil quinientos infantes de marina desembarcasen en la playa, seguramente por motivos propagandísticos, al rememorar así las acciones más heroicas de la guerra en el Pacífico durante la Segunda Guerra Mundial. Al frente de ellos fue el general Frederick J. Karch, un veterano de la campaña del Pacífico.

A los soldados se les advirtió de que seguramente habría tiradores del Vietcong apostados en la playa, esperándolos para disparar. Los marines que se acercaban a la costa vietnamita a bordo del USS *Mount McKinley*, *Henrico*, *Union* y *Vancouver* temían estas anunciadas acciones de los guerrilleros, mientras se preparaban para el inminente asalto a la playa.

Por fortuna, el desarrollo de los acontecimientos sería muy diferente a lo que ellos se temían. Al llegar a la orilla en sus lanchas de desembarco, los marines no se encontraron con los guerrilleros del Vietcong, sino… ¡con un

---

51. Curiosamente, la mayoría de las víctimas checas no cayeron durante los enfrentamientos con los tanques, sino en los periodos de descanso de sus tripulantes; los soldados rusos solían ingerir grandes cantidades de alcohol, y cuando estaban borrachos se dedicaban a disparar al primer civil que se cruzaba en su camino.

grupo de sonrientes muchachas vietnamitas dispuestas a colgarles guirnaldas de flores en el cuello!

Los sorprendidos soldados norteamericanos no salieron de su asombro al ver en la playa unas pancartas que decían en inglés: «Vietnam saluda a los marines» o «Nos alegra dar la bienvenida a los infantes de Marina».

Incluso el alcalde de Da Nang se acercó hasta las tropas de desembarco con su cámara instantánea en la mano para saludarlos y hacerse una fotografía con ellos. Naturalmente, tampoco podían faltar los periodistas norteamericanos, que se acercaron a los soldados para entrevistarlos.

Al general Karch no le habían informado de tal recibimiento y le costó mantener la compostura ante el agasajo de los vietnamitas. Pese a lucir un collar de guirnaldas, permaneció muy serio mientras sus hombres aseguraban aquella insólita cabeza de playa. La razón de su gesto adusto, según palabras del propio Karch, fue que «nadie quiere como jefe a un general sonriente, con flores alrededor del cuello».

Una ofensiva previsible

La Ofensiva del Tet, el Año Nuevo vietnamita, cogió completamente por sorpresa al ejército norteamericano. A primera hora de la mañana del 30 de enero de 1968, cerca de ochenta mil soldados que estaban a favor de los norvietnamitas atacaron un total de treinta y seis capitales de provincia, incluida Saigón, además de la base aérea de Da Nang.

Sin embargo, la acción más espectacular fue el asalto a la embajada norteamericana en Saigón; aunque todos los guerrilleros murieron, su efecto propagandístico resultaría demoledor.

Esta ofensiva puso en evidencia la falta de previsión de los estadounidenses, pero sobre todo demostró que ningún experto se había molestado en estudiar la historia de Vietnam.

Si los norteamericanos se hubieran interesado por el pasado del país en el que estaban combatiendo, seguramente habrían reparado en que en 1789, el mismo año en el que estalló la Revolución francesa, el emperador Quan Trung consiguió expulsar temporalmente a los chinos de su territorio. Fue justo durante las festividades del Tet cuando Trung, al mando de cien mil hombres y varios centenares de elefantes, atacó a los chinos por sorpresa.

Ya en el siglo XX, aprovechando la Nochebuena de 1944, el general norvietnamita Vo Nguyen Giap había sorprendido también a los soldados franceses, que no esperaban un ataque en una fecha tan señalada.

Así pues, en 1968, los expertos norteamericanos no tenían excusa para no haber sabido prever a tiempo una acción de este tipo, y más teniendo en cuenta que en 1960 los vietnamitas habían llevado a cabo un importante ataque la víspera del Tet, gracias al cual lograron una demoledora victoria.

Por lo tanto, en Vietnam nada podía ser menos sorprendente que un ataque por sorpresa…

Razones para una derrota

En 1968, las autoridades norteamericanas insistían en que la guerra de Vietnam estaba a punto de acabar con su victoria. Pese a que cada día se hacían públicos partes de guerra en los que se destacaba el creciente número de bajas del enemigo, la prensa comenzaba a dudar de que el conflicto se encaminase realmente hacia una victoria de Estados Unidos.

A primeros de ese año, el periodista Gene Roberts, del *New York Times*, reveló una charla informal que había mantenido con un funcionario de la CIA. Comentando una batalla reciente que se había saldado con un resultado incierto, Roberts le preguntó:

—¿Se la puede calificar de victoria?

—Existen seis buenas razones para considerarla una victoria —respondió el funcionario, que las enumeró.

—Pero —le interpeló Roberts— ¿existe entonces alguna razón para considerarla una derrota?

—En este caso, existen ocho buenas razones para considerarla una derrota —reconoció el funcionario sin inmutarse.

Una retaguardia desmesurada

Aunque pueda dar la sensación de que la mayoría de los soldados estadounidenses en Vietnam corrían un gran peligro a diario, tal apreciación se encuentra muy lejos de la realidad.

La necesidad de construir instalaciones, de mantenimiento, de transporte, de administración o de protección de las bases requería un gran número de soldados. La complejidad de tal aparato logístico obligaba a destinar a ello, a mediados de 1968, el ochenta y seis por ciento del contingente norteamericano en Vietnam.

Así pues, tan solo uno de cada siete soldados se veía las caras a diario con los guerrilleros del Vietcong, mientras que el resto permanecía bien lejos de la línea de fuego.

Un ejemplo de esta desproporción entre los recursos destinados al frente y los que requería la retaguardia es que, para que los soldados mantuvieran un estilo de vida lo más parecido posible al que disfrutaba cualquier joven en Estados Unidos, se construyeron en Vietnam tres factorías lecheras y cuarenta fábricas de helados.

El «olfateador de personas»

Uno de los grandes retos para los norteamericanos en Vietnam fue lograr descubrir a los guerrilleros del Vietcong que se ocultaban en la selva.

Tal circunstancia se intentó solucionar con el vertido de miles de toneladas de defoliantes, como el agente naranja,[52] aunque esta drástica medida no fue suficiente para privar al Vietcong de su refugio verde.

Los científicos acudieron en ayuda del Ejército y descubrieron un aparato capaz de revelar la presencia de seres humanos, algo que podría resultar de gran utilidad para localizar al enemigo.

Se denominó «Detector de Personas Lanzable XM2», aunque fue conocido como «Olfateador de Personas», puesto que se basaba en la detección de las secreciones corporales humanas. Las diminutas partículas de sudor u orina que quedaban en la atmósfera activaban un sensor que indicaba la presencia de seres humanos.

El aparato, que había sido probado con éxito en suelo norteamericano, se montó en un helicóptero Huey. Luego se procedió a rastrear la selva. El piloto debía volar en contra de la dirección del viento: cuando el oficial químico que viajaba a bordo descubría algún indicio de presencia humana, se comunicaba por radio la situación para que acudiese alguna patrulla a ese sector.

Sin embargo, lo que había funcionado bien en Estados Unidos no tenía por qué resultar del mismo modo en Vietnam. Los científicos no habían contado con los auténticos ríos de orina de los abundantes búfalos de agua, que provocaban la misma señal que si se tratase de humanos.

---

52. Llamado así por el color de los bidones en el que iba, el agente naranja contenía una hormona del crecimiento que hacía que los árboles perdiesen sus hojas prematuramente. Este potente herbicida devastó casi una séptima parte de la masa arbórea del país, unos 2,2 millones de hectáreas. Aunque los investigadores de la Asociación Nacional de Ciencia Norteamericana aseguran que no existe una prueba clara de que este defoliante haya tenido consecuencias entre los humanos, la realidad es que en la población de Vietnam abundan los casos de daños sufridos por este defoliante, a los que hay que sumar las más de treinta y dos mil reclamaciones presentadas por los veteranos estadounidenses que achacan sus enfermedades al contacto con el agente naranja.

Después de acudir a varias de estas falsas alarmas, los soldados se cansaron de encontrarse con rebaños de estos búfalos en lugar de guerrilleros enemigos.

Tras estos fracasos, el Olfateador de Personas fue desmontado del helicóptero y enviado de regreso a Estados Unidos.

Lógica absurda en Vietnam

El que fue secretario de Estado norteamericano de 2002 a 2004, Colin Powell, había alcanzado, antes de iniciar su carrera política, la cúspide de la estructura militar de su país: llegó a ser general de cuatro estrellas y jefe de la Junta de Jefes de Estado Mayor Conjunto de los Estados Unidos. De hecho, se convirtió en el oficial más joven en desempeñar tal cargo.

Nacido en Nueva York en 1937, hijo de inmigrantes jamaicanos, Powell pasó su infancia en los barrios neoyorquinos del Bronx y de Harlem, y más tarde ingresó en la Academia Militar de West Point, donde obtuvo el grado de segundo teniente en 1958.

Colin Powell, conocido en los círculos militares norteamericanos como el «Eisenhower negro», participó en la guerra de Vietnam,[53] donde resultó herido dos veces y re-

---

53. Powell se vería involucrado, de forma indirecta, en el turbio asunto de la masacre de My Lai. Cuando era oficial de operaciones de la División Americana, recibió un informe de un soldado, Tom Glen, de la Undécima Brigada, en la que se describían los detalles de la carnicería que habían llevado a cabo las tropas estadounidenses en aquella aldea. Sin llegar a entrevistarse con Glen, Powell zanjó el espinoso asunto afirmando que aquel informe se basaba en rumores sin fundamento. Cuando la historia saltó a la prensa y a los responsables de la masacre se los acusó públicamente, Powell aseguraría no haber tenido noticia de tales hechos. Este papel encubridor de Powell en la masacre de My Lai no sería conocido por la opinión pública hasta septiembre de 1995, cuando la revista *Newsweek* lo sacó a la luz.

cibió once condecoraciones, entre ellas las prestigiosas Corazón Púrpura y la Medalla de Bronce, que le lanzaron hacia un rápido ascenso militar.

Como ejemplo de las desatinadas decisiones militares que se tomaron durante ese controvertido conflicto, Powell refirió un suceso altamente significativo.

En cierta ocasión, llegó a un puesto avanzado del ejército norteamericano, en una zona hostil. Preguntó cuál era la razón por la que aquellos soldados estaban allí, en un área tan peligrosa. El motivo que dio el oficial al mando era que debían proteger una pequeña pista de aterrizaje de helicópteros que se encontraba en las proximidades.

A Powell le pareció una razón de peso para permanecer en aquel lugar, pero se le ocurrió preguntar por la finalidad de aquel improvisado helipuerto, puesto que aquella era una región aislada y, aparentemente, sin interés militar.

La respuesta no pudo ser más surrealista: aquel oficial le aseguró que la única misión de aquel campo de aterrizaje era ¡aprovisionar a sus hombres!

«La guerra del fútbol»

Si la mayoría de las guerras pueden calificarse de incoherentes y aberrantes, una de las que se merece con más justicia estos calificativos, además del de ridícula o estúpida, fue la que enfrentó a Honduras y El Salvador entre el 14 y el 18 de julio de 1969.

El origen de esta contienda se sitúa en la eliminatoria disputada entre las selecciones de ambos países, correspondiente a la fase de clasificación para el Mundial de Fútbol que debía disputarse al año siguiente en México.

El partido de ida se debía jugar en la capital de Honduras, Tegucigalpa. Siguiendo una vieja costumbre centroamericana, la hinchada local se congregó la noche anterior al choque a las puertas del hotel donde se hospedaban los salvadoreños, e hicieron todo lo posible para estorbar el sueño de los jugadores. Todo era válido, desde hacer sonar las bocinas de los coches hasta entonar cánticos insultantes. Al día siguiente, 6 de junio, los visitantes acusaron la noche en vela y cayeron derrotados por 1-0 en un encuentro jugado con gran dureza, pero sin que se produjeran actos de violencia. El único gol lo marcó el delantero centro de Honduras, Roberto Cardona, en el último minuto del partido.

A la frustración que suponía haber perdido el duelo cuando ya se acariciaba el valioso empate, se sumó un hecho trágico que vino a enturbiar aún más el ambiente. Al terminar el encuentro, una decepcionada joven salvadoreña que estaba viendo el partido por televisión buscó la pistola de su padre y se descerrajó un tiro. El caso fue aireado por la prensa; se refirieron a la suicida como una heroína: «Una salvadoreña no pudo soportar la humillación a la que fue sometida su patria». Los jugadores salvadoreños, a su regreso, asistieron al entierro, que se retransmitió en directo por televisión.

Cuando nueve días después se jugó el partido de vuelta en San Salvador, los ánimos estaban muy caldeados. Los jugadores hondureños tampoco pudieron descansar la noche anterior al choque. Los cristales del hotel fueron apedreados y se arrojó basura a las puertas del edificio, mientras que la multitud enarbolaba retratos de la muchacha que se había quitado la vida. Los hondureños encontraron incluso ratas muertas en el interior de sus habitaciones.

Al día siguiente, los consternados jugadores tuvieron que ser escoltados con blindados del ejército en su camino al estadio. El partido no se desarrolló en las mejores condiciones. El objetivo de los hondureños, más que lograr la victoria, era salir con vida del recinto. Durante el choque estallaron graves incidentes en las gradas entre ambas aficiones: hubo un buen número de heridos. Tras caer por 3-0, el entrenador visitante respiró aliviado: «Menos mal que hemos perdido este partido», llegó a decir.

Por entonces, para dirimir al ganador de la eliminatoria no se tenían en cuenta los goles marcados, sino los puntos obtenidos en el enfrentamiento directo, por lo que todo quedó a la espera de un tercer partido, que debía jugarse en un terreno neutral, el estadio Azteca de México, el 27 de junio.

La tensión entre ambos países no impidió que se jugase el partido de desempate en México, tal y como estaba previsto. En el estadio Azteca, una fuerza de cinco mil policías mexicanos se encargó de separar a ambas aficiones. Los noventa minutos reglamentarios concluyeron con 2-2 en el marcador, un empate que condujo a la prórroga. En el minuto once del tiempo extra, *Pipo* Rodríguez anotó el 3-2 para El Salvador: se convirtió en un héroe nacional.[54]

La resolución de la eliminatoria no terminó con las disputas entre ambos países. Las autoridades hondureñas, indignadas todavía por las agresiones recibidas por sus aficionados en el partido de vuelta, decidieron expulsar a más de diez mil ciudadanos salvadoreños de su territorio. Durante años, miles de granjeros y trabajadores habían emigrado a tierras hondureñas para mejorar algo sus pésimas condiciones de vida, lo que había despertado los recelos de los campesinos locales, que exigían su repatriación. El presidente del Gobierno hondureño, el coronel

---

54. La cuota de heroísmo de *Pipo* Rodríguez no se agotaría con la histórica eliminación de la odiada Honduras en el estadio Azteca. El último obstáculo en el camino de la selección salvadoreña hacia la fase final del Mundial de México era la débil selección de Haití. En el partido de ida en Haití, los salvadoreños vencieron (1-2), pero en el choque de vuelta, aprovechando el exceso de confianza local, se impusieron los haitianos (0-3). El partido de desempate en campo neutral, en Jamaica, también se decidiría en la prórroga con un gol de *Pipo* Rodríguez (1-0). Tras superar esta agitada fase de clasificación, El Salvador pudo jugar el Mundial, pero allí ya no le acompañaría la suerte. El combinado centroamericano perdió los tres partidos, contra Bélgica (3-0), México (4-0) y la Unión Soviética (2-0), y quedó apeado en la primera fase.

Oswaldo López, aprovechó la excusa de los incidentes futbolísticos para responder a esas reivindicaciones, y tomó esa medida tan populista como injusta.

Sin embargo, el Gobierno de El Salvador, que temía los efectos que sobre su economía podía tener el regreso masivo de los emigrantes (unos trescientos mil), no se quedó atrás. Así que el presidente salvadoreño, el general Fidel Sánchez, respondió de forma desproporcionada: ordenó al ejército atravesar la frontera, sin previa declaración de guerra, el 14 de julio. Los carros de combate salvadoreños comenzaron a avanzar por Honduras, a la vez que la aviación bombardeaba los principales puertos del país vecino.

Cuatro días más tarde, la Organización de Estados Americanos (OEA), horrorizada por aquel absurdo baño de sangre, intervino en el conflicto y consiguió detenerlo: negoció un alto el fuego entre las dos partes. Se cree que esa guerra, que duró unas escasas cien horas y que acabó sin un vencedor definido, causó entre cuatro mil y seis mil muertos, además de veinte mil heridos y un sinnúmero de desplazados.

Una agencia de prensa mexicana bautizaría el conflicto como «La guerra del fútbol», un título que sería popularizado en un reportaje por el periodista polaco Ryszard Kapuscinski, testigo directo de los acontecimientos.

Las consecuencias de esta guerra serían nefastas tanto para Centroamérica como, especialmente, para El Salvador. Los esfuerzos para crear un espacio económico integrado centroamericano, auspiciado por Estados Unidos, para así responder a la creciente influencia de la Cuba castrista, se verían frustrados. Pero lo más grave sería la tensión social que generaría el retorno de buena parte de esos campesinos salvadoreños que habían emigrado a Honduras. Las dificultades para su reinserción económica provocarían la presión social que resultaría determinante en la génesis de la posterior guerra civil de El Salvador.

En cuanto a la disputa entre los Gobiernos de San Salvador y Tegucigalpa, las cicatrices de «La guerra del fútbol» no quedarían cerradas hasta el 30 de octubre de 1980, cuando ambas naciones firmaron un tratado de paz por el cual las disputas fronterizas se resolverían no con las armas, sino en la Corte Internacional de Justicia.

Las dificultades de la música militar

Aunque pueda dar la sensación de que la música militar no es demasiado compleja, en realidad se requiere un largo periodo de aprendizaje para dirigir una banda especializada en este tipo de música.

En 1977, los miembros del Congreso de Estados Unidos se sorprendieron de que para llegar a director de orquesta en la Escuela de Música del Pentágono fueran necesarios quince meses de instrucción, además de tener los estudios musicales básicos.

La perplejidad de los representantes norteamericanos fue mayor al averiguar que este periodo de formación era superior en dos meses al que se requería para formar a un piloto de caza.

«Fuego amigo» en las Malvinas

El 2 de abril de 1982, unidades de la infantería de marina argentina desembarcaban en las islas Malvinas. La armada británica había ocupado este archipiélago, situado a unos mil kilómetros de la costa argentina, en el siglo XIX. Desde entonces, Argentina había clamado inútilmente por su devolución.

La invasión promovida por la junta militar encabezada por el general Leopoldo Galtieri no provocó ninguna baja en la guarnición británica en las islas. A los ochenta soldados que la integraban los capturaron vivos, aunque cinco soldados argentinos murieron en la operación.

Los argentinos creían que la única reacción británica se

produciría en el ámbito diplomático, puesto que la enorme distancia que separaba Gran Bretaña de las Malvinas dificultaba responder con una rápida acción militar. Pero la junta militar se equivocaba: la *premier* británica Margaret Thatcher ordenó el envío al Atlántico Sur de una flota al día siguiente del ataque.

La fuerza naval se componía de dos portaaviones, catorce fragatas y destructores, seis buques de desembarco y más de cincuenta barcos de apoyo. En ellos viajaba una fuerza terrestre de unos seis mil hombres, a los que después se les añadirían cuatro mil más. Tras una escala en la isla Ascensión, la flota llegaría a las Malvinas dos semanas y media más tarde.

Los británicos llevaron a cabo una táctica indirecta: desembarcaron el 21 de abril en las Georgias del Sur, tras reducir a la guarnición argentina allí destinada. Desde esa base se iniciaron los bombardeos aéreos y navales sobre el aeropuerto de Port Stanley, en la isla Gran Malvina.

Fue entonces cuando se produjeron las únicas víctimas civiles del conflicto: varios ciudadanos de origen británico resultarían alcanzados por los proyectiles disparados desde los propios buques de la Royal Navy.

Se trataba de varios isleños de Port Stanley (que los ocupantes renombraron como Puerto Argentino), que, en señal de protesta contra el estado de sitio impuesto por las autoridades militares argentinas, intentaron salir de la población. Finalmente, el gobernador militar autorizó la manifestación.

La Armada británica, que desconocía la acción que en esos momentos estaban llevando a cabo sus compatriotas, comenzó a bombardear la isla, pues creían que sus habitantes estaban siguiendo sus recomendaciones de permanecer ocultos en los sótanos.

Las bombas inglesas acabaron con la vida de varios de los isleños. El jefe de la escuadra británica tuvo después que pedir excusas.

Bombas inofensivas

La batalla aeronaval entre las fuerzas argentina y británica durante la guerra de las Malvinas fue muy dura. La aviación naval argentina causó graves pérdidas a la escuadra enviada por Margaret Thatcher: más de la mitad de los buques de escolta fueron alcanzados. Los misiles Exocet argentinos enviaron al fondo del mar a un destructor y a un carguero, e inutilizaron a otro destructor.

Pero, sorprendentemente, se calcula que más de la mitad de las bombas lanzadas por los argentinos contra la flota de guerra británica no llegaron a estallar. Si hubieran hecho explosión, entre seis y trece barcos de la Royal Navy hubieran sufrido daños considerables y, probablemente, habrían sido hundidos, lo que podría haber decidido la guerra del lado argentino.

De todos modos, la flota del país sudamericano también resultó dañada. La pérdida más importante fue la de su buque insignia, el *General Belgrano*, hundido por un submarino nuclear británico a las cuatro de la tarde del 2 de mayo. En el ataque resultaron muertos trescientos veintitrés marineros argentinos y se pudieron rescatar con vida a setecientos setenta.

Curiosamente, este viejo crucero había participado en la Segunda Guerra Mundial: había pertenecido a la flota estadounidense con el nombre de *Phoenix* y era uno de los buques que sobrevivió al ataque japonés a Pearl Harbor, el 7 de diciembre de 1941. Estaba situado al noroeste de la isla de Ford, en la bahía de Pearl Harbor: fue uno de los pocos buques que no recibió el impacto de ninguna bomba nipona. El barco fue vendido a Argentina en 1951 por poco menos de ocho millones de dólares, el veinte por ciento de su precio de compra. Inicialmente llevó el nombre de *17 de octubre*, pero lo rebautizaron como *General Belgrano* en 1956.

Los norteamericanos estaban interesados en recuperar el histórico crucero cuando la marina argentina decidiese retirarlo del servicio, para convertirlo en un museo flotante. Sin embargo, los torpedos ingleses impidieron que la Marina estadounidense pudiera honrar de ese modo al veterano *Phoenix*, que ahora descansa en las profundidades del Atlántico.

Unas mochilas muy pesadas

Tras las operaciones aeronavales en torno a las islas Malvinas, los soldados británicos desembarcaron el 22 de mayo en la bahía de San Carlos, en el extremo opuesto a Port Stanley. Unos dos mil soldados argentinos cayeron en manos de los paracaidistas británicos que se habían lanzado sobre el istmo de Goose Green. Los hicieron prisioneros.

Los argentinos se concentraron en la defensa de Port Stanley. Los soldados británicos del 48º Comando tuvieron que hacer a pie el camino hasta el último reducto de la resistencia argentina, distante ciento veinte kilómetros, en solo tres días, en condiciones meteorológicas muy adversas y bajo la amenaza constante de tiradores emboscados a lo largo de la ruta.

Esta marcha la hicieron llevando a sus espaldas unas mochilas que pesaban cuarenta y ocho kilos, el mayor peso registrado de un equipamiento oficial. Tan solo los soldados norteamericanos encargados de llevar a cabo patrullas en Afganistán en 2002 debían cargar con un peso parecido: unos cuarenta kilos.

Tras esta agotadora marcha, los británicos tomaron contacto con la línea de defensa de Port Stanley y entablaron la batalla definitiva. El 10 de junio, los argentinos cedieron ante el empuje de los soldados profesionales británicos, pertrechados con medios de visión nocturna y un armamento superior.

Las condiciones en las que combatieron los argentinos fueron lamentables. Estaban pertrechados con viejos fusiles que solían encasquillarse y que, a menudo, hacían que las balas salieran disparadas en direcciones insólitas. A las botas se les despegaban las suelas, la ropa no era impermeable, y el frío y el hambre les atormentaban a diario. Además, los oficiales argentinos estaban más preocupados de su cuidado personal que de dirigir a sus hombres: si algún soldado convertido en asistente se negaba a cumplir los caprichos de su superior, se exponía a sufrir humillantes castigos, como ser atado de pies y manos a unas estacas y pasar toda una noche a la intemperie. Para colmo, los víveres destinados a los soldados les eran escamoteados a la tropa para ser repartidos entre los oficiales. Tras rendirse a los ingleses, a los hambrientos soldados se les permitió acceder a los barracones donde estaban almacenadas estas provisiones, lo que encendió la ira de aquellos reclutas contra los militares que los habían engañado de aquel modo.

Este conflicto demostró por primera vez la superioridad de las fuerzas profesionales sobre las de reemplazo. Mientras los soldados británicos se limitaron a poner en práctica lo que llevaban años ensayando en sus maniobras, había reclutas argentinos que no habían completado una semana de instrucción y que ni siquiera sabían cómo se manejaba un arma.

La guerra de las Malvinas fue también la primera ocasión en la que se puso a prueba la viabilidad del concepto de «proyección», es decir, el envío rápido de una fuerza militar completa a un escenario lejano, un tipo de guerra que sería dominante en el futuro. En cierto modo, en las Malvinas se pudo ver la clase de conflicto que, a gran escala, llegaría más tarde en las dos guerras del Golfo, en la que un ejército profesional altamente tecnificado llega a ultramar para imponerse sin excesivas dificultades a una fuerza abundante en efectivos, pero dotada de armamento convencional y con claras deficiencias en su dirección.

Disputa naval en Canadá

Una de las anécdotas militares más celebradas la protagonizó un buque de la Armada de Estados Unidos mientras navegaba cerca de las costas de Terranova.

La conversación por radio fue como sigue:

NORTEAMERICANOS: Por favor, cambien su curso quince grados al norte para evitar colisión.

CANADIENSES: Recomendamos que usted cambie su curso quince grados al sur para evitar la colisión.

NORTEAMERICANOS: Les habla el capitán de un buque de la Armada de Estados Unidos. Repito: cambien su curso.

CANADIENSES: No, repetimos: ustedes deben cambiar su curso.

NORTEAMERICANOS: Este es el portaaviones USS *Abraham Lincoln*, el segundo buque en tamaño de los Estados Unidos de América en el Atlántico. Nos acompañan tres destructores, tres cruceros y numerosos buques de apoyo. Exijo que usted cambie su curso quince grados al norte, o tomaremos medidas para garantizar la seguridad de este buque.

CANADIENSES: Esto es un faro. Ustedes deciden. (!)

Este hilarante episodio ha sido dado por verídico por fuentes de contrastada solvencia, como el diario británico *The Times* o el servicio de noticias del *New York Times*, así como por varios rotativos y radios públicas canadienses. Sin embargo, existen más que serias dudas de que esta anécdota sea cierta.

El primer motivo de sospecha es la controversia sobre la fecha en la que supuestamente se produjo el incidente. Para unos, sucedió en octubre de 1995, mientras que otros se retrotraen hasta justo diez años antes. Lo más curioso es que ya a finales de la década de los sesenta existían testimonios escritos que relatan un hecho similar.

El protagonista de esta prepotente actitud de la Armada norteamericana también varía. En los años sesenta, la historia se atribuyó tanto al USS *Dixie* como al USS *Truxtun*. Más tarde, los portaaviones USS *Enterprise* o el USS *Abraham Lincoln* (en la versión más extendida) han tenido este dudoso honor. Curiosamente, también se ha publicado que fue el portaaviones USS *Missouri*, cuando ese portaaviones no existe, sino que corresponde a un acorazado ya retirado, o el USS *Coral Sea*, al cual se le sitúa en 1995 en las costas de Terranova, cuando fue retirado y desguazado en 1993.

El origen de este exitoso relato es desconocido; seguramente no se sabrá nunca. Se cree que el primer lugar en donde apareció fue en una columna humorística del *Reader's Digest*. Hay quien asegura que es un bulo nacido dentro de la Marina fruto de la rivalidad entre las diferentes tripulaciones, aunque otros están convencidos de que es una narración, con las correspondientes variantes, tan antigua como la historia de la navegación.

De todos modos, la extraordinaria difusión de este presumible bulo obligó en 1997 a la Armada estadounidense a emitir un desmentido oficial, que quedó publicado con carácter permanente en su página web. Así que, si hacemos caso de la versión oficial de la Marina (y para decepción de los lectores), esa disputa entre el portaaviones y el faro nunca tuvo lugar. Pero como reza el dicho italiano: *si non è vero, è ben trovato...*

Camuflaje para todos

En 1990, durante los preparativos para la intervención armada contra Irak, tras su invasión de Kuwait, los países aliados pusieron en marcha su maquinaria de guerra. Y eso puso a prueba su capacidad logística.

En los cuarteles de la 1.ª División acorazada británica, situados en Alemania, tuvo lugar una febril actividad para acelerar los trabajos destinados a pertrechar a las unidades que debían partir rumbo a Arabia Saudí.

Un infortunado oficial del *Queen's Own Highlanders* fue víctima de las prisas por pintar todos los vehículos de color arena. Como cada mañana, el oficial acudió al aparcamiento a buscar su Volkswagen escarabajo, pero no lo encontró. Creyó que se lo habían robado, hasta que alguien le avisó de que había visto un coche parecido al suyo en los talleres de la base.

Al llegar allí, se quedó perplejo al verlo luciendo un flamante camuflaje. Con las prisas, los encargados de pintar los vehículos militares de color arena se habían confundido y habían pensado que aquel Volkswagen también iba a ir al desierto.

Pulgares hacia arriba

En esa primera guerra del Golfo, los soldados iraquíes se rendían a las tropas norteamericanas mostrando el pulgar hacia arriba.

En realidad, no tenían ni idea de lo que significaba ese gesto, pero, al ver a los soldados estadounidenses hacerlo continuamente entre ellos en señal de aprobación, creían que se trataba del signo que identificaba a Estados Unidos.

Maniobras en tiempos de crisis

El tiempo de las grandes y costosas maniobras militares ha pasado a la historia. Al menos, eso es lo que se desprende de algo que ocurrió en 1995 en unos ejercicios de la Marina británica.

Para ahorrar el gasto de la munición, los comandantes de la Royal Navy ordenaron a los reclutas que, en los ejercicios, en lugar de disparar proyectiles reales, gritasen «¡bang!».

Los artilleros que se entrenaban a bordo del HMS *Cambridge* tuvieron más suerte, puesto que se les proporcionó un megáfono para poder «disparar» con más realismo.

Sorpresa en el control de radar

Dos agentes británicos de la policía de tráfico se vieron envueltos en 1999 en un curioso incidente mientras llevaban a cabo un rutinario control de velocidad por radar en la autopista que une Londres con Edimburgo.

Para sorpresa de esta pareja de policías, el radar de mano que utilizaban para medir la velocidad de los vehículos registró una increíble marca: ¡cuatrocientos cincuenta kilómetros por hora!

En ese momento dedujeron que el aparato se había estropeado, pero continuó funcionando con normalidad. El misterio se resolvería unos días más tarde, cuando se supo que, en realidad, el radar había registrado el paso de un avión Tornado de la OTAN tripulado por un piloto holandés en vuelo rasante, mientras realizaba ejercicios de práctica de vuelo sobre Escocia.

En un primer momento, los oficiales de la policía se tomaron el incidente como una divertida anécdota, pero se les borró la sonrisa del rostro cuando se enteraron del resto de la historia.

Al parecer, el ordenador del avión había detectado el aparato medidor de los agentes como un «radar hostil», por lo que automáticamente se armó un misil aire-tierra Sidewinder para neutralizar la supuesta amenaza.

Por suerte para la pareja de policías, el piloto percibió la alerta del misil avisando de su inmediato lanzamiento y pudo desactivar a tiempo el sistema automático, antes de que el misil se disparara.

Epílogo

*E*spero que la lectura de estas páginas haya servido para descubrir esa otra cara de la guerra, en la que el absurdo y la comedia van de la mano para demostrar que la historia militar no es solo una panoplia de grandes estrategas, valerosos hombres de armas y héroes de todo tipo, sino que también esta trufada de incompetencia, errores y episodios hilarantes.

Desde Alejandro Magno hasta la actualidad, la guerra ha mantenido su protagonismo. Han podido evolucionar las tácticas o el armamento, pero el fenómeno ha estado siempre presente, convertido en medio para sacudirse opresiones o, las más de las veces, satisfacer ambiciones. Y en su camino ha traído historias que aún hoy siguen despertando nuestro interés.

De todos modos, quedan ya muy lejos los combates a espada, las cargas de caballería, el colorido de los uniformes napoleónicos o el avance de las columnas al ritmo de los tambores. En el siglo XXI, la guerra ha adquirido un nuevo y desconcertante carácter, en el que las fronteras con el terrorismo son cada vez más borrosas. Las grandes potencias, que antes eran capaces de imponerse mediante el despliegue de su enorme aparato bélico, hoy se ven incapaces de frenar a ejércitos difusos, heterogéneos y aparentemente anclados en el pasado, pero que, de forma paradójica, saben aprovechar con gran habilidad las nuevas armas que les brinda la sociedad de la información. Por el contrario, las fuerzas militares convencionales, pese a contar con la tecnología más avanzada de la historia, incluido el armamento nuclear, encuentran grandes dificultades para aprovechar esa ventaja.

La confusión actual entre guerra y terrorismo lleva a que el fenómeno bélico haya adquirido un cariz especialmente repulsivo. Es probable que fuera difícil encontrar en la actualidad anécdotas y hechos curiosos como los que se han relatado en estas páginas, aunque no cabe duda de que, mientras que la humanidad siga fatalmente empeñada en resolver sus disputas con un arma en la mano, siempre existirán generales incompetentes, errores garrafales y fiascos esperpénticos…

Bibliografía

ALMIRANTE, José. *Diccionario Militar* (2 vols.). Clásicos. Madrid, 1989.
BEAUFRE, André. *Introducción a la estrategia*. Ejército. Madrid, 1984.
BEYER, Rick. *The greatest war stories never told*. Harper Collins Publishers. Londres, 2005.
BREUER, William B. *Top secret tales of World War II*. John Wiley & Sons. Nueva York, 2000.
— *Undercover tales of World War II*. John Wiley & Sons. Nueva York, 1999.
CLAUSEWITZ, Carl von. *De la guerra*. PD. Madrid, 1999.
COFFEY, Michael. *Días de infamia. Grandes errores militares del siglo XX*. Salvat. Barcelona, 2000.
COMPTE, Concepción. *Anécdotas y curiosidades de la historia*. Añil. Madrid, 2003.
COOPER, Jilly. *Animals in war*. William Heinemann. Londres, 1983.
CHANDLER, David. *The campaigns of Napoleon*. Weidenfield & Nicolson. Londres, 1966.
DAVID, Saul. *Military blunders*. Robinson. Londres, 1997.
DEARY, Terry. *The frightful First World War*. Scholastic Books. Londres, 1998.
DOVAL, Gregorio. *Enciclopedia de las curiosidades. El libro de los hechos insólitos*. Ediciones del Prado. Madrid, 1994.
— *Del hecho al dicho*. Ediciones del Prado. Madrid, 1995.
DOWSWELL, Paul. *True stories of the Second World War*. Usborne Publishing. Londres, 2003.
DURSCHMIED, Erik. *El factor clave*. Salvat, 2002.
ENEAS. *La poliorcética*. Clásicos. Madrid, 1990.

FISAS, Carlos. *Historias de la historia*. Planeta. Barcelona, 1983.
— *Frases que han hecho historia*. Círculo de Lectores. Barcelona, 1997.
GILBERT, Martin. *La Primera Guerra Mundial*. La Esfera de los Libros. Madrid, 2004.
GOLDBERG, Hirsh. *The Blunder book*. Quill. Nueva York, 1984.
HAYWARD, James. *Myths & Legends of the First World War*, Sutton Publishing. Stroud, 2002.
HOBBES, Nicholas. *Essential Militaria*. Atlantic Books. Londres, 2003.
HOLMES, Richard. *Tommy: The British Soldier on the Western Front*, Harper. Londres, 2005.
HOWARD, Michael. *La Primera Guerra Mundial*, Crítica. Barcelona, 2003.
— *Las causas de la guerra*. Ejército. Madrid, 1987.
HUGH-WILSON, Coronel John. *Military intelligence blunders and cover-ups*. Robinson. Londres, 1999.
JENOFONTE. *Anábasis. La expedición de los diez mil*. Planeta. Barcelona, 1993.
KEEGAN, John. *Historia de la guerra*. Planeta. Barcelona, 1995.
— *El rostro de la batalla*. Ejército. Madrid, 1990.
LAFFIN, John. *Secrets of leaderships*. Sutton Publishing. Londres, 2004.
— *Brassey's Dictionnary of Battles*. Brassey's. Londres, 1986. (Edición española en Salvat, 2001).
LEWIS, Jon E. *True war stories*. Robinson. Londres, 2005.
LIVESEY, Anthony. *Enciclopedia visual de las grandes batallas*. Rombo. Barcelona, 1995.
MAQUIAVELO, Nicolás. *Del arte de la guerra*. Tecnos. Madrid, 1988.
MARTÍNEZ TEIXIDÓ, Antonio. *Enciclopedia del arte de la guerra*. Planeta. Barcelona, 2003.
NEIBERG, Michael S. *La Gran Guerra. Una historia global (1914-1918)*, Paidós. Barcelona, 2006.
PARKER, Geoffrey. *La revolución militar*. Crítica. Barcelona, 1990.
QUATREFAGES, René. *Los tercios*. Ejército. Madrid, 1985.
REGAN, Geoffrey. *Someone had blundered. A historical survey of military incompetence*. Batsford. Londres, 1987.
— *Military anecdotes*. Guinness Publishing. Londres, 1992.
— *Historical blunders*. Guinness Publishing. Londres, 1994.
SAN MIGUEL, Evaristo. *Elementos del arte de la guerra*. Clásicos. Madrid, 1992.

TUCÍDIDES. *Historia de la guerra del Peloponeso*. Alianza Editorial. Madrid, 1989.
VEGA, Vicente. *Diccionario ilustrado de anécdotas*. Gustavo Gili. Barcelona, 1965.
VILLANUEVA HERING, Peter. *Errores, falacias y mentiras*. Ediciones del Prado. Madrid, 1998.
VOLTES, Pedro. *El reverso de la historia* (4 vols.). Círculo de Lectores. Barcelona, 1993.
VV. AA. *La aventura del mar*. Ediciones Folio. Barcelona, 1996.
VV. AA. *Los grandes enigmas de la guerra secreta*. Los Amigos de la Historia. Madrid, 1970.
VV. AA. *Los grandes hechos del siglo XX*. Ediciones Orbis. Barcelona, 1982.
WANTY, Emile. *La historia de la humanidad a través de las guerras*. Alfaguara. Madrid, 1972.
WHEAL, Elizabeth-Anne y POPE, Stephen. *Dictionary of The First World War*. Pen & Sword. Londres, 2003.
ZENTNER, Christian. *Las guerras de la posguerra*. Bruguera. Barcelona, 1973.

El autor agradecerá que se le haga llegar cualquier comentario, crítica o sugerencia a cualquiera de las siguientes direcciones de correo electrónico:

jhermar@hotmail.com
jesus.hernandez.martinez@gmail.com

Este libro utiliza el tipo Aldus, que toma su nombre
del vanguardista impresor del Renacimiento
italiano Aldus Manutius. Hermann Zapf
diseñó el tipo Aldus para la imprenta
Stempel en 1954, como una réplica
más ligera y elegante del
popular tipo
Palatino

***
**
*

¡Es la guerra!
se acabó de imprimir
un día de invierno de 2016,
en los talleres de Liberdúplex, s.l.u.
Crta. BV-2249, km 7,4, Pol. Ind. Torrentfondo
Sant Llorenç d'Hortons (Barcelona)

***
**
*